国家社科基金重点项目"基于大数据+深度学习的中国金融市场波动性及预警机制研究"（项目编号：17AJY028）

邱冬阳◎著

基于大数据➕深度学习的中国金融市场波动性及预警机制研究

Research on China's financial market volatility and
early warning system based on big data+deep learning model

中国财经出版传媒集团

经济科学出版社
Economic Science Press

·北京·

图书在版编目（CIP）数据

基于大数据＋深度学习的中国金融市场波动性及预警机制研究／邱冬阳著. -- 北京：经济科学出版社，2023.9

ISBN 978 – 7 – 5218 – 5146 – 5

Ⅰ.①基… Ⅱ.①邱… Ⅲ.①金融市场 – 经济波动 – 研究 – 中国 Ⅳ.①F832.5

中国国家版本馆 CIP 数据核字（2023）第 179029 号

责任编辑：杜 鹏 武献杰 常家凤
责任校对：靳玉环
责任印制：邱 天

基于大数据＋深度学习的中国金融市场波动性及预警机制研究

邱冬阳◎著

经济科学出版社出版、发行 新华书店经销

社址：北京市海淀区阜成路甲 28 号 邮编：100142

编辑部电话：010 – 88191441 发行部电话：010 – 88191522

网址：www. esp. com. cn

电子邮箱：esp_bj@ 163. com

天猫网店：经济科学出版社旗舰店

网址：http：//jjkxcbs. tmall. com

固安华明印业有限公司印装

710 × 1000 16 开 18. 25 印张 320000 字

2023 年 9 月第 1 版 2023 年 9 月第 1 次印刷

ISBN 978 – 7 – 5218 – 5146 – 5 定价：128. 00 元

前　言

　　金融市场的波动性既是金融领域长期持续研究的经典问题，又随着时代的变化而不断演化升级，因此产生了一系列的解释金融市场波动性的模型、方法和理论。在大数据、人工智能时代，金融与科技在底层和应用层全面深度融合，新兴的金融产品层出不穷，各方投资者参与金融市场的决策方法、信息获取等也发生着与时俱进的演化，深度推动金融市场的变革，那么，金融科技深入普通大众的日常生活，金融市场波动性又会呈现出什么新特征呢？本书以此展开研究。

　　本书的理论基础部分，包括对金融市场波动性理论、解释金融波动性的主要实证模型及其模型的演化脉络沿用了前期的成果，在此基础上，通过文献分析方法分析了融入大数据＋人工智能时代金融市场的新变化和新特征，着重分析了人工智能的核心方法——深度学习与金融市场波动性之间的内在联系。然后重点介绍深度学习理论的演变脉络，主要的深度学习模型，比如常见的CNN、RNN、GAN、DBN模型等，以及基于Python的深度学习实现方式。

　　有了金融市场波动性理论构架、深度学习模型和实现方式后，本书选择了我国金融市场的4类具体对象进行波动性实证检验，股票市场选择的是2009年1月1日到2018年12月31日上海证券交易所的股票价格指数；汇率市场选择的是2013年1月1日到2018年12月31日的人民币兑美元汇率为样本；金融期货实证选择的是

2010～2019 年的沪深 300 股指期货；贵金属期货则选择最有代表性的黄金期货，样本区间是 2019 年 1 月 2 日到 2020 年 12 月 31 日。4 类金融产品价格波动性的实证过程呈现出 3 个特征：一是均采用了深度学习中最适用金融市场时间序列分析的长短期记忆模型——LSTM 模型，保证不同类型金融市场实证研究的过程基本一致。二是实证中采用的指标维度不断增多，数据频率不断提高，指标维度最多的到达 5 大类到 89 维，数据频率从日数据逐渐提高到 60 分钟、30 分钟、20 分钟、15 分钟、10 分钟、5 分钟数据，最高频的是 1 分钟数据，旨在拟合出量化交易、机器交易、智能投顾等大数据应用中金融市场波动的应有特征。三是对股票、汇率、股指期货、黄金期货价格波动性的影响因素进行了尽可能的量化刻画和度量，比如采用百度搜索指数、缺失值的补齐与插值、数据的标准化、同频处理等，以期反映和刻画出影响金融产品价格波动性的尽可能多的信息及变化。基于对 LSTM 模型的预测结果的精度比较满意，选择了预测优度最好，数据维度最多、数据频率最高的沪深 300 股指期货进行了风险预警。

综合金融波动性理论分析和 4 类金融市场价格的波动性实证检验结果，本书得到的主要研究结论有：第一，LSTM 模型能够较好地拟合金融产品价格时间序列的特征，进而能够提高预测金融市场波动性的精度，在股票、期货、外汇市场上都不例外，高精度的预测结果既表明本项目的意义所在，更说明用深度学习来研究和预测金融市场波动性是未来发展的方向。第二，指标维度、数据频率影响 LSTM 预测的精度，不论是上证综指、人民币兑美元汇率或者是沪深 300 股指期货、黄金期货，LSTM 模型预测结果的度量指标 MAPE、MSE 等都表明其与数据的维度、频率高度相关，但数据维度和频率有一个合理的度，沪深 300 股指期货实证结论表明，48 个维度、5 分钟频率的数据对应的预测结果最优，这与数据维度越多、预测结果越准确这一普遍观点有差异。进一步得出大数据时代的金融产品价格波动本身受到影响因素更多，但需要寻找的是有因果关系，而不是仅仅只有相关关系的因素。第三，LSTM 模型参数调整直接决定其预测预警的精度结果，LSTM 模型的层数、步长等有一个与数据本身呈现的波动性特征吻合度，需要通过对模型参数调整、迭代、收敛等方法进行恰当筛选。第四，金融市场中主要应用的深度学习模型——LSTM 模型仍有改进优化的空间，在黄金期货波动性预测中尝试加入弹性网与 LSTM 组合的预测，其结果明显更优。更一般地，与金融市场波动性特征相匹配的深度学习模型选择及其改进是一个广泛和渐进的过程。第五，从股价指数、人民币兑美元汇率、沪深 300 股指期货、黄金期货的实际预测结果看，大数据+深度学习的模式可以很好地刻画、拟合和预测其价格波动的新特征，以 LSTM 为代表的深度学习方法在金融市场中有广泛的应用场景和较满意的应用效果。

基于研究结论，结合大数据时代我国金融市场的实际，本书提出了防范中国金融市场过度波动的对策建议，其核心是中国应建立起与大数据和深度学习相适应的金融市场机制。具体有：一是坚持金融服务实体经济的原则，理顺实体经济与金融市场的良性互动关系。二是推进人工智能在金融交易中的应用场景，包括智能化投资管理、高效化支付清算、深度嵌入风险管理等。三是提倡通过操作简化而非过度复杂包装来扩大投资者参与量化交易，合理运用量化交易机制。四是加速金融立法，顺应大数据时代要求，建立权威大数据金融监管平台，建立大数据时代金融机构入门门槛标准等，全面升级大数据时代的金融监管。五是通过鼓励机构投资者的投资策略、投资风格、投资方式多元化，加强投资者教育等来壮大大数据时代的理性投资者。

总体来看，项目取得了有意义的研究结果，但由于项目研究时间跨度较长，对股票、外汇、期货、黄金市场波动性研究的样本选取时间段不统一。同时，深度学习理论及其实现的 Python 方法都在发生演变，研究中主要采取 LSTM 模型，相对单一。加之对金融大数据的获取能力等相对较弱，导致项目有诸多不够完善的方面。这些不完善地方也是后续研究的方向，可以进一步强化金融大数据的挖掘与应用，提升深度学习预测结果的解释性与及时性，丰富大数据时代金融波动性理论的内涵与外延。

邱冬阳

2023 年 7 月

目　　录

第1章

引　言

1.1　问题提出

近年来的中央经济工作会议都强调防范金融风险的重要性，尤其是守住不发生系统性金融风险的底线。2016 年底召开的中央经济工作会议指出，要把防控金融风险放到更加重要的位置，提高和改进监管能力，确保不发生系统性金融风险。但是，全球金融市场"黑天鹅"事件频发，中国股市、汇市、期货市场波动的幅度、频次等出现了新变化，从而引发对金融市场波动不确定性，即金融风险再认识。同时，以 AlphaGo 为代表的人工智能从图像识别、机器人等工程技术领域拓展到智能投资、金融创新等范畴，而深度学习（deep learning，DL）是人工智能皇冠上的明珠。在大数据、智能化、移动互联网、云计算等日渐普及、金融市场走向以量化交易为主的新时代，其波动性研究需要与人工智能相结合。通过深度学习，把"黑天鹅"事件、金融市场新特征等纳入波动性测度范畴，金融市场波动性风险是叮以预测并预警防范的。为此，本书从大数据背景与深度学习方法交叉的视角展开中国金融市场波动性及预警机制研究。

1.2　研究动态

1.2.1　学术史梳理

金融风险涉及面宽，其核心是金融资产价格波动的不确定性，因此，对金融风险的研究主要集中在波动性上。学术界早已开展金融波动性研究。

（1）理论上，金融资产价格波动是动态变化的，是不确定的，但波动性是可测的，是有规律可循的。波动性的规律主要是对影响价格波动因素以外的随机误差项的研究，随机误差项的规律与分析包含因素多少及精准程度有关。目前，主流研究集中在随机误差的各种假设、变异上。深度学习则是通过数据挖掘加入更多元的因素，记忆学习波动性的内生规律进而预测波动性。

（2）模型上，ARCH、GARCH 模型早已为同行熟知，进入金融计量教科书；随机波动（stochastic volatility，SV）模型日渐成熟，广为扩散；人工神经网络（neural network，NN）、支持向量机（support vector machines，SVM）、机器学习（machine learning，ML）等一些新兴的金融计量模型正在兴起。本项目拟采用的深度学习在学术史上属于机器学习的分支。

（3）维度上，早期波动性研究是单一的一维，自回归等，后来逐渐发展到二维、多维，理论上有三维以上，但应用中一般都是二维的，对应的就是 M－GARCH、M－SV、向量自回归等。深度学习研究的维度就是要从二维发展到多维。

（4）数据上，国内研究以金融市场的历史、现实波动数据为主，金融衍生品市场发达的国家，其研究较多采用隐含波动数据，而无论是历史、现实还是隐含数据，目前都从低频向高频数据进行升级和代替。大数据背景下，从高频数据拓展到金融市场内外的多维数据，涵盖影响波动性的所有相关数据，包括经济政策、宏观形势、投资者行为、社会舆情等维度。深度学习则可以处理不同类型、结构的混合型数据。

（5）估计上，波动性模型的估计需要专门的软件来实现，早期主要是SPSS，国内外主流的采用 Stata、Eviews，部分采用 R、SAS 等，对随机波动则采用马尔科夫链蒙特卡洛方法（markov chain monte carlo，MCMC），不论是何种实现方式都在不断升级，主流的 Eviews 已经是 12 版（2021），Stata 已经是 17 版（2021）。深度学习的实现需要借用 Caffe 等工具，采用 Python 写程序。

1.2.2　研究动态

（1）金融市场波动性研究动态。波动性一直是金融学研究的经典命题，学者们对此贡献了海量的文献资料，助推了金融计量学科的发展。从波动性预测领域看，目前研究集中在：在历史、现实和隐含三类波动上，以隐含波动预测为主；在金融市场上，从主要的股票市场、外汇市场拓展到期货、期权、黄金市场的价格波动性预测；在预测方法上，从单一方法发展到组合方法上，包括 MCMC、卡尔曼滤波（kalman filtering）、各种非参数估计以及非线性、非对称、离散、长记忆随机波动模型之间的组合变换，其目的都是提升波动性预测的精度；在波动性预测精度的评判上，从经典的均方误差（MSE）、均方根误差（RMSE）、平均绝对误差（MAE）、平均绝对百分比误差（MAPE）逐渐发展泰尔不等系数（theil inequality coefficient，TIC），ROC曲线等。

（2）大数据＋深度学习研究动态。深度学习是一种通过深度神经网络模型学习海量数据中规律的方法，本质上是一种特征学习方法，属于机器学习的一个分支，而机器学习属于人工智能的范畴。深度学习于 2006 年由杰弗里·辛顿（Geoffrey Hinton）首次提出，网络爬虫等数据挖掘技术支撑了大数据的广泛使用，两者相互融合，大数据＋深度学习在学术界持续升温，其应用领域不断拓宽，不断取得一些新进展，越来越有实际应用价值，其中个别领域超过了人类智能。具体包括：语音识别（2011）、图像识别（2012）、专用学习处理器、围棋（2016）等，应用前景最为广阔、最为复杂的是无人驾驶。目前，正在不断拓展应用领域。

（3）基于深度学习的金融波动性研究动态。在金融领域中，图像识别是实现刷脸支付的技术基础，语音识别则可以实现人机交流，从而代替人工客服。深度学习用在金融波动性预测上主要集中在 3 个方面：一是金融时间序列预测。美国伊利诺伊斯理工大学的迪克森（Dixon，2016）利用深度神经网络，预测 43 种人宗商品和外汇期货在未来 5 分钟的价格变动。斯坦福大学的熊若轩等（Ruoxuan Xiong et al.，2015）通过集成谷歌趋势和市场数据的长短记忆性递归神经网络模型来预测标普 500 指数的波动性。伦敦帝国理工学院的西里尼亚诺（Sirignano，2016）利用 2014～2015 年纳斯达克股票的交易数据，建立空间神经网络模型，预测买卖双方的报价情况。二是行为金融对波动性的影响。结合深度学习技术和自然语言处理，监测新闻、社交媒体中的可能会影响金融的事件，通过文本情感倾向分析来预测金融行情走向。美国康奈尔大学的萨林等（Sarlin et al.，2016）利用新闻数据来进行银行危机预告。他们使用两个神经网络分别进行语义分析和正负面判别。费拉尔等（Fehrer et al.，2015）则利用新闻头条预测德国股市走向，使用的是一个递归自动编码器，达到 56% 的准确率。中国哈尔滨工业大学刘挺团队（2014，2015）持续利用新闻摘要预测标普 500 指数的波动。他们使用一个卷积神经网络学习新闻事件可能带来的长短期影响，预测准确率达到了 65%。欧洲央行曾发布一个研究报告，指出 Twitter 上的投资者情绪状况对预测美国、英国、加拿大的股价有重大价值。三是投资组合优化方面。投资组合是防范和化解风险的有效措施之一，集成深度学习技术和传统方法就能为用户提供自动化的投资组合管理服务。希顿（Heaton，2016）利用正则化和 ReLU 的自动编码尝试创造一种优于生物技术指数投资组合，美国 Wealthfront、Betterment 和 Personal Capital 公司是智能投顾领域的先驱。国内也出现了许多智能投顾的初创公司。深度学习在智能投顾的应用，是把在量化分析、资产配置优化、价格波动预测、舆情分析等多方面的应用综合起来，以给用户提供智能化的投资服务。

1.3　研究内容

1.3.1　研究思路

本书依据大数据人工智能时代金融市场的各方参与者获取信息方式、交易方式、决策方式都正在发生变化，进而在金融市场波动性特征上可能出现的新特征，以金融波动性理论和影响波动性的大数据为起点，采用网络爬虫、文本挖掘、搜索指数等手段采样大数据，采用降维、变换、旋转、降噪等方法预处理大数据，建立多维、高频的深度网络结构模型。鉴于金融市场波动性具有的集群性、记忆性特征，参考同类研究的做法，主要模型选取的是长短期记忆模型（long short term memory，LSTM），并根据具体研究对象进行了改进和优化，总体上其属于特定形式的 RNN。在此基础上，借助 GPU 等硬件和算力支撑，运用 Caffe 等工具实现金融市场波动性的训练与学习，并选择我国上海证券交易所股票价格指数（上证综指）、人民币兑美元汇率、沪深 300 股票价格指数期货、黄金期货市场进行实证训练，达到精度后进行波动性预测，否则进行不断的迭代。在预测精度达标后，尝试选择了沪深 300 股指期货的实际现状给出预警信号。最后，基于理论和预测预警的测度，从实体经济与金融市场平衡、人工智能在金融交易中的应用、合理推进量化交易、加强大数据时代的金融监管、进一步提升投资者素质等方面给出对策建议。研究思路框架见图 1 - 1。

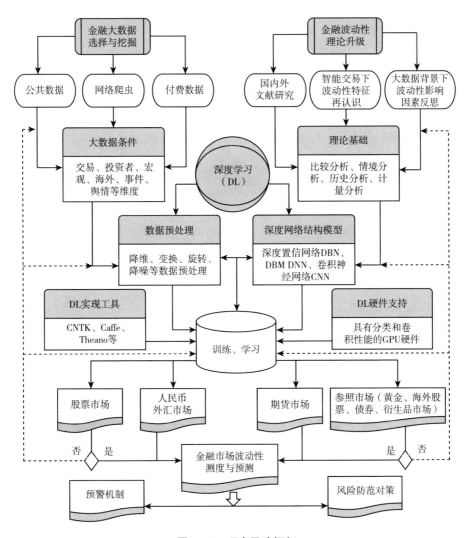

图 1 - 1　研究思路框架

1.3.2　研究内容

从金融波动性理论和影响波动性的大数据为起点，采用网络爬虫、物联网等手段挖掘数据，建立深度网络结构模型，采用 GPU 等硬件支撑，运用

Caffe 等工具实现金融市场波动性的训练与学习，并在我国股票、外汇、期货市场实证，达到精度后进行波动性预测，否则进行不断的迭代，在此基础上针对我国金融市场的实际现状给出预警信号和对策建议。

金融市场范围较大、涉及面宽，本书主要以我国股票市场、人民币汇率即期市场、期货市场为研究对象，具体是选择 2013～2018 年 3 个市场的主要交易品种、指数等为深度学习的学习对象，在动态比较、影响波动性的大数据界定及数据挖掘中会涉及海外股票、债券市场、衍生品市场，涉及黄金、大宗商品市场、宏观经济、政策事件、投资者行为等。

（1）金融波动性理论升级。主要从金融波动性发展变化的历史轨迹中探索大数据时代金融波动性的新特点、新规律，把可能演变为"黑天鹅"的因素纳入金融市场波动性测度的维度，探索金融波动性与机器学习、深度学习等人工智能的内在联系和可行的接口，力争把金融波动性从随机游走理论、有效市场假说、协同市场假说、行为金融理论升级到大数据时代。

（2）深度学习理论与模型。以金融波动性属性为对象，抽象出其类型、特征、维度等分布式特征，映射成深度学习可以解决的技术问题，应用深度网络模型 LSMT、递归神经网络、深度置信网络、深度波尔兹曼机、卷积神经网络、深度神经网络等的训练、学习特征，建立起基于风险、预警、动态调整为目标的金融波动性深度学习模型。

（3）金融大数据选择与挖掘。从大数据、金融波动性理论两个角度把可能影响金融资产价格波动的所有大数据逐一找出，按照市场交易、投资者、宏观形势、海外关联市场、政策事件、社会舆情等口径归类整理，形成既区别于计量回归所需数据，又能实现深度学习所需的海量样本数据基础条件。采用公共数据、付费数据、网络爬虫等方式获得数据。

（4）大数据、深度学习模型的预处理。通过编码、标注、抽样、排序、插值、分词、规整、旋转、变换、标准化等多种方式对来自不同领域、量纲、数量级、特征、分布进行迭代优化的预处理，消除噪声数据，并与深度学习网络模型进行适应性匹配，初步实现深度学习模型自动特征提取。

（5）金融波动性深度学习的实现方式。参照深度学习在语音、图像识别上对硬件环境的要求，采用多台计算机并行的 GPU 硬件加速器模式来支持金融波动性网络结构，保证波动性估计、预测过程中需要的内在并行度、大量浮点计算能力以及矩阵运算能顺利、及时、精准地计算实现。

（6）金融波动性深度学习模型的训练与学习。整体上选择 RNTN 或 DBN

来处理金融波动中的文本数据，选择 DBN 或 DNN 来处理波动性的时间序列，确定深度学习的网络结构。利用预处理数据以及国外现有的深度学习工具 CNTK、Caffe、Theano 等进行测试，以训练误差来优化调整深度学习网络结构的参数，并通过其与经典的 GARCH、SV、MSV 模型以及参数估计、MCMC 等方法去拟合结果及进行精度比较，全面提高深度学习刻画金融市场波动性的精度。

（7）波动性预测。应用深度网络模型对我国股票、外汇、期货市场相关联的各种因素之间形成的波动性进行训练学习，确保无缝兼容。利用深度学习的深层结构、记忆性、自我学习特征对金融市场波动性、波动的联动进行超前一期或多期的点、区间预测，尝试进行符号、密度预测及组合预测。

（8）预警机制与防范对策。在拟合、预测基础上结合金融理论、我国转轨体制下金融市场的实际特征，从大数据角度来优化设计出金融危机等预警指标；通过预警指标挖掘出金融市场随机波动的联动性的机理和传播路径；针对我国金融市场的实际提出在规范管理、风险化解等方面的预警信号和对策建议，为"确保不发生系统性金融风险"提供决策支撑。

1.4 创新点与价值

1.4.1 创新点

第一，学术思想上，金融市场波动性研究是一个古老而现代的命题，在部分人认为波动性预测不可能的环境下，课题以大数据为支撑，引入人工智能技术中的深度学习方法，探索将工程领域的有效预测移植到金融市场波动性预测中，是几个学科的交叉与协同。如国内外研究现状所述，其在国外处于最前沿，而国内研究几乎没有，是一种全新的尝试，是该课题最大的创新。

第二，研究方法上，金融波动性研究方法是随着计算技术的发展而不断更新，从随机游走、线性回归到 GARCH 计量模型，马尔科夫蒙特卡洛模拟，本书尝试把大数据时代的金融波动性研究方法——深度学习，具体化到深度学习算法、模型等范式，为后续研究奠定基础。

第三，在此基础上，把经典的金融波动理论提升到基于大数据、量化投资、智能交易等新时代下的深度学习金融波动性理论的层次。

1.4.2 项目价值

以深度学习、金融资产价格波动性作为选题，其学术价值有：其一，大数据时代的金融市场波动性呈现出新特征、新规律，对其研究需要发展及更新，GARCH—SV—深度学习的迭代升级，值得探索。其二，把深度学习方法引入到金融波动性研究中，是把主要应用在自然科学领域的人工智能拓展到金融领域的一种全新尝试。其三，国外鲜有对基于深度学习金融波动性专题研究，项目力图在波动性理论升级、大数据挖掘与管理、卷积神经网络等专用模型、监督与无监督学习等深度学习的各个环节与金融市场有机融合与尝试创新，缩短与国际一流水平的差距。

其应用价值有：一是在基于深度学习波动性预测实现的基础上，可以为我国股市、汇市、期市等管理过度波动、防范"黑天鹅"事件提供预警与对策建议。二是用深度学习研究金融市场波动性处于相对前沿，中外基本同步，研究中可以从全球金融市场角度来分析、检验、比较相互的波动性规律，以及我国金融市场波动性与欧美市场之间的传染性、影响程度、传递路径等，服务于我国金融市场的长效制度基础建设。三是项目的研究方法和结论，尤其是深度学习的算法工具，如 Caffe、Theano，设计的大数据种类与维度、实际数据与深度学习之间的映射等，可服务于宏观决策、监管当局、研究同行、投资者、实务人士。

第2章

大数据背景下的金融波动性研究

金融市场的波动性就是金融资产的收益或者金融产品价格涨跌变化。波动性是金融市场永恒的主题，是产生金融投资收益和风险的根源，因此形成金融波动性研究的众多理论和度量模型，从均值方差模型到著名的 GARCH 模型。金融波动性本身受到金融产品、投资者、市场机制、监管规则、信息传递等方方面面因素的影响，部分因素在大数据时代发生了翻天覆地的变化，本章就此展开，尤其是从文献的角度分析大数据背景下的金融波动性。

2.1 金融波动性的界定*

2.1.1 金融波动性的含义

2.1.1.1 金融波动性的内涵

波动是指像波浪那样起伏不定的现象，其早期主要用在物理、光学、声学上。波动是一种常见的物质运动形式，振动在空间的传播称为波动。而波动性（volatility）就是指变量随时间变化而呈现的扰动，是自然科学（如物理、化学）和社会科学（如经济、金融、管理等）领域都可能涉及的现象。当波动性从物理学上的含义引申到金融学上，其含义主要是指金融工具或者

---

* 波动性是笔者持续研究的领域，因此本部分内容与笔者前期研究内容基本一致。参见邱冬阳、苏理云著《金融市场随机波动的联动及预警机制研究——基于马尔科夫链蒙特卡洛抽样方法》第3章，经济科学出版社，2018年版。

金融资产的价格按照波浪的方式发生变动的特性，更为直接地说：任何金融工具和产品的价格都不是一成不变的，而是有涨跌变化的，并且涨跌变化不是单一的上涨或者下跌，而是多元、非线性的，直观难以简单判断和估计的。价格是重要的市场信号，是金融市场中参与各方最关心的问题，而金融资产价格的涨跌变化趋势、描述价格变化趋势和规律的波动性就逐渐成为金融领域中的重要概念，对波动性的研究也逐渐成为现代金融理论研究的核心之一。

2.1.1.2 金融波动性的理解

金融是经济的血液，同时金融本身也是一个庞大的体系、一个产业，包括了银行业、证券业、保险业、外汇业、基金业等典型的金融行业，也包括了典当、抵押、租赁、信托、投行、评估等金融中介行业，同时包括了在人工智能时代出现的移动支付、科技金融、互联网金融、数字金融等新兴金融业务或者是跨界且具有金融属性的业务。从波动性角度看，任一金融机构的任何不确定性都可能带来整个金融波动性，更多的波动性是由于经济生活的变化会映射到金融体系，因此金融波动性特征和表现形式比较复杂。从这个意义上说，金融波动具有客观性，只要有金融活动发生，金融波动就不以人的意志为转移而存在。所谓无波动的金融活动在现实金融生活中是根本不存在的。从研究角度看，金融波动性更多的是指资本市场中的价格涨跌，而银行、保险行业的波动性研究更多侧重于经济波动之间的关联去理解和分析，这也是本项目所指的波动性。

从分析视角看，金融有宏观金融和微观金融之分，货币政策、通货膨胀、汇率与国际金融、利率与信贷政策等是宏观金融的范畴，而居民个人、公司等市场主体的投资、融资决策以及由此产生的公司金融属于微观范畴。显然，宏观经济的任何变动都关系到货币、利率、信贷等，公司的生产经营决策也是实时、动态地在变化，这些都构成金融波动性，把宏观和微观连接起来的纽带——资本市场更是受到宏观与微观两方面的影响而成为金融波动性的典型，也是最易于观察到的金融波动性。

世界各国经济发展，无论是完全的市场经济体，还是处于向市场经济转轨形态的新兴经济体，都表现出经济波动与经济运行是相辅相成的。只要有市场供求变化，就会有价格波动，持续一段时间的供求变化必然伴随着价格的持续波动。当资本市场、劳动力市场、土地市场等要素市场和产品市场的价格波动呈现出某种共生或共振的时候，整个经济体就出现经济循环。在全球经济一体化背景下，某些经济体的经济循环就演变为世界经济循环。而在这个过程中，由于金融是现代经济的血液，金融作为联系各个产品市场、要素市场、外汇市场的纽带，金融市场本身的波动性更为显著，在时间上处于先行，波动带来的破坏性，即金融风险更大，因此，描述金融产品的波动性特征，发现金融市场波动性呈现的某些规律，探索金融市场波动性的微观机理，剖析金融市场波动性的经济、政策意义，已经成为全球金融研究中的一个重要领域，方兴未艾，金融学上的波动性概念逐渐被大众所了解并熟知。

2.1.2　金融波动性的测度

2.1.2.1　波动性的度量

如何对波动性进行定量分析，或者说对波动性进行较科学的度量，一直以来都是理论界和实务界关注的焦点，从一般意义上说，本书的研究也属于这一范畴。从统计学角度看，对一个过去已经存在的金融资产的波动性，实际是度量金融资产价格的离散程度，衡量离散程度的统计指标都从不同侧面反映出波动性，不同的学者也采用了方差、标准差、绝对值偏差、半方差或方差的上下界、波动幅度等指标来度量波动，但通常用金融产品（标的资产）收益率的标准差或方差来度量。

在现代的投资组合理论中，资产收益的不确定性可以用资产的方差和资产之间的协方差来度量。1952 年，诺贝尔经济学奖获得者马克维茨（Markowitz）发展了资产组合理论，提出用概率论与线性规划的方法来衡量资产组合的收益与风险，应用样本均值来度量收益率，用样本方差来度量波动性，样本方差度量波动性简单易行，均值—方差理论逐渐被视为现代证券理论的基石，大大促进了现代资本市场理论的发展。样本方差法为：

$$\hat{\delta}^2 = \frac{1}{N-1} \sum_{t=0}^{N} (y_t - \bar{y})^2 \qquad (2-1)$$

其中，y_t 表示标的资产在时刻 t 的收益率，$\bar{y}$ 表示样本的均值，N 表示标的资产的样本量。

根据式（2-1）计算得到的是无偏估计。

在本书的实证分析中，收益率按照式（2-2）计算：

$$y_t = \ln(P_t/P_{t-1}) - \mu \qquad (2-2)$$

其中，P_t、P_{t-1} 表示第 t、$t-1$ 时刻标的资产的价格，μ 表示时间序列 $\ln(P_t/P_{t-1})$ 的均值。

目前研究中常用的波动度量的方法是收益率的标准差，因为总体标准差常常是不可知的，因而需要用样本标准差去估计，而用样本标准差估计时需要以随机变量的某种分布假设为前提，因此，用标准差来测度波动性不仅度量了收益序列的离散程度，一般也可以进一步测算其出现的概率。

收益率的标准差也就是波动率，人们常常用波动率来简洁表述波动性的度量问题，保持波动率在期权定价、风险管理、组合投资、套利定价中的一致性。

波动率指标的另外一个问题是波动率的时间跨度问题，即日波动率与月、年波动率的相互转化问题。

需要指出的是，波动性一些复杂的、与时间序列相关的特征无法简单地使用方差或标准差来测度。

年化波动率定义为对象资产的年回报率的对数值的标准差。

一般地，时间长度为 T（年）的一段时间内的波动率 δ_T 则定义为：

$$\sigma_T = \sigma \sqrt{T}$$

因此，如果一种资产（如股票）在长度为 P 的一段时间内，日均的对数回报率的标准差为 δ_{SD}，那么年化波动性为：

$$p = \frac{1}{252}$$

在美国，通常认为 $p = 1/252$（因为美国每年有 252 个交易日）。因此如果某资产的 $\delta_{SD} = 0.01$，那么就可以算出年化波动率为：

$$\sigma = \frac{0.01}{\sqrt{\dfrac{1}{252}}} = 0.1587$$

当然也可依上式算出月波动率等于：

$$\sigma_m = 0.1587 \sqrt{\frac{1}{12}} = 0.0458$$

2.1.2.2　波动性指数

从波动性的度量方法可以看出，波动率指标一般需要专业计算，不够直观，为了让金融市场参与各方能够直接了解市场的波动性，人们按照波动率的计算方式编制了波动性指数，并像股票价格指数一样对外公开发布。常用的波动指数有外汇市场中的美元指数、期权市场中的波动性指数等。

美元指数（US Dollar Index，USDX）是综合反映美元在国际外汇市场的汇率波动情况的指标，用来衡量美元对一揽子货币的汇率变化程度。USDX的计算方法是美元与全球主要货币的汇率的加权平均，权数一般采取全球各主要国家与美国之间的贸易结算量，当前选取的主要货币有：欧元、日元、英镑、加元、瑞典克朗、瑞士法郎 6 种，其中，欧元的权重最大，超过了50%。美元指数 1973 年推出时为 100 点，并以 100 点为强弱分界线，其波动趋势是，当美元兑其他货币走强时，美元指数就走高；反之，亦然。典型的例证就是 2008 年的美国次贷金融危机期间，美元指数达到历史的最低点。

美元指数的计算方法表明，其采取的是汇率波动的绝对偏差，不是常用的衡量波动性的标准差指标，但美元指数对判断外汇市场的基本波动提供了一个大众普遍接受的较全面的指标，同时，美元指数也是期货、期权、套利交易的标的资产。

另一个被市场普遍使用的波动性指数是芝加哥期货交易所的波动性指数，包括跟踪纳斯达克波动性指数（VXN）、跟踪道琼斯工业平均指数的波动性指数（VXD），以及跟踪 S&P500 指数的波动性指数（CBOE Volatility Index，VIX）。理论上来讲，VIX 指数是一系列标准普尔 500 指数期权的价格加权指数，波动性指数的概念以及基于此种指数的金融工具最早是由梅纳赫姆·布伦纳（Menachem Brenner）和丹·盖莱（Dan Galai）于 1986 年提出的，后经逐渐演化形成的。

VIX 的计算就是指数用年化百分比表示，并且大致反映出标准普尔 500指数在未来 30 天的期望走向。例如，假设 VIX 指数为 15，表示未来 30 天预期的年化波动率为 15%，因此可以推断指数期权市场预期未来 30 天标准普尔 500 指数向上或向下波动 4.33%。也就是说，指数期权的定价假设是：标准普尔 500 指数未来 30 天的波动率在 ±4.33% 以内的概率为 68%。尽管 VIX指数是以百分比而非美元金额表示的，仍有很多以 VIX 指数为基础的衍生工具存在，包括于 2004 年开始交易的 VIX 指数期货合约、2006 年开始交易

VIX 指数期权，以及交易所交易基金等。

VIX 指数通常被称为 "恐慌指数"，但较高的 VIX 值并不代表熊市。相反，VIX 指数是衡量市场波动的方向，包括正向变化。因此，高的 VIX 指数代表投资者认为市场会有很剧烈的波动，包括正向和反向的。VIX 指数的最高值出现在当投资者预期市场很可能会出现很大波动时。只有当投资者认为既不会有较大的下跌风险或较大的上涨可能时，VIX 指数才会低。VIX 推出后，受到全球投资者的追捧，特别是 2005 年以来，全球金融资产波动性急剧增加以后，VIX 的交易量更是屡创新高，虽然有学者批评 VIX 指数复杂且不适用，但 VIX 成为全球投资者评估美国股票市场风险的主要依据之一。

与美元指数不同，VIX 指数是根据 S&P500 指数期权的隐含波动率计算出来的，由于中国目前金融市场不够完善，只有股票指数期货，还没有指数期权，对 VIX 的了解仅局限于研究人员，但随着中国金融市场的不断发展，波动性研究逐渐深入，波动性指数等金融新产品将不断涌现，因此有必要对金融市场波动性进行全面研究。

2.1.3　随机波动的界定

金融学对波动性的研究是伴随着金融理论、金融工程及金融数学化发展而发展的，在对大量的股票、期货、期权、外汇等金融时间序列的计量分析中，研究者发现，金融资产价格的波动是随时间变化而变化（时变性）的，对应收益率的标准差是一个随机过程，因而提出了波动性更为学术化的表达——随机波动。

在计量经济学中，随机波动更侧重于指时间序列的随机（不可观测）部分（Andersen, Bollerslev, Christoffersen and Diebold, 2005）。金融学中，随机波动的定义是在一个连续的差分模型中随机维纳部分的标准差或协方差。潘和格兰杰（Poon and Granger, 2003）强调更为准确的分析，采用标准差或协方差来界定和计算，并以时间序列是某种条件分布为前提，如正态分布、T 分布，或者是非标准分布，需要其对应的概率密度、累计概率密度，才可以从历史数据推导出来的分布。

研究同行很早就认识到随机波动，但直到 20 世纪 90 年代初，金融货币经济的应用研究者才对一阶矩与二阶矩的时变特性进行建模。描述时变方差的模型一般有两类，即自回归条件异方差（ARCH）模型和随机波动（SV）

模型。

在利用大数据＋深度学习分析随机波动性时，由于数据维度、数据频率、数据量均大幅度增加，随机波动模型的假设检验、参数估计、预测预警等方法逐渐从 SV 模型马尔科夫链蒙特卡洛方法（MCMC）发展到深度学习的某类方法，如长短期记忆模型等。

2.2　金融市场波动性理论

2.2.1　金融市场波动经典理论

2.2.1.1　金融波动性原因分析

由于把波动性引入到金融学的研究从欧美国家开始，因此，波动性的界定都是引自欧美。根据维基百科（Wikipedia）的解释，金融学上的波动性，是指金融工具或者金融资产的价格在一定时间内不确定性变动的测度。对金融波动的解释，国内学者张世英教授等（2002）认为波动性是指价格非预期变化趋势，或者是收益的不确定性。其意思大同小异。

从波动性的界定可以看出，金融工具或金融资产价格的不确定性是指价格变化没有明显上升或者下跌的趋势性，是不可预期的，在一定时间可以是一天、一周甚至更长的月度、季度、年度，也可是一天以内的 1 小时、10 分钟、1 分钟、10 秒等，即高频数据。测度方法是根据价格变动的幅度、频率等而逐渐发展起的，包括波幅、方差、标准差、峰度系数等，主要测度指标是波动率。早期受制于信息手工传递，理论和实务界对金融波动性关注的重点为日数据。

金融学上波动性可以从多方面来解释：首先，波动是金融资产价格变动的存在形式，没有一成不变的价格，波动性是金融市场的普遍现象，所有影响金融资产价格的宏观经济、市场、投资者等因素都通过价格涨跌变化，即波动形式表现出来。其次，金融工具或金融资产中符合投资者预期的波动就是收益，超出投资者预期的波动就是金融风险，因而，波动性分析既是指导投资决策、获得投资收益的基础，又是分析金融风险的形成机理、扩散演化、防范化解的基础。然后，波动性作为一个客观的尺度，是对金融工具或金资产价格的变异性、随机性、不确定性的度量，市场参与者、观察者、监管者通过波动性指标形成统一的刻画体系，而且单纯的定性描述不足以说明波动性，必须定量分析，甚至金融工程化波动性才能准确刻画。正因为如此，波动性成为了评价金融市场优劣的重要指标，是期权定价的重要参数。最后，在大数据背景下，金融市场参与各方利用移动互联网和智能手机等终端，随时随地都能够获取信息，都能够决策，进而参与交易，对日内的高频数据的波动性研究越来越有现实指导意义，而以深度学习为代表的人工智能向金融领域的拓展应用使得研究大数据高频波动性成为可能。

2.2.1.2　金融波动性可控性分析

尽管金融波动是客观的，但是金融波动是可控的。所谓金融波动的可控性，是指市场金融主体可依一定的方法、制度对波动进行事前识别、预测，事中防范和事后的化解。这是由于：其一，金融波动是可以识别、分析和预测的。人们可以根据金融波动的性质、产生条件，识别金融业务经营和管理过程中各种可能导致波动的因素，从而为可控性提供前提。典型的例子就是期货、期权等衍生品的设计，其定价本身就包含了对标的资产价格波动率的识别和预测，另外一个例子是，总体上，固定汇率制度下的汇率波动水平要低于浮动汇率制度。其二，研究人员可以依据随机过程、概率统计以及大数据深度学习等手段，建立各项金融波动的技术性参数，对波动性进行有效监测。现在已经为市场参与者熟知的波动的尖峰厚尾、集群性、持续性等就是可以及时地、可靠地获得。其三，现代金融制度（包括正式制度，如法规、条则、管理办法等；非正式制度，如道德、习惯等）是金融波动可控性的有效手段。金融制度是一组约束金融主体行为、调节金融关系的规则，最典型的例子就是中国股市的涨跌停板制度，ST类的股票涨跌5%，主板和中小板10%的涨跌限制，创业板、科创板涨跌20%的限制，新上市首日的没有涨跌限制等差异化的制度安排就对应不同的波动水平。金融制度的建立、健全与创新发展使金融主体行为受规则的有效约束，从而把金融波动纳入可控的组织保证之中，如在市场波动有加大的预期时，期货交易所就提高期货保证金比率以降低其波动，股票市场的临时停牌制度、熔断机制也是同样的制度安排。正是因为金融波动是可控的，才使得建立健全现代金融制度具有了现实意义。

需要指出的是，纵观中外由波动性引起的大到经济危机、金融危机，小到市场的停牌、追加保证金等金融波动实例，无论在什么时期、什么条件下，波动形态如何变化，波动都是不可避免的。人们所能做到的，不是消灭波动，而是只能通过研究金融波动的形成机制、传导机制及不同金融波动的相互关系和作用机制，探索如何通过完善机制、法律规范、政策调控和技术创新，从而防止金融波动大起大落带来的损失。笔者一直致力于波动性预测、预警研究就是这个意义。

2.2.1.3　金融波动性的特征分析 *

经典的波动性研究是假设金融资产收益率服从正态分布，而在实证研究中，获得的收益率波动数据是否与正态分布的假设吻合呢？股票等资产价格的波动呈现出什么特征呢？于是，许多经济学家尝试对收益率的误差项的分布作出各种研究，从而得到了金融波动性的特征。在大数据背景下，虽然分析应用的数据维度、数据频率、数据样本都大幅度增加，但是其仍然具有原有的特征。这里引用笔者的论文和著作对此问题进行分析。

（1）尖峰厚尾特征（thick tails）。曼德博（Mandelbrot，1963），法玛（Fama，1965）先后发现资本市场收益率分布在均值附近以及在距离均值较远的尾部，其四阶矩大于3，随后的研究得出收益率的真实分布比标准正态分布具有更高的概率分布密度函数值，表现出尖峰厚尾特征。尖峰厚尾特征虽然是从股票市场的每天数据序列中首先观察到的，但其他金融资产也表现出同样的特性（Andersen and Bollerslev，1998），并在任意时间标度上都存在（几秒到几个月），而且，时间标度越短越显著，峰度也随着数据频率的增加而增加。与尖峰厚尾特征吻合的分布，一是 Levy 分布，二是混合分布，如正态—泊松混合分布、指数分布和正态分布构成的 Laplace 分布等。

（2）波动集群性（volatility clustering）。金融时间序列往往在较大幅度波动后面伴随着较大幅度的波动，在较小波动幅度后面紧接着较小幅度的波动，这种性质称为波动集群性。收益率的时间序列数据在高波动或低波动阶段的堆集现象可直观观察到。波动集群性反映了收益率波动的正相关和正反馈效应，虽然其与有效市场理论中关于金融波动不相关的假设相矛盾，但实际上，

---

* 参见邱冬阳等，金融市场随机波动：基于文献综述的视角，《西南农业大学学报（社科版）》2009（4）；邱冬阳等，金融市场随机波动的联动性及预警机制研究——基于马尔科夫链蒙特卡洛抽样方法，经济科学出版社，2018 年版。

波动集群和厚尾特征是高度相关的。

（3）杠杆效应（leverage effect）。杠杆效应一般是特指股票价格变动与其随机波动负相关（Black，1976）。因为股票价格下跌意味着更多的不确定性，也就是说收益率为负时的波动性比收益率为正时波动性要大一些。换言之，正面和负面的信息会对未来的价格波动产生不同程度的影响。通常，负面信息所引起的波动更大。在金融市场中，杠杆效应从一定程度上反映了投资者的风险厌恶特性。大量的实证文献中，有支持杠杆效应的（Nelson，1991；Engle and Ng，1993；Yu，2005）；也有认为杠杆效应不明显的，不足以支持股票价格收益正负的不对称性（Schwert，1989）。

（4）信息流（information arrivals）。所谓信息流特征是指收益率波动的分布是由影响价格变化的信息流决定的。由于对资产收益率的衡量和模型化都是通过观察固定频率的样本资料而获得的，如日、周、年收益。显然，资产收益是直接与信息相关的，而信息流没有固定模式，常常不是按时间标准排列，也难以观察和预期，是随时间变换的（time deformation）。所以，可以把资产价格波动看作是一个与信息流高度相关的现实波动过程。

信息流特征被认为是收益率波动尖峰厚尾特征的内在原因（Gourieroux and Jasiak，2001）。在资本市场的微观结构中，影响波动性的信息流主要是交易量、报价方式、预期事件（如股息红利分配、宏观数据发布等）、市场闭市时间等（Easley and Hara，1992）。

（5）长记忆与持续性（long memory and persistence）。长期记忆性是指收益率序列的绝对值或幂的自相关呈现十分缓慢的衰减（Ding，Granger and Enger，1993），相距较远的时间间隔仍然具有显著的自相关性，表现为历史事件会长期影响着未来。在实证研究中发现，股市收益存在短期正相关而长期负相关的关系，并且高频数据的金融波动的条件方差时间序列接近单位根过程，也就是说，当前的信息和波动会对未来的波动产生长期和持续的影响。

（6）共生波动（volatility co-movements）。在交易全球化、国际投机资金四处游走的背景下，共生波动问题就产生了——全球化的股票市场是否扩大了价格波动和收益率的相关性。哈维、瑞兹和谢法德（Harvey，Ruiz and Shephard，1994）采用联立模型，林、赫恩格和伊藤（Lin，Engle and Ito，1994）采用因素模型的实证研究得出共生波动存在的结论。

（7）溢出效应（volatility spillover）。作为经济系统的子系统，不同金融市场的波动之间可能存在相互影响，波动会从一个市场传递到另一个市场、一种金融产品到另外一种金融产品，这一现象称为波动的溢出效应。向量 GARCH 模型和向量 SV 模型是研究波动溢出效应的主要工具。

（8）微笑现象（smiles）。在期权定价研究中，如果市场的期权定价与布莱克—斯科尔斯（Black-Scholes）公式一致，那么隐含波动率就应该与该标的的证券收益率波动的标准差一致，但实证的结果却是：不同的执行价格，其对应的隐含波动率有时呈 U 型，即平价期权的隐含波动率最低，实值和虚值期权的隐含波动率较高，这称为波动的微笑现象。同时，微笑现象在实值和虚值期权间不完全对称，并接近期权到期日，此时微笑现象更显著（Taylor and Xu，1993）。

（9）隐含的相关波动（implied volatility correlations）。在衍生品的隐含波动率测定中，常常是根据同一标的资产、不同的执行价格、不同的到期日得到不同的隐含波动率，再加权获得一个复合隐含波动率，权数是依据期权价值（near-the-money）的交易量的形成的（Harvey and Whaley，1992）。

2.2.1.4　主要金融波动性理论

在对金融市场实际运行中波动性的原因分析、可控性解释和特征归纳的基础上逐渐产生了系统的金融波动性理论，而对不同的波动性特征的比较分析，对相同波动性特征及其产生原因进行不同的专业分析，以及对其收益分布函数的假设检验，并进一步与金融、微观经济、宏观经济、经济预期等经济理论有机融合在一起，就逐渐演化出不同的波动性理论流派，而且其在不同时代背景下的股票、期货、外汇等市场上得到了验证。由于中国金融市场发展相对滞后，尤其是金融衍生品市场及以波动性为避险工具的金融衍生品相对较少，因此，金融市场波动性理论主要源于西方，中国学者们对金融市场波动性理论的贡献主要通过研究中国金融市场的波动性进行实证检验，并进一步丰富波动性理论。[①]

（1）随机游走理论（random walk）。随机游走也称随机漫步，早期是指股票价格的变动是随机且不可预测的，后来拓展到市场上的金融资产的价格是一个随机变量，价格变化的过程就是随机过程。从模型角度看，随机游走

[①]　笔者持续研究金融波动性问题，关于金融波动性理论在《金融市场随机波动的联动性及预警机制研究——基于马尔科夫链蒙特卡洛抽样方法》（经济科学出版社，2018 年版）一书的第 3.4 节进行了较为详细的归纳和阐释，在此逐一做简单的说明。

是指金融资产（比如股票）在 t＋1 时刻的价格是其在 t 时刻的价格加一个随机数构成的，模型的假设条件较为严格，要求误差项为独立同分布的正态分布。

（2）有效市场理论（efficient market）。有效市场理论假说是指金融市场的投资者是理性的，金融产品价格是随机游走的，其与市场相关的信息能够在金融产品价格中得到充分反映，则市场就是有效的。根据金融市场有效性不同，可分为强式、半强式、弱势有效 3 种情形。多种实证方法对 3 类市场假说进行了检验，多数检验结果表明中国股票市场属于半强式有效市场。

（3）分析与混沌市场理论（fractal and chaos）。混沌理论是在试图解释金融领域中出现越来越多的金融异象而不断形成的。其主要观点：一是金融市场的价格波动不是通常所认为的随机游走，而是具有内在确定性的混沌运动。二是金融市场的剧烈波动是由于非线性系统进入了混沌均衡。而分型则是混沌的一种方式，多数国家的资本市场符合复杂非线性动力系统的条件，具有明显的混沌现象和分形结构特征。

（4）协同市场理论（coherent-market）。协同市场理论波动性解释不仅是从线性向非线性转换的一种尝试，而且是一种非线性动力学模型，其构建了资本市场波动、风险以及市场基本因素与技术因素交互影响的分析框架。根据分析框架，可以把金融市场分为 4 种状态：随机游走、过度市场、混沌市场、协同市场，并将常见的随机游走、混沌市场等统一起来。但是，协同市场理论的实证检验较困难，中国有关此类研究相对较少。

（5）行为金融理论（behavioral finance）。行为金融也是随着试图解释金融市场中用传统经典理论难以解释的金融异象而产生的，但其与混沌理论不同的是：混沌理论是从线性拓展到非线性分析模型，而行为金融理论则是把传统金融分析中参与人是理性的假定放宽到有限理性，在有机融合金融学与心理学理论后，行为金融理论认为参与金融交易中的决策动机是复杂的，追求收益最大化只是动机之一。应该说，行为金融理论更符合实际，但其理论和实证研究都还处于发展变化之中。

2.2.2　金融波动性预测种类

波动性虽然普遍存在各种经济活动中，但对其研究最深入的仍然是在金融领域，不仅有上述各种金融波动性理论的出现和更替，而且在波动性理论、测度方法以及各种实现方式的综合推动下生产了金融波动性预测，即预测金融市场价格涨跌变化。预测一般分为 4 类，即点预测、区间预测、符号预测、密度预测。

2.2.2.1　点预测

金融波动性点预测主要是通过最优化预测值与实际值之间的误差而推断在具体某个时间点的具体数值。在实际操作中，有采用金融资产价格直接代替波动率，也有把资产价格按照时间频率转化为收益率，进而预测收益率的高低。优化误差的方法就是常见参数估计的最小二乘法和极大似然法两类。显然，点预测的准确性是其中的难点，而且是在波动性的历史数据呈现出分布特征下，比如正态分布、t 分布等作出的预测。由于理论上常常假定金融市场收益率是零均值，因此波动性点预测的重点放在了误差项上，这个从一个侧面印证了金融市场价格具有随机游走的特征。

2.2.2.2　区间预测

由于点预测的准确性在理论和实践上都遇到挑战，学者开始转向对金融资产价格波动区间进行预测。对区间预测做了开创性工作的是诺贝尔经济学奖获得者、著名的金融波动性研究的计量经济学家恩格尔（1982），其围绕条件平均通胀预测构建了准确的区间预测。区间预测的基本原理与点预测是相同，只是由一个点调整为区间的上限和下限，区间的上下限的确定常常是通过几倍残差来提醒，或者是把点预测的概率 p 拆分为上下限各 $1/2p$。而现在逐渐演变为非对称上下限确定方式。从实务角度看，区间预测虽没点预测直接，但其准确性得到了大大提高。

2.2.2.3　符号预测

在金融交易的实务中，参与者可能关心的是金融资产价格是落在某个区间之上或者之下，比如股票、期货等资产价格预测中就是预测价格是否在上一个交易价格之上或者之下，而投资组合回报预测就是看其是否会大于已知的无风险收益的回报。类似这样的情形就是预测值是否最终超过某个固定的、已知的阈值，超过是正号，低于是负号，即符号预测，也即是通常所说价格涨跌方向预测。从预测理论和模型角度看，符号预测是阈值等于 0 时的概率预测的特定情况。

2.2.2.4 密度预测

金融资产价格预测值，不论是点、区间或者是符号预测，都是波动率或者收益率作为随机变量对应概率分布最大可能出现的值。更一般地，可以进一步对概率分布背后的密度函数进行解析，进而进行密度预测。密度预测是对预测值概率密度的估计。如果密度函数是时变的，对应的时变偏度、峰度等统计特质也是时变的，密度预测就比较有效。在传统的时间序列分析预测中，密度预测及相关的评价方法与点、区间预测相比，还没有得到充分的探索，但在机器学习方法不断发展的情况下，密度预测在金融领域也得到越来越广泛的应用。

2.2.3 大数据背景下金融波动理论发展

总体上看，大数据在金融领域的广泛应用对随机游走、有效市场、分形与混沌、协同市场、行为金融等解释波动性的理论本身并没有产生革命性变化，也没有出现得到实务界、理论界一直认可比较专业和严密的新的金融波动性理论。但不可否认的是，金融大数据与以深度学习为代表的人工智能相互融合产生金融科技，给金融业务本身、给资本市场和所有金融活动的参与者都带来了划时代的变化。

2.2.3.1 金融学中波动性研究的范式正在被打破和重构

波动性研究一直以来都是基于金融资产价格走势数据，通过理论假设后，再统计、检验其背后可能的规律，随机游走、均值方差、有效市场理论等都是这样发展起来并不断演化的。在金融大数据时代，金融资产价格的走势由于数据挖掘、数据可视化等技术的广泛应用和随处可得，一方面导致量化交易等高频交易模式逐渐成为市场的主流，与提出有效市场理论的 20 世纪 50 年代有本质的区别，其计算和检验的波动性的周期大幅度缩短，波动性研究要从日间逐渐转向日内，要从低频转向高频；另一方面导致金融波动性原有的特征出现新变化，比如波动的集群性、长记忆与持续性、溢出效应等，对应的经典的 GARCH 族模型、随机波动 SV 模型都将升级换代，金融市场作为复杂的动力系统有恰当的路径去认识和研究。当然，大数据与人工智能智能技术融入金融市场带来的波动性，其本质仍然是金融，但不可否认其导致金融学科研究范式不断被打破和被重构,从而逐渐改变金融波动性的内在规律。笔者认为,这种特征的变化累计迭代到一定时候就会产生新的波动性理论。

2.2.3.2 金融学中波动性研究的边界正在拓展和深化

金融波动性研究的基础是金融资产交易形成的各种数据,主要包括价格、数量和其他数据信息,价格包括成交价格、最高价、最低价、开盘价、收盘价、均价等,数量包括成交手数、成交金额、平仓数量、开仓数量、累计成交金额等。早期研究有效市场理论就是假设价格走势呈现某种分布而推导出的波动特征,包括尖峰厚尾、均值回复特征等。在进一步研究中发现,仅仅有价格和数量的分析还不够,应该加入更多影响波动性的其他因素,但由于数据来源、可得性、结构的限制而限于金融交易的价格和数量数据中偶尔有一些创新研究融入了宏观经济数据、投资者情绪指标等。大数据技术发展被广泛应用到金融领域后,波动性研究则把以前难以测度的影响因素、难以量化的指标、难以结构化的数据、难以监测的高频数据都纳入研究范畴,不断拓展边界。比如通过文本挖掘和官方统计数据共同来测度宏观经济因素,并保持宏观数据与市场数据同频,对可能演变为"黑天鹅"的因素纳入金融市场波动性测度的维度,对不同且相互影响的金融市场数据的共享,对投资者行为的监测数据,对监管政策的量化等。在此基础上,通过编码、标注、抽样、排序、插值、分词、规整、旋转、变换、标准化等多种方式对来自不同领域、量纲、数量级、特征、分布进行迭代优化的预处理,消除噪声数据,并与深度学习网络模型进行适应性匹配,初步实现深度学习模型自动特征提取,探索金融波动性与机器学习、深度学习等人工智能的内在联系和可行的接口,力图实现数据信息的实时共享。

2.2.3.3 金融学中波动性研究的方法正在人工智能化

现有的波动性理论都是应用基于在传统数据对应的分析方法,主要有指数平滑等简单统计分析、方差分析等多元统计、GARCH 等时间序列分析,以及马尔科夫链蒙特卡洛等参数估计方法。大数据背景下的金融活动,与数据同步发展的是研究方法迈进了人工智能时代,对应到金融波动性研究方法上,从神经网络、支持向量机、机器学习逐渐迭代到全面使用深度学习的方法,通过深度学习的应用提升波动性测度的参数、波动水平、波动持续性、波动联动性指标值的精度。近年来，大量应用深度学习的金融波动性研究结果实证了深度学习对参数估计可靠性的提高以及预测、预警结果精度的提升。当然，波动性研究中应用深度学习方法也受到其数理基础理论不够的批驳。笔者认为，从波动性规范和实证分析及发展变化的历史轨迹中探索随机波动的科学思想，深度学习是波动性研究方法演进的必然，从新特征、新方法到新理论相互作用、螺旋式上升，可以预计，在后续一定有新波动性与数理基础出现。从这个意义上说，本书的研究也属于这个大范畴。

2.3 传统模型对波动性预测文献综述

波动性一直是金融学研究的经典命题，学者们为提升波动性预测的精度、进而降低金融市场风险做了大量的探索，贡献了海量的文献资料，丰富了金融计量学科。在深度学习方法引入波动性后，又不断对波动性预测模型、参数估计、实现方式等做了演化升级，大力助推了金融科技发展。本节对相关文献进行梳理评述，按照传统模型与深度学习模型两个方面展开。

2.3.1 早期金融波动性预测

早期金融波动性预测的对象主要是英美的股票市场，当时期货期权和衍生品市场还不发达，市场之间波动的联动性相对较弱，因此较少涉及股票以外的金融市场，而波动性预测理论主要是基于随机游走假说和均值方差理论。常用的方法包括历史平均、移动平均、指数平滑、简单回归、指数加权移动平均（EMA）、移动自回归等，得到的预测结论是预测误差较大、精度不够。其中，最为经典的综合性文献是《金融市场波动性预测》（*Forecasting Volatility in the Financial Markets*）一书中做了较为详细的归纳总结。研究对象上有美国股票市场（Akgiray，1989；Pagan and Schwert，1989；Brooks，1998）、英国股票市场（Dimson and Marsh，1990）、澳大利亚股票市场（Brailsford and Faff，1996）、新西兰股票市场（Yu，2002）、日本股票市场和新加坡股票市场（Tse，1991）等，一般都是用早期的波动性预测方法与GARCH模型的预测结果进行比较，从比较中分析其预测精度。由于我国股票市场起步发展相比英、美要晚，应用加权平均等早期方法单独实证中国股票、外汇市场波动性的研究几乎没有。

从现在往回看，早期的移动平均、指数平滑等方法已经内化为金融市场的技术分析指标方法，成为初步度量市场波动和风险的普及方法。而本项目展开的大数据+深度学习的波动性研究，在数据处理上会用到移动平均、多重移动平均等。

2.3.2　GARCH 模型波动性预测

GARCH 模型是以 ARCH 模型为基础，同时考察异方差函数的 p 阶自相关性，以此模拟具有长期记忆性的异方差函数。比起 ARCH 模型，GARCH 模型能很好地描述出金融时间序列的异方差性质。GARCH 模型主要有 3 种修正模型来描述杠杆效应（过去的负回报和正回报冲击的反应是不对称的，负回报会导致未来更大的波动）：TGARCH 模型、AGARCH 模型和 EGARCH 模型。大量学者经过实证研究发现，相比基础 GARCH 模型，修正的 GARCH 模型对金融市场有更好的预测能力。

采用 GARCH 模型进行波动性预测的文献非常多，在各个时间期间都有研究论文涌现。早期主要选择股票价格指数波动预测，以上证综合指数和深证成分指数的日收盘价为样本，研究非参数 GARCH(1，1) 模型对股票的波动性预测能力。检验表明，非参数 GARCH(1，1) 模型的预测精度较参数GARCH(1，1) 模型有明显提升（鲁万波，2006），有文献选取了上证综合指数和香港恒生指数等 4 种研究数据，用 GARCH 模型族对股票市场的波动聚类性与持续性进行了实证研究，结果是 EGARCH 模型对未来一天的波动预测优于 GARCH 和 TGARCH 模型（李亚静、朱宏泉、彭育威，2003）。在股价指数波动性预测后，研究人员选择个股价格数据展开，个股一般选取的是绩优大盘的股票，比如选取贵州茅台（600519）A 股日收盘价为样本，建立了 AR – GARCH 模型对两期连续复利收益率进行拟合，其结果能够较准确地捕捉该股票的 6 次大幅度波动（胡彩娟和刘娟，2019）。与此同时，在期货、外汇、期权市场上也有 GARCH 应用研究，比如以上海铜期货市场的日收盘价滞后 3 个月的数据作为样本，对比了 FIGARCH 等 4 种 GARCH 模型，结果表明，在 t – 分布假设下，FIGARCH 模型对沪铜期货的波动性预测效果更好（赵伟雄、崔海蓉、何建敏，2010）。以人民币兑日元和美元的日数据为研究对象，对比非参数 GARCH 模型和参数 GARCH 模型在波动性预测的应用。研究证明，非参数 GARCH 模型更具有稳定性，预测能力更强（赵树然、任培民、赵昕，2012）。有文献利用 GARCH（1，1）对上证 ETF 期权每日收盘价数据进行实证研究，结果表明 GARCH（1，1）能够较准确地对期权进行波动率预测（吕志鸿，2015）。

2.3.3 SV 模型波动性预测

相比 GARCH 族模型，随机波动（SV）模型很好地解决了条件方差的估计突然变动的问题。SV 模型中的条件方差不是一个确定的函数，为了得到随机项对波动性的影响，加入了随机项。大量学者实证证明 SV 模型在金融数据的拟合度上比 GARCH 模型更为精确。

早在 2004 年就有论文研究了深证成分指数的日数据，应用 SV 模型及 ASV 模型预测深圳股市的波动性。结果表明，SV 模型对未来股票的波动预测更精确（刘凤芹和吴喜之，2004）。而以上证综指每日收盘数据为研究对象的文献，在对比 SV 类模型和 GARCH 类模型在国内股票市场上的预测能力后，得出的结论仍然是 SV 类模型的拟合程度和预测效果更优（顾锋娟，2009）。而对股指期货的研究得到同样的结论，通过建立 SV 模型对沪深 300 股指期货的波动性进行实证检验，结果证明，杠杆 SV 模型能够更好地拟合实际股市的情况（林晓浩和杨少华，2011）。而对 SV 模型的拓展，建立非对称随机波动 ASV 模型，选择美元兑人民币汇率的波动性特征进行分析。检验表明，与非对称 GARCH 族模型相比，ASV 模型能更好地拟合汇率波动的时变性、持续性和非对称性特征（张欣和崔日明，2013）。有学者进一步建立引入 FFBS 算法的 SV 模型，对上证基金指数和深圳基金指数进行波动性预测。实证表明，基于 FFBS 算法的 SV 模型对基金指数的波动性拟合程度更好（莫玉婷和刘金山，2016）。随着对 SV 模型的持续深入研究，其逐步应用到期权和外汇市场的波动性预测上，预测精度相对较好。有文献选取上证 50 ETF期权价格，用随机波动率模型对期权定价进行预测，结果显示，SV 模型较传统的 B－S 模型有更高的精准性和稳定性（吴鑫育、李心丹、马超群，2019）。有学者以人民币兑美元汇率为样本，用 SV－N 模型进行汇率的一步向前预测，对人民币汇率波动预测的拟合度更高，SV－N－CVaR 模型对汇率风险的预测效果更好（孟庆斌、宋烜、宋祉健，2019）。

2.3.4 已实现波动率的预测

GARCH 和 SV 等模型使用的低频数据造成了大量交易信息损失，已实现波动率（RV）则利用高频数据提高了预测的准确性。研究者们建立了多种修正模型，主要是 HAR – RV 模型和 ARFIMA 模型。HAR – RV 模型由日、周和月 3 种随机成分组成，用来刻画短、中、长期的预测效果。ARFIMA 模型将不平稳的长期记忆时间序列差分得到平稳序列，以此提高预测精准度。

在具体实证研究文献中，ARMA 模型的文献不多，比如孔刘柳和刘培（2010）选取了上海黄金交易所 Au9999 的周平均价格，应用 ARFIMA 模型对黄金价格波动进行预测，得到相比 ARMA 模型有更准确的预测能力的结果。而高频数据多数选取的是 5 分钟交易数据，比如瞿慧、李洁、程昕（2015）选取沪深 300 指数 5 分钟高频价格日数据，对比 GARCH 族模型（加入已实现波动做解释变量）和 HAR 模型对短、中、长期的波动性预测，检验得到对数形式的 HAR – RV – CJ 模型的预测能力更强，在长期预测方面的优势更为显著。后续类似的文献则建立 HAR 族模型研究沪深 300 指数 5 分钟高频日收盘价格，进行日、周、月的波动率预测，对比检验表明 HAR – RV – CJ1/2 模型的日已实现波动率预测精确度更高，HAR – RV – CJ – ln 模型的周、月已实现波动率预测准确性更高（闫会强、夏霄松、金浩，2017）。一些学者则进一步建立 HAR 模型对上证 50ETF 期权日数据进行研究，结果表明，上证 50ETF 期权指数存在显著的正周一效应且扩展 HAR 模型比基础 HAR 模型有更准确的预测能力（杨艳军和安丽娟，2017）。另外一个路径是改进方法构建贝叶斯 HAR 潜在因子模型对我国股指期货和国债期货的高频已实现波动率预测，实证表明模型在加入了时变参数和时变预测变量之后，预测能力有很大的提高（罗嘉雯和陈浪南，2017）。

2.4 深度学习波动性预测文献综述

2.4.1 波动性预测的方法

深度学习是一种通过深度神经网络模型学习海量数据中规律的方法，本质上是一种特征学习方法，属于机器学习的一个分支，而机器学习属于人工智能的范畴。深度学习于 2006 年由杰弗里·辛顿（Geoffrey Hinton）首次提出，网络爬虫等数据挖掘技术支撑了大数据的广泛使用，两者相互融合，大数据＋深度学习在学术界持续升温，并不断取得一些进展，比如语音识别（2011）、图像识别（2012）、专用学习处理器、围棋（2016），其中，个别领域超过了人类智能。目前正在不断拓展应用领域，并深入应用在金融波动性研究中。

金融产品的价格变动随机性一直是金融领域的核心问题，学者们不断将数学算法引入金融市场收益率波动的研究中，建立大量的模拟预测模型。模型经过不断的发展，从 ARCH、GARCH、随机波动率、AR、HAR 等传统模型，再到现在把研究金融市场收益水平与人工智能技术相结合，主要是将深度学习引入波动性的预测，越来越多的模型迭代优化以及相互结合应用使得波动性预测更具有现实意义。

深度学习预测波动性普遍采用的方法是 LSTM 模型，对于这类研究，国外与国内基本处于同步发展状态。LSTM 模型在实际研究有明显的优势，比如模型预测长、中、短期的稳定性和精度两方面的优势（杨青和王晨蔚，2019）。同时，LSTM 模型与 GARCH 族模型一样，在大数据背景下同样有一些缺陷和值得改进的方面，文献中这类研究比较多。考虑到 RNN 模型和 LSTM 模型的梯度消失、过拟合以及处理固定长度序列数据的限制，建立 Seq2Seq 模型来处理不定长序列数据（王钧、张鹏、袁帅，2018），另外一个思路是建立 GRU 模型，利用其"门控单元"来解决因为梯度消失而导致的长期依赖问题（李佳、黄之豪、陈冬兰，2019），而为了克服噪声干扰，提高 LSTM 模型的泛化能力，通过 SDAE 模型堆叠单层 DAE，得到 SDAE - LSTM 模型能较好地预测金融时间序列（黄婷婷和余磊，2018）。一些学者提出了基于 GRU 与差分运算结合新模型，差分运算可以通过计算相邻值之间的差值来消除趋势和周期性，进而解决时间序列不平稳的问题（张金磊、罗玉玲、付强，2019）。一些尝试对深度学习方法进行优化的文献有：考虑到期权波动率的维度高、风险样本的特殊性、调整特征值权重等问题，依次引入 SVM 算法、KNN、RF、GBDT 和纵横向集成来进行优化，建立了 SKRG 模型（马天平和吴卫星，2018）；为了降低深度学习拟合中易陷入局部极小状态的缺陷，可以采取融合 GRNN 和 BPNN 两种模型，并用 Adaboost 算法减小 BP 神经网络（形成弱预测模型）中陷入局部极小状态的权值，组成 GR-BP-Adaboost 模型（周晓波、陈璋、王继源，2019）。建立了稀疏模型，在模型中引入了高阶滞后项（周爱民和刘晓孟，2019）；通过 TensorFlow 构建了 MLP 模型（韩山杰和谈世哲，2018）；构建了离散二进制粒子群算法（BPSO）与随机森林算法（RF）结合的新模型 BPSO – RF（方昕、李旭东、曹海燕等，2019）；提出了混合模型 EMD – LSTM，使用 EMD 和 CEEMDAN 对数据进行降噪（Cao Jian，Li Zhi and Li Jian，2019）；建立了以多层感知器（MLP）作为判别器和长期短期记忆（LSTM）作为生成器的 GAN 模型（Kang Zhang，Guoqiang Zhong，Junyu Dong et al.，2019）；构建了 Wave-ATTention-Net（WATT-Net）模型，一种新型时间卷积（TCN）模型（Michael Poli，Jinkyoo Park and Ilija Ilievski，2019）；构建了一个集 VMD、SOM、KELM 于一体的 DCE 模型（Yunjie Wei，Shaolong Sun，Jian Ma et al.，2019）。

2.4.2　波动性预测的对象

基于深度学习的波动性预测模型主要广泛运用在股票市场，但随着近年来深度学习方法的推广，尤其是金融科技得到广泛的应用后，大量学者开始把模型扩展应用到外汇市场、期货市场、黄金市场、期权市场及其他金融衍生品市场预测当中，接下来逐一分析。

2.4.2.1　股票市场波动性预测

股票市场是波动性预测研究领域的主体，在深度学习方法下也不例外，而且文献越来越多。在具体研究对象上，有选取上证指数、沪深 300 股价指数的日收盘价（李佳、黄之豪、陈冬兰，2019）、5 分钟高频交易数据（陈卫华和徐国祥，2019），上证 50 数据（王钧、张鹏、袁帅，2018），也有使用深度自编码器 DAE 对贵州茅台的高维度股票数据进行降维和特征提取（邓烜堃、万良、黄娜娜，2019）。一些文献还关注海外股票市场波动性预测情况，有选取个股样本的，比如苹果、亚马逊和微软三个公司的历史股票数据（方昕、李旭东、曹海燕等，2019）；有从香港恒生指数数据中提取序列特征（黄婷婷和余磊，2018），日经 225 指数，NYSE 指数，NASDAQ 综合指数的日、周、月经济数据（Namini & Namin，2018；Kang Zhang，2019），S&P 500 股票指数调整后的收盘价（张金磊、罗玉玲、付强，2019）；也有总体选择全球 30 个股票指数波动性进行预测（杨青和王晨蔚，2019）。

2.4.2.2　汇率市场波动性预测

中国学者对汇率市场波动性预测的文献主要集中在人民币汇率，比如英镑兑人民币、美元兑人民币、100 日元兑人民币和欧元兑人民币中间价的日数据（周晓波、陈璋、王继源，2019；周爱民和刘晓孟，2019；周颖和沐年国，2020），也有研究其他货币之间的汇率波动性的，比如欧元兑日元的日度汇率（周爱民和刘晓孟，2019），美元兑欧元日度数据（李佳、黄之豪、陈冬兰，2019；Yunjie Wei，2019）。

2.4.2.3　期货市场波动性预测

针对期货波动性预测的文献相对股票和外汇市场要少一些，集中在股指期货和原油等大宗商品。具体有：选取沪深 300 股指数期货 1 分钟的高频数据，并进行了标准化的处理（黄卿和谢合亮，2018）；选取布伦特原油期货合约价格日数据为样本（陈俊华、郝彦惠、郑丁文等，2019；Zhaojie Luo，2019）；选择螺纹钢期货作为预测数据（文宇，2018）；选取沥青期货主力合约 tick 级别数据作为样本（孙达昌和毕秀春，2018）；也有选择比较小众的期货品种作为研究对象，比如以欧盟排放交易体系中碳的每周期货价格为研究数据（LeiJi，Yingchao Zou，Kaijian He et al.，2019）。

2.4.2.4　其他金融市场波动性预测

其他金融市场波动性预测主要有期权市场和黄金市场，比如以中国 50EFT 期权市场中已经退市的执行期在 3 个月以上的看涨、看跌期权数据来展开波动性预测（谢合亮和游涛，2018），选取欧洲斯托克 50 股权指数期权（Masaaki Fujii，2019），而吴卫星等（2018）则选取中国波指 iVIX 的共 48 个相关指标为研究对象。黄金期货的波动性预测基本与股票外汇市场同步，近年来采取深度学习的方法去预测波动性，比如有作者选择芝加哥商品交易所（COMEX）黄金期货价格时间序列为研究样本，建立多层和双向 LSTM 模型，结果表明其精度优于 ARIMA 模型等（刘璐、娄磊、刘先俊等，2021）。

2.4.3　波动性预测结果分析

2.4.3.1　提高预测精度

由于不同的模型在不同的数据处理方面各占优势，又适用于不同的市场，总体而言，大量关于波动性预测能力的实证结果表明深度学习相关模型比传统模型提高了预测的精度，有更好的预测能力。文献在具体表述上有两种情形，第一种情形是直接给出量化的模型预测精度值，第二种情形是给出定性的描述性说明。第一种情形的文献有：用 LSTM 模型对沪深 300 指数波动率进行预测相比于传统模型效果更加精准，在不同的损失函数下，精确度最高提升 13.2%（陈卫华和徐国祥，2019）；以螺纹钢期货建立 CNN – LSTM 模型来预测其波动率，结果显示，在较短时间内价格变化（当期时间后的第一次变化）的准确率高达 67.6%，比金融指标统计高出 6.1%，在较长时间内的价格变化（5 分钟后的变化）准确率为 59.2%，高出金融指标统计 3.6%（文宇，2018）。以海外为研究对象的文献显示深度学习的效果更好，比如有学者以日经 225 指数和 NASDAQ 综合指数在内的 5 种指数的月度经济数据为例，实证显示 LSTM 在预测时间序列的精度和准确性方面优于 ARIMA 模型，在训练次数不受影响的情况下，通过 LSTM 获得的错误率平均降低了 84% ~ 87%（Sima Siami-Namini and Akbar Siami Namin，2018）；通过 TensorFlow 构建了 MLP 模型，利用苹果公司股票的日数据来预测未来每日收盘价，并与 BP 神经网络进行对照。MRSE 结果显示，基于 TensorFlow 构建的 MLP 模型比 BP 神经网络的预测更加精确，并在分析效率上更具优势（韩山杰和谈世哲，2018）。第二种情形的文献有：通过对上证指数和沪深 300 的预测，实证证明了 LSTM 神经网络拥有 RNN 适合处理序列问题和解决长期依赖问题的能力，能得到高精度的预测结果（李佳、黄之豪、陈冬兰，2019）；通过从香港恒生指数数据中提取特征，得到 SDAE_LSTM 模型能较好地预测金融时间序列，但存在一定的滞后现象（黄婷婷和余磊，2018）；通过建立 Seq2Seq 模型，对比了 RNN 和 LSTM 模型，检验表明 Seq2Seq 模型能够提高股票预测精度，在不定长序列数据处理上具有一定的优势（王钧、张鹏、袁帅，2018）；通过选取 S&P 500 指数和 NYSE 指数的每日数据，建立以多层感知器（MLP）作为判别器和长期短期记忆作为生成器的 GAN 模型预测未来每日收盘价。结果表明，新型 GAN 在真实数据的收盘价预测中有很好的优势（Kang Zhang，Guoqiang Zhong，Junyu Dong et al.，2019）。

2.4.3.2 提高预测稳定性

深度学习模型除了在预测准确度上大有提升，泛化能力和预测稳定度也有很大的提高，以此提出的交易策略能有更高的盈利能力，结合新的算法使新模型的计算量大大降低，分析效率更高。主要的文献有：南开大学的周爱民教授等以人民币兑美元、欧元与日元的日度汇率作为研究对象，在稀疏模型中引入高阶滞后项，实验表明，稀疏模型提升了数据的筛选能力和对不同币种汇率预测能力的稳健性（周爱民和刘晓孟，2019），有学者提出基于3种深度学习模型的高频交易策略，并选取沥青期货主力合约 tick 级别数据进行回测检验，得出 LSTM 模型和 CNN 模型相比 ANN 模型泛化能力更好，交易策略的盈利能力更高（孙达昌和毕春，2018）。为了探索预测稳定的途径，部分作者开始考虑用数据和图像相结合的方法来研究，其具体做法是使用了标准普尔 500 指数中的 9 个技术指标，应用于 CNN 模型，将这些技术指标转换为时间序列图的图像，在与人工神经网络（ANN）模型和支持向量机（SVM）模型比较后得出结论：深度学习对股票市场中的图像识别具有显著优势，CNN 模型可能是构建库存预测模型的理想选择（Hae In Kim，Hyun Sik Sim and Jae Joon Ahn，2019）。

2.4.4 金融市场预警机制文献综述

深度学习与大数据相互融合形成的以 LSTM 模型的假设条件、模型构建、有效估计都是为了使模型最终能为金融资产交易价格的随机波动提供较准确的预测。基于波动性预测有多方面的实际应用，常见的有基于波动性的金融产品设计、交易策略、量化交易，以及在预测的基础上对未来建立预警机制（early warning system，EWS）。本项目侧重分析基于预测的预警机制文献的数理。

金融预警机制一般是相对于金融危机而言的，每一次局部或者全球性的金融危机都导致预警机制研究的深化。早在 2010 年就有学者归纳总结了预警机制模型，指出金融预警机制就是精准界定金融危机，并能预判金融危机的出现。预判的途径有两类：一是给出早期预警信号；二是通过建立模型给出预警，其主要应用在宏观层面金融危机的预警研究，其中包含了金融市场价格波动的要素（Stanciu，2010）。在此基础上，多位学者分别研究了 1994 年的墨西哥金融危机、1997 年的亚洲金融危机、1999 年的巴西金融危机、2001年的阿根廷金融危机以及 2008 年的美国次贷危机引发的全球性金融危机等可能存在的预警指标和经证实有超前监测的预警机制。其实每一次金融危机的初始阶段都是金融资产价格的大幅波动引起的，因此，随着研究的深入，金融预警机制越来越集中在外汇市场，或者说预警货币危机，研究包括如对印度尼西亚、韩国、马来西亚、菲律宾、泰国（Abiad. et al.，2004），对中、东、欧 6 国的货币危机的估计与预警（Andreou. et al.，2007）；以哥伦比亚为对象，实证了资产价格泡沫的预警指标（Gomez. et al.，2007）。预警机制的时间周期问题（Radoi and Gurau，2019），用 GARCH 模型的马尔科夫转移方法预警汇率波动性（Mohebalah，Pour，Reza et al.，2016），用极值边界分析（Extreme Bounds Analysis）对 33 个新兴经济体的货币危机进行具体的预警（Boonman and Urbina，2020）。同样的，在预警机制研究中也纳入神经网络等人工智能的新兴方法，而且在原油价格波动预警机制中，人工神经网络方法被证实包括的内容更多，预警中更有弹性（Wonho，2010）。

国内对金融预警机制研究文献的发展脉络与国外基本一致，主要围绕粮食等大宗商品的价格波动及预警，包括大豆、玉米、猪肉、菜籽油、西红柿等，其中对石油价格预警的研究相对集中。近年来，由于房地产市场波动较大，有更多的研究文献集中研究房地产价格的预警以及房地产价格引发的市场波动。而对股票市场、外汇市场的波动性预警问题则相对较少，仅有的研究侧重于市场风险（黄柏翔等，2016），波动传导与预警（杨奕，2015；柴尚雷，2015）和波动性研究方法比较方面。在预警方法上以波动性 GARCH为主，风险价值也用到极值边界分析、人工神经网络。从笔者掌握的资料看，还没有单独使用深度学习方法的金融预警机制研究。

2.5　文献述评

总体上看，金融市场波动性研究的文献资料涉及方方面面，包括波动性理论逻辑演进、波动性的测度方法、波动率预测、基于波动率预测的预警机制等。一是在研究对象上与金融市场发展的轨迹基本一致，早期主要是在股票市场进行波动率预测，后来逐渐应用到汇率、期货、黄金、期权等衍生品金融市场中，并且从单一金融产品价格波动到多种金融产品之间的价格联动，进而发展到不同市场之间的联动。二是从波动性预测模型方法看，ARCH、GARCH 模型还是主力模型，而且成为其他模型方法的参照标准，随机波动（SV）模型正在日渐成熟，被越来越多的研究同行采用，而神经网络、支持向量机、机器学习，包括深度学习在内的人工智能方法等一些新兴的金融计量模型正在兴起。三是在实现波动率预测的工具上，需要专门的软件来运行，其一般与模型方法同步迭代，早期主要是 SPSS，国内外主流的采用 Eviews，部分采用 R、SAS 等，对随机波动则采用马尔科夫链蒙特卡洛方法，深度学习的实现需要采用 Python 等工具，不论是何种实现方式其版本都在不断升级换代，而且是研究人员自己写程序来进行个性化处理。四是在研究数据采用上，国内研究以历史、现实波动数据为主，金融衍生品市场发达的国家，其研究较多采用隐含波动数据，而不论是历史、现实或者是隐含数据，目前都从低频向高频数据升级和代替。大数据背景下，越来越多的研究从高频数据拓展到金融市场内外的多维数据，涵盖影响波动性的所有相关数据，包括经济政策、宏观形势、投资者行为、社会舆情等维度。

但是，从大数据＋深度学习的角度和波动率预测结果的实际效果角度看，现有的文献在以下几个方面还有进一步深化的空间。

（1）现有文献中对采用大数据与波动性融合考虑不够充分。从笔者掌握的中英文文献看，金融波动性预测预警中普遍采用更多维度、更高频率、更大数量的数据。数据频率到从低频到高频比较明显，个别用到 5 分钟的交易数据，但在数据维度拓展上，多数研究是对原有影响波动性维度的细化和维度边界的拓展，新维度比较鲜见。在数据量应用方面，现有研究的确是上了几个数量级，形成大数据层级的波动性预测，往往提高了预测的精度，但是较多地还是把数据分为训练集和测试集，是相对固定的模式和结构，没有体现金融波动性的实时性，尤其是高频数据的实时性。

（2）现有文献对深度学习在波动性预测中应用有拓展空间。金融波动性预测中大数据与深度学习等人工智能研究方法是逐渐形成的，因此针对近年来金融市场波动性预测文献中的样本都是大数据，对应的主流方法都是深度学习的 LSTM 模型。不可否认，LSTM 模型是与金融波动性特征高度吻合的。但就像 GARCH 到 GARCH 族模型的发展轨迹一样，LSTM 模型也应该不断改进并演变为系列化的 LSTM 族模型，这方面的文献比较少，更多的是 LSTM

模型与 GARCH 族模型的比较。同时，把 LSTM 模型升级到 CNN 模型的更少。而把深度学习延伸到智能投顾、量化策略、资产配置、舆情分析等多方面的应用综合起来的论文就更少一些。

（3）现有文献对金融波动性及波动性预测理论研究相对薄弱。近年来，以波动性为主题的文献非常多，而且呈越来越多的趋势，但是文献基本都集中在实证研究，对波动性理论本身的探讨和拓展几乎没有。在波动性预测方面，多数文献对股票、期货、外汇、期权、黄金等不同市场进行具体测算，讨论的重点是在 Python 的实现方式的构建和优化上。从结果看，预测精度呈现出越来越高的趋势，但缺乏对大数据、量化交易背景下的波动性新特征归纳和总结。金融波动性理论在国外相对超前，但文献偏实证研究的倾向在国外研究中同样存在，国内研究文献这一倾向更为明显。

第3章

深度学习理论与模型

　　大数据时代下的金融市场波动性呈现出新特征，对应的研究方法需要做相应迭代。传统研究和预测金融市场波动性的随机游走、指数平滑、加权移动平均方法，时间序列分析的 ARCH、GARCH、随机波动模型等需要升级换代，目前主流的研究方法发展到人工神经网络系列模型，本章介绍项目研究波动性主要采用的方法——深度学习的原理与模型。

3.1　从机器学习到神经网络

3.1.1　机器学习

　　机器学习是研究怎样使用计算机模拟或实现人类学习活动的科学，是人工智能中最具智能特征、最前沿的研究领域之一。而关于什么是机器学习，则有多个版本和多个角度的定义。机器学习领域的创始人亚瑟·塞缪尔（Arthur Samuel）早在 1959 年就给机器学习下了定义：机器学习是这样的一个研究领域，它能让计算机不依赖确定的编码指令来自主地学习和工作。全球机器学习教父级人物——汤姆·米切尔（Tom Mitchell）在《计算机科学丛书：机器学习》一书中给出了一个被普遍接受的定义："机器学习这门学科所关注的问题是：计算机程序如何随着经验积累自动提高性能。"由于机器学习的广泛应用，越来越多的非计算机专业人根据百度百科来理解机器学习，其最为一般的界定是：机器学习是一门多领域交叉学科，涉及概率论、统计学、逼近论、凸分析、算法复杂度理论等多门学科，其是专门研究计算机怎样模拟或实现人类的学习行为，以获取新的知识或技能，重新组织已有的知识结构，使之不断完善自身的性能。

从机器学习在金融领域的应用看，机器学习是指通过赋予机器大量的数据使机器构建模型，并且用模型作出参数估计、预测预警、决策判断的一种方法。最常见和最易于理解的机器学习就是神经网络，神经网络是机器学习的一种，它是通过模仿人类的生物神经网网络来实现人工智能的一种机器学习技术。机器学习能够很好地处理一些直接编程无法解决的问题，例如，预测股票市场的走向，由于无法直接编程，只有通过大量的数据输入做出一个推算。这就是机器学习，一种使用算法解析数据，从中学习，然后对数据及数据背后的事件做出科学分析、特征提取、规律挖掘、预测决定等的一种方法。

3.1.1.1　机器学习类别

机器学习可以分为 3 类：第一种是监督学习，第二种是无监督学习，第三种是强化学习。监督学习通俗意义来讲是指在机器学习的过程中在提出问题的同时做出解答，然后通过记录在库中的数据对将来作出预测。例如，对天气的特点做出标记，然后在未来就可以通过库中的标记对比预测出未来一周的天气情况。无监督学习是指在对样本的收集中，无法对这些样本做出标记，或者样本的标记成本太高，简单地说就是提出问题但是没有给出答案。这类机器学习典型例子有聚类分析：意为将没有标记但是知道如何计算相似度的样本进行分类。强化学习有别于监督学习与无监督学习，它的输入相对较少，是通过观察周围环境来学习。它的每个动作都会对环境有所影响，同时环境也会对机器产生一个反馈（对与错），机器根据反馈信号和环境当前状态再选择下一个动作，选择的原则是使受到正强化（也就是正确的）的概率增大。通过这种方式，机器能够在一步步选择中适应环境，从而得到强化。

3.1.1.2　机器学习算法

机器学习的具体算法有很多，下面简单介绍金融领域常用的几种算法。

（1）回归算法。回归算法是比较简单的一种算法，它有两个子类：线性回归（linear regression）和逻辑回归（logistic regression）。简单来讲，它是利用线性回归的计算结果进行一个分类比较，计量经济学中的普通最小二乘法回归（OLS）就是经典的线性回归。例如，对一份邮件进行判断，如果邮件与垃圾邮件的相似程度大于 0.5，那么就可以判定为垃圾邮件。再如，对消费对经济增长作用的判断，只要回归结果的参数通过显著性检验，就可得出消费对经济增长有作用的结论。而逻辑回归则是在线性回归的基础上加一条分界线，其本质上是分类模型，而且常常是二分法分类，采用的极大似然估计做参数估计。

（2）人工神经网络。人工神经网络分为 3 部分：输入层、隐藏层和输出层。其中每一层有若干个处理单元，每一个单元相当于一个人脑的神经元，下一节会对此单独做重点介绍。

（3）支持向量机算法（support vector machines，SVM）。支持向量机算法可以理解为逻辑回归算法的加强版，它拥有更加严格的条件和升维使复杂的分界线可以简单表示，所以曾经是机器学习的热门算法。SVM 有三个核心概念，分别是最大间隔、高维映射、核函数。其核心思想是：为了把两组数据分开，在空心点的类别找到一个或多个点离实心点最近，在实心点中找到一个或多个点与空心点最近，分类实心和空心点取决于这些边界上的点而与离边界较远的点，即在分割两类别点的时候，只需要考虑支持向量，通过支持向量确定分割直线。SVM 有严格的数学理论支持，可解释性强，不依靠统计方法，从而简化了通常的分类和回归问题，但 SVM 目前只适合小批量样本的任务，无法适应百万甚至上亿样本的任务。

（4）聚类算法（cluster algorithm）。聚类算法是一种典型的无监督算法，它是通过对某一样本的不同特征进行分类从而将总体划分为多个族群的算法。也就是按照某个特定标准，一般是通过相互之间的距离把一个数据集分割成不同的类，使得同一个类内的数据对象的相似性尽可能大，同时不在同一个类中的数据对象的差异性也尽可能地大。聚类算法中最有代表性的为 K - Means 算法。

（5）推荐算法（recommendation algorithm）。这个是日常生活中就可以见到的一种算法，尤其以淘宝等电商、抖音等短视频为代表：它可以根据用户买过的东西将类似标签的物商品推荐给用户，或者将买过同一用品的用户进行标记，然后将其中一名用户买过的商品推荐给同一标记的其他用户。支撑这些推荐行为背后的基础就是推荐算法。推荐算法大致可以分为三类：基于内容的推荐算法、协同过滤推荐算法和基于知识的推荐算法。其中，最著名的就是协同过滤算法。而在实际应用场景中，可能是这些推荐算法的组合推荐。

3.1.2　神经网络

3.1.2.1　神经网络发展脉络

神经网络作为机器学习的一种方法，发展经历过以下主要阶段。

1943 年，心理学家沃伦·麦卡洛克（Warren McCulloch）和数学家沃尔特·皮茨（Walter Pitts）最早描述了一种理想化的人工神经网络，并构建了一种基于简单逻辑运算的计算机制。他们提出的神经网络模型称为 MP 模型。

1948 年，阿兰·图灵（Alan Turing）在论文中描述了一种 B 型图灵机（赫布型学习）。

1951 年，麦克库洛赫（McCulloch）和皮茨（Pitts）的学生马文·明斯基（Marvin Minsky）建造了第一台神经网络机，称为 SNARC。

1958 年，罗森布拉特（Rosenblatt）最早提出可以模拟人类感知能力的神经网络模型，并称之为感知器（Perceptron），同时提出了一种接近于人类学习过程（迭代、试错）的学习算法。

1969 年，马文·明斯基出版《感知机》一书，他发现了神经网络的两个关键问题：第一个是基本感知机无法处理"异或"回路，第二个重要的问题是计算机没有足够的能力来处理大型神经网络所需要的很长的计算时间，使神经网络陷入低谷。

1974 年，哈佛大学的保罗韦伯斯（Paul Webos）发明反向传播（back propagation，BP）算法，但当时未受到应有的重视。

1980 年，福岛邦彦提出了一种带卷积和子采样操作的多层神经网络——新知机（neocognitron）。

1983 年，加州理工学院的物理学家约翰·霍普菲尔德（John Hopfield）对神经网络引入能量函数的概念，并提出了用于联想记忆和优化计算的网络（又称为 Hopfield 网络），在旅行商问题上获得了最好结果，引起轰动。

1984 年，杰弗里·辛顿（Geoffrey Hinton）提出一种随机化版本的 Hopfield 网络，即玻尔兹曼机。

1986 年，戴维·鲁梅尔哈特（David Rumelhart）和詹姆斯·麦克莱兰（James McClelland）对于联结主义在计算机模拟神经活动中的应用提供了全面的论述，并重新发明了反向传播算法。

杰弗里·辛顿（Geoffrey Hinton）等将反向传播算法引入到多层感知器。

杨立昆（Yanne LeCun）将反向传播算法引入了卷积神经网络，并在手写体数字识别上取得了很大的成功。

20世纪90年代中期，统计学习理论和以支持向量机为代表的机器学习模型开始兴起。相比之下，神经网络的理论基础不清晰、优化困难、可解释性差等缺点更加凸显，神经网络的研究又一次陷入低潮。

2006年，辛顿（Hinton）和萨拉赫丁诺夫（Salakhutdinov）发现多层前馈神经网络可以先通过逐层预训练，再用反向传播算法进行精调的方式进行有效学习。深度的人工神经网络在语音识别和图像分类等任务上取得巨大成功。随着大规模并行计算以及 GPU 设备的普及，计算机的计算能力得以大幅提高。此外，可供机器学习的数据规模也越来越大。在计算能力和数据规模的支持下，计算机已经可以训练大规模的人工神经网络。

3.1.2.2 神经网络原理

作为模仿人体大脑神经诞生的一种机器学习的方法，一个神经网络包含3个基本的层次，一是输入层，二是输出层，三是隐藏层。每一层有不同的、若干个节点，称之为神经元，对应于大脑的神经元。就像每个神经元有轴突、树突一样，人工神经元也有自己的轴突、树突。下面介绍最开始由心理学家麦卡洛克（McCulloch）和数学家皮茨（Pitts）参考了生物神经元的结构而发表的抽象神经元模型 MP。

如图 3-1 所示，一个基本的神经元模型有三个对应树突的输入和一个对应轴突的输出。其中的计算则对应于细胞核。神经网络最明显的特征就是它

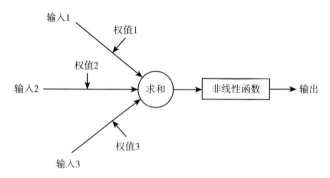

图 3-1 神经元结构模型示意

的输入是一个有加权的输入。而整个神经网络的功能就是调整优化加权使其预测结果更接近于现实。而完整的 MP 神经元模型的表达式为：

$$y_j = \sum_{i=1}^{n} w_{ij}x_i - \theta_j \tag{3-1}$$

其中，y 为输出信号，x 为输入信号，w 为权值，θ 为阈值，i 为输入的个数，j 为神经元数。

这便是神经网络的一个基本单元，单个神经元模型的输入、输出数量不定，但是输出的值是确定的，都为同一数值。

1958 年，计算科学家罗森布拉特（Rosenblatt）提出了由两层神经元组成的神经网络。他给它起了一个名字——"感知器"（perceptron），下面介绍感知器的基本模型。

感知器，又名单层神经网络，因为其只有一个用来计算的输出层而得名。我们假定一个感知器模型由两部分组成，其中，输入层有 3 个神经单元，输出层有两个神经单元，则它们的链接如图 3 - 2 所示。

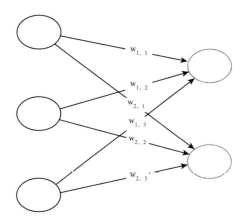

图 3 - 2　感知器模型示意

由图 3 - 2 所示，将输入与输出之间的权值用输出层的第 i 个和输入层的第 j 个来表示，即 w_{12} 表示为输出层第一个神经元与输入层第 2 个神经元之间的权值。设两个输出分别为 X、Y，三个输入为 a、b、c，则可得 $X = g(a * w_{11} + b * w_{12} + c * w_{13})$ 和 $Y = g(a * w_{21} + b * w_{22} + c * w_{23})$，其中，$g(\ )$ 为 X、Y 处的计算，一般为符号函数 sgn。显然，整个 g 内部的式子可以用线性方程来表示，即 $(X, Y)^T = g(w * A)$，其中 $w = \begin{pmatrix} w_{11} & w_{12} & w_{13} \\ w_{21} & w_{22} & w_{23} \end{pmatrix}$、$A = (a, b, c)^T$，这样就可以简单表示各权值之间的关系。与神经元模型不同，感知器中的权值是通过训练得到的。因此，根据以前的知识我们知道，感知器类似一个逻辑回归模型，可以做线性分类任务。我们可以用决策分界来形象地表达分类的效果。决策分界就是在二维的数据平面中画出一条直线，当数据的维度是3维的时候，就是画出一个平面；当数据的维度是 n 维时，就是画出一个 n−1 维的超平面。

但是，由于单层神经网络计算相对比较简单，无法解决"异或"问题，而增加一个计算层则会产生大量复杂的计算，所以诞生了一个新的算法，即反向传播（back-propagation，BP）算法，由此促进了两层神经网络的诞生。

两层神经网络除了包含一个输入层和一个输出层以外，还增加了一个中间层。此时，中间层和输出层都是计算层。扩展上节的单层神经网络，在右边新加一个层次（只含有一个节点）。

现在，权值矩阵增加到了两个，可以用上标来区分不同层次之间的变量。例如，$a_x^{(y)}$ 代表第 y 层的第 x 个节点。X、Y 变成了 $a_1^{(2)}$、$a_2^{(2)}$。因为增加了一层计算，但是计算过程并没有变，所以下面给出了 $a^{(2)}$ 的计算公式为：

$$g[W^{(1)} * a^{(1)}] = a^{(2)} \tag{3-2}$$

而第三层输出端的值可以设定为 Z，Z 的值计算为：

$$g[W^{(2)} * a^{(2)}] = z \tag{3-3}$$

由此可见，使用矩阵运算来表达是很简洁的，而且也不会受到节点数增多的影响（无论有多少节点参与运算，乘法两端都只有一个变量）。因此，神经网络的教程中大量使用矩阵运算来描述。

需要说明的是，迄今为止，对神经网络的结构图的讨论都没有提到偏置节点。事实上，这些节点是默认存在的。它本质上是一个只含有存储功能，且存储值永远为1的单元。在神经网络的每个层次中，除了输出层以外，都会含有这样一个偏置单元。正如线性回归模型与逻辑回归模型一样，偏置单元与后一层的所有节点都有连接，但是没有输入，我们设这些参数值为向量 b，称之为偏置。带有偏置的神经元计算如下：

$$g[W^{(1)} * a^{(1)} + b^{(1)}] = a^{(2)} \tag{3-4}$$

$$g\left[\ W^{(2)} * a^{(2)} + b^{(2)}\ \right] = z \qquad\qquad (3-5)$$

需要说明的是，在两层神经网络中，可以不再使用 sgn 函数作为函数 g，而是使用平滑函数 sigmoid 作为函数 g。

3.2　从神经网络到深度学习

深度学习本质上属于机器学习的范畴，都是应用神经网络的思想进行计算。深度学习与一般的神经网络一样有输入层、输出层和隐藏层，但其隐藏层数不止一层，而是有多层，这也是其称之为深度学习的原因。上一个与下一个隐藏层之间存在数据的输入与输出，上下层之间的数据按照某种标准进行筛选，一直到某种收敛标准为止，这个筛选方法和过程不同，就导致形成不同的深度学习子模型。

3.2.1　深度学习发展脉络

2006 年，杰弗里·辛顿以及他的学生鲁斯兰·萨拉赫丁诺夫正式提出了深度学习的概念。他们在学术期刊《科学》发表的一篇文章中详细地给出了"梯度消失"问题的解决方案——通过无监督的学习方法逐层训练算法，再使用有监督的反向传播算法进行调优。该深度学习方法的提出，立即在学术圈引起了巨大的反响，以斯坦福大学、多伦多大学为代表的众多高校纷纷投入巨大的人力、财力进行深度学习领域的相关研究，而后其又迅速蔓延到工业界中。

2012 年，在著名的 ImageNet 图像识别大赛中，杰弗里·辛顿领导的小组采用深度学习模型 AlexNet 一举夺冠。AlexNet 采用 ReLU 激活函数，从根本上解决了梯度消失问题，并采用 GPU，极大地提高了模型的运算速度。同年，由斯坦福大学吴恩达教授和世界计算机专家杰夫·迪恩（Jeff Dean）共同主导的深度神经网络——DNN 技术在图像识别领域取得了惊人的成绩，其在 ImageNet 评测中成功地把错误率从 26% 降低到了 15%。深度学习算法在世界大赛的脱颖而出也再一次吸引了学术界和工业界对于深度学习领域的关注。

2016 年，随着谷歌公司基于深度学习开发的 AlphaGo 以 4∶1 的比分战胜了围棋高手李世石，深度学习的热度一时风头无两。后来，AlphaGo 又接连和众多世界级围棋高手过招，均完胜。这也证明了在围棋界，基于深度学习技术的机器人已经超越了人类。

2017 年，基于强化学习算法的 AlphaGo 升级版 AlphaGo Zero 横空出世。其采用"从零开始""无师自通"的学习模式，以 100∶0 的比分轻而易举地打败了之前的 AlphaGo。除了围棋，它还精通国际象棋等其他棋类游戏，可以说是真正的棋类"天才"。此外，在这一年，深度学习的相关算法在医疗、金融、艺术、无人驾驶等多个领域均取得了显著的成果。所以，也有专家把 2017 年看作是深度学习甚至是人工智能发展最为突飞猛进的一年。

2019 年，基于 Transformer 的自然语言模型持续发展，这是一种语言建模神经网络模型，可以在几乎所有任务上提高 NLP 的质量。Google 甚至将其用作相关性的主要信号之一，这是多年来最重要的成就。

2020 年，深度学习扩展到更多的应用场景，比如积水识别、路面塌陷等，而且疫情期间，在智能外呼系统、人群测温系统、口罩人脸识别中等都有深度学习的应用。

3.2.2　深度学习原理

当神经网络计算层（隐藏层）的数量达到多层的时候，就可以称之为深度学习了。2006 年，杰弗里·辛顿教授（Geoffrey Hinton）在《科学》和相关期刊上发表了论文，首次提出了"深度信念网络"的概念。与传统的训练方式不同，"深度信念网络"有一个"预训练"的过程，这可以方便地让神经网络中的权值找到一个接近最优解的值，之后再使用"微调"技术来对整个网络进行优化训练。这两个技术的运用大幅度减少了训练多层神经网络的时间，同时，也给多层神经网络相关的学习方法赋予了一个新的名词——"深度学习"。

我们延续两层神经网络的方式来设计一个多层神经网络。在两层神经网络的输出层后面，继续添加层次。原来的输出层变成中间层，新增的层次成为新的输出层。依照这样的方式不断添加，就可以得到更多层的多层神经网络。其公式推导其实跟两层神经网络类似，使用矩阵运算的话就仅仅是加一个公式而已。

在已知输入 $a^{(1)}$，参数 $W^{(1)}$、$W^{(2)}$、$W^{(3)}$ 的情况下，输出 z 的推导公式

如下：

$$g\left[W^{(1)} * a^{(1)}\right] = a^{(2)}; \qquad (3-6)$$

$$g\left[W^{(2)} * a^{(2)}\right] = a^{(3)}; \qquad (3-7)$$

$$g\left[W^{(3)} * a^{(3)}\right] = z; \qquad (3-8)$$

在多层神经网络中，输出也是按照一层一层的方式来计算。从最外面的层开始，算出所有单元的值以后，再继续计算更深一层。只有当前层所有单元的值都计算完毕以后，才会算下一层。这有点像计算向前不断推进的感觉，所以，这个过程又叫作"正向传播"。

与两层神经网络不同，多层神经网络中的层数增加了很多。增加更多的层次的好处是更深入表示特征以及更强的函数模拟能力。更深入的表示特征可以这样理解——随着网络的层数增加，每一层对于前一层次的抽象表示更深入。而在深度学习中，同样的参数可以划分出不同层次，如图 3 - 3 和图 3 - 4 所示。

在同样数量的权值下，图 3 - 4 的层数显然比图 3 - 3 多。更强的函数模拟能力在于随着层数的增加，整个网络的参数就越多。而神经网络其实本质就是模拟特征与目标之间真实的函数关系的方法，更多的参数意味着其模拟的函数可以更加复杂，可以有更多的容量去拟合真正的关系。

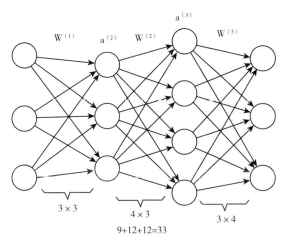

图 3 - 3 3 层神经网络输入、输出结构示意

在神经网络中，每一层神经元学习到的是前一层神经元值更抽象的表示。例如，第一个隐藏层学习到的是"边缘"的特征，第二个隐藏层学习到的是

由"边缘"组成的"形状"的特征，第三个隐藏层学习到的是由"形状"组成的"图案"的特征，最后的隐藏层学习到的是由"图案"组成的"目标"的特征。通过抽取更抽象的特征来对事物进行区分，从而获得更好的区分与分类能力。

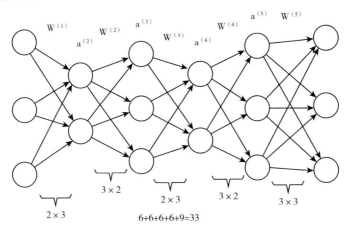

图 3-4　5 层神经网络输入、输出结构示意

在单层神经网络中，我们使用的激活函数是 sgn 函数。到了两层神经网络时，我们使用得最多的是 sigmoid 函数。而到了多层神经网络时，通过一系列的研究发现，ReLU 函数在训练多层神经网络时，更容易收敛，并且预测性能更好。因此，目前在深度学习中，最流行的非线性函数是 ReLU 函数。ReLU 函数不是传统的非线性函数，而是分段线性函数。其表达式非常简单，就是 $y = \max(x, 0)$。简而言之，在 x 大于 0 时，输出就是输入；而在 x 小于 0 时，输出就保持为 0。这种函数的设计启发来自于生物神经元对于激励的线性响应，以及当低于某个阈值后就不再响应的模拟。

在多层神经网络中，训练的主题仍然是优化和泛化。当使用足够强的计算芯片（如 GPU 图形加速卡）时，梯度下降算法以及反向传播算法在多层神经网络中的训练中仍然工作得很好。

3.3　深度学习主要模型

深度学习的模型可以分为两大类：生成模型和判别模型。生成是指从隐含层到输入数据的重构过程，而判别是指从输入数据到隐含层的规约过程。复杂的模型可能是一种混合模型。

生成模型主要包括受限的玻尔兹曼机（restricted boltzmann machines，RBM）、自动编码、深层信念网络、深层玻尔兹曼机以及和积网络，判别模型主要包括深层感知器、深层前馈网络、卷积神经网络（convolutional neural networks，CNN）、循环神经网络（recurrent neural networks，RNN）、LSTM等。下面列举一下常用的主要模型。

3.3.1 受限的玻尔兹曼机

受限的玻尔兹曼机是一个随机神经网络（即当网络的神经元节点被激活时会有随机行为，且随机取值）。它包含一层可视层和一层隐藏层，且在同一层的神经元之间是相互独立的，而在不同网络层之间的神经元是相互连接的（双向连接）。在网络进行训练以及使用时，信息会在两个方向上流动，而且两个方向上的权值是相同的，但是偏置值是不同的（偏置值的个数是和神经元的个数相同的），受限玻尔兹曼机的结构如图3-5所示。

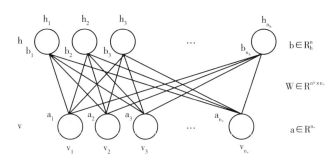

图3-5 受限玻尔兹曼机的结构示意

上面 ·层神经元组成隐藏层（hidden layer），用 h 向量隐藏层神经元的值。下面一层的神经元组成可见层（visible layer），用 v 向量表示可见层神经元的值。连接权重可以用矩阵 W 表示。其与 DNN 的区别是，RBM 不区分前向和反向，可见层的状态可以作用于隐藏层，而隐藏层的状态也可以作用于可见层。隐藏层的偏倚系数是向量 b，而可见层的偏倚系数是向量 a。常用的RBM 一般是二值的，即不管是隐藏层还是可见层，它们的神经元的取值只为0 或者 1。RBM 模型结构的结构主要是权重矩阵 W、偏倚系数向量 a 和 b、隐藏层神经元状态向量 h 和可见层神经元状态向量 v。如果把隐藏层的层数增加，我们可以得到深度玻尔兹曼机 DBN，如果在靠近可视层的部分使用贝叶斯信念网络，而在最远离可视层的部分仍然使用 RBN，则可以得到深信度网络。

3.3.2 循环神经网络

3.3.2.1 RNN 一般模型

假设有一个给定的函数 f，这个 f 具体是一系列的矩阵运算，由此使得神经网络结构构成一个函数，通过这个函数，我们会得到一些输出。

如图 3－6 所示，一个单独的 f 有两个输入和两个输出，如第一个，输入为 h_0 和 x_1，输出则为 h_1 和 y_1，RNN 有一个特点就是 f 会被反复地使用，所以，当我们看到如果有一个新的输入 x_2 给定，同样地，f 会以 h_1 和 x_2 为输入经过 f 后得到输出 h_2 和 y_2，以此类推。需要强调的是，因为每一级的 h 都作为输入给 f，所以设计模型的时候，h 和 h′ 的维数必须一致，所以 h_0 和 h_1 等后面的 h 的维数都是一致的。

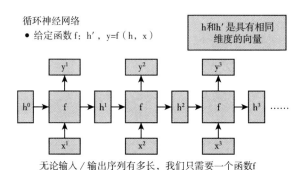

图 3－6 循环神经网络结构示意

3.3.2.2 LSTM 模型

RNN 的精髓是反复应用同一个结构，无论输入的序列有多长都不会影响我们的参数量，因为用的都是同样一个 f。但是处理序列数据的时候是否只有 RNN 可以处理呢，当然不是，普通的前馈神经网络同样也可以，但是为什么选择 RNN 呢，因为加入序列很长，它的确可以很长，这时候如果其他的网络在输入层就会有一个很大的向量，并且参数一多就容易过拟合，即使你在训练集上拿到一个比较好的结果。但是如果用 RNN 就不一样，它的参数比较少，虽然比较难在训练集上拿到一个比较好的结果，但是一旦你训练好了，就比较不容易过拟合，比较容易在测试集得到好的结果。

RNN 的一种特殊情形是长短期记忆模型 LSTM，LSTM 是一种特殊的 RNN 模型，是为了解决 RNN 模型梯度弥散的问题而提出的。在传统的 RNN 中，训练 RNN 的方法也是在传统反向传播算法的基础上加入了对时间的考量，这种方法称为反向时间传播 BPTT。即从前一层获取残差而改变本层的内部参数，这些内部参数可以用于计算表示。但当传播的时间比较长时，需要回传的 RNN 残差与 LSTM 比较会呈指数下降，导致网络权重更新缓慢，无法体现出 RNN 的长期记忆的效果，这时候 RNN 就可能变得非常难以训练，梯度信号会变得非常微小——近乎为零或者干脆发散了，这就导致了 RNN 中梯度弥散的问题。因此，需要一个存储单元来存储记忆，LSTM 模型由此被提出。

从图 3 – 7 可以看出 RNN 与 LSTM 的区别。RNN 与 LSTM 最大的区别在于 LSTM 中的最顶层多了一条名为细胞状态（cell state）的信息传送带，其实也就是存储记忆信息的地方。LSTM 的核心是 cell state，也就是 LSTM 原理图中最顶端的传送线。Cell state 可以理解为传送带，其实就是整个模型中的记忆空间，随着时间而变化的。当然，传送带本身是无法控制哪些信息是否被记忆，控制门（gate）决定了哪些信息将被记忆。

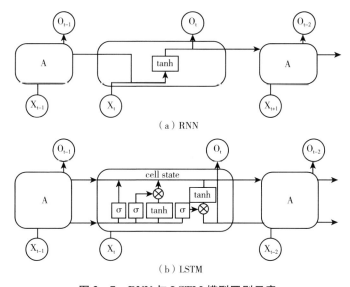

（a）RNN

（b）LSTM

图 3 – 7　RNN 与 LSTM 模型区别示意

σ 指 sigmoid 神经网络层，可以理解为一个函数，指乘法操作，tanh 层是 RNN 中一个基本的模块。Tanh 用来把 input 转换为细胞状态，首先运行一个 sigmoid 层来确定细胞状态的哪个部分将输出出去。接着，把 cell state 通过 tanh 进行处理（得到一个在 -1 ~ 1 之间的值）并将它和 sigmoid 门的输出相乘，最终系统会输出确定输出的那部分。

LSTM 通过 "控制门" 的结构来去除或者增加信息到细胞状态。控制门可以让信息有选择地通过。控制门的结构主要由一个 sigmoid 函数跟点乘操作组成。sigmoid 函数的值为 0 ~ 1，点乘操作决定多少信息可以传送过去，当为 0 时，不传送；当为 1 时，全部传送。LSTM 中有 3 个控制门：输入门（input gate）、输出门（output gate）、记忆门（forget gate）。记忆门用来选择忘记过去某些信息，输入门用来记忆现在的某些信息，信息通过输入门和记忆门将过去与现在的记忆进行合并，输出门最后输出信息。

3.3.3 卷积神经网络

CNN 由纽约大学的杨立昆（Yann Lecun）于 1998 年提出，其本质是一个多层感知机，成功的原因在于其所采用的局部连接和权值共享的方式：一方面减少了权值的数量使得网络易于优化；另一方面降低了模型的复杂度，也就是减小了过拟合的风险。该优点在网络的输入是图像时表现得更为明显，使得图像可以直接作为网络的输入，避免了传统识别算法中复杂的特征提取和数据重建的过程，在二维图像的处理过程中有很大的优势，如网络能够自行抽取图像的特征，包括颜色、纹理、形状及图像的拓扑结构，而且在处理二维图像的问题上，特别是识别位移、缩放及其他形式扭曲不变性的应用上具有良好的鲁棒性和运算效率等。卷积网络目前已经出现了很多经典网络模型。

3.3.3.1 LeNet5 模型

LeNet5 诞生于 1994 年，是最早的卷积神经网络之一，并且推动了深度学习领域的发展。自从 1988 年开始，在许多次成功的迭代后，这项由杨立昆完成的开拓性成果被命名为 LeNet5，如图 3 - 8 所示。

LeNet5 的架构基于这样的观点：（尤其是）图像的特征分布在整张图像上，且带有可学习参数的卷积是一种用少量参数在多个位置上提取相似特征的有效方式。在那时候，没有 GPU 帮助训练，甚至 CPU 的速度也很慢。因此，能够保存参数以及计算过程是一个关键进展。这和将每个像素用作一个大型多层神经网络的单独输入相反。LeNet5 阐述了哪些像素不应该被使用在第一层，因为图像具有很强的空间相关性，而使用图像中独立的像素作为不同的输入特征则利用不到这些相关性。

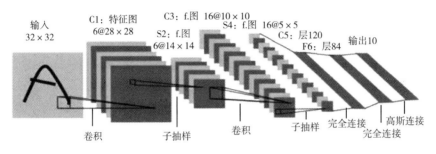

图 3 - 8　LeNet5 架构示意

3.3.3.2　AlexNet 模型

AlexNet 是深度学习的先驱之一——杰弗瑞·亨顿教授（Geoffrey Hinton）和他的同事们引入的第一个深层架构。它是一个简单而又强大的网络架构，它为深度学习的突破性研究铺平了道路。笔者提出的体系结构如图 3 - 9 所示。

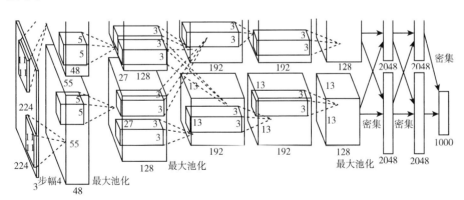

图 3 - 9　AlexNet 结构示意

AlexNet 看起来是一个包含卷积层和池化层的简单架构，顶部是全连接层。区分这个模型的关键是它执行任务的规模和其是否使用 GPU 进行训练。

在20世纪80年代，CPU被用于训练神经网络，而AlexNet仅通过使用GPU就提升了10倍的训练速度。

3.3.3.3　VGGNet模型

这一网络于2014年被牛津大学的凯伦·西蒙扬（Karen Simonyan）和安德鲁·齐瑟曼（Andrew Zisserman）提出，其主要特点是"简洁、深度"。"深度"是因为VGG有19层，而"简洁"则是在于它的结构上一律采用stride为1的3×3filter，以及stride为2的2×2MaxPooling。所以，它虽然深，但是结构一眼就可以记住。这个网络的特点是它的金字塔形状，最接近图像的底层是宽的，而最上层是深的。

VGGNet一共有6种不同的网络结构，但是每种结构都含有5组卷积，每组卷积都使用3×3的卷积核，每组卷积后进行一个2×2最大池化，接下来是3个全连接层．在训练高级别的网络时，可以先训练低级别的网络，用前者获得的权重初始化高级别的网络，可以加速网络的收敛。

如图3-10所示，其中，网络结构D就是著名的VGG16，网络结构E就是著名的VGG19。

VGGNet在训练时有一个小技巧，即先训练级别为A的简单网络，再复用A网络的权重来初始化后面的几个复杂模型，这样训练收敛的速度更快。在预测时，VGG采用Multi-Scale的方法，将图像scale到一个尺寸Q，并将图片输入卷积网络计算。然后在最后一个卷积层使用滑窗的方式进行分类预测，将不同窗口的分类结果平均，再将不同尺寸Q的结果平均，从而得到最后的结果，这样可以提高图片数据的利用率并提升预测准确率。在训练中，VGGNet还使用了Multi-Scale的方法做数据增强，将原始图像缩放到不同尺寸S，然后再随机裁切224×224的图片，这样能增加很多数据量，对于防止模型过拟合有很不错的效果。

3.3.3.4　GoogleNet模型

GoogleNet（或先启网络）是谷歌研究人员设计的一类架构。深度学习以及神经网络快速发展，人们不再只关注更给力的硬件、更大的数据集、更大的模型，而是更在意新的idea、新的算法以及模型的改进。一般来说，提升网络性能最直接的方式就是增加网络的大小——一是增加网络的深度，二是增加网络的宽度。这样简单的解决办法同时带来两个主要的缺点：一是网络参数的增多，网络容易陷入过拟合中，这需要大量的训练数据，而在解决高粒度分类的问题上，高质量的训练数据成本太高；二是简单地增加网络的大小，会让网络计算量增大，而增大的计算量得不到充分利用，从而造成计算资源的浪费。一般来说，提升网络性能最直接的办法就是增加网络的深度和宽度，这也就意味着巨量的参数。但是，巨量参数容易产生过拟合，且大大增加计算量。

ConvNet Configuration					
A	A–LRN	B	C	D	E
11 weight layers	11 weight layers	13 weight layers	16 weight layers	16 weight layers	19 weight layers
input（224 × 224 RGB image）					
conv 3–64	conv 3–64 LRN	conv 3–64 conv 3–64	conv 3–64 conv 3–64	conv 3–64 conv 3–64	conv 3–64 conv 3–64
maxpool					
conv 3–128	conv 3–128	conv 3–128 conv 3–128	conv 3–128 conv 3–128	conv 3–128 conv 3–128	conv 3–128 conv 3–128
maxpool					
conv 3–256 conv 3–256	conv 3–256 conv 3–256	conv 3–256 conv 3–256	conv 3–256 conv 3–256 conv 1–256	conv 3–256 conv 3–256 conv 3–256	conv 3–256 conv 3–256 conv 3–256 conv 3–256
maxpool					
conv 3–512 conv 3–512	conv 3–512 conv 3–512	conv 3–512 conv 3–512	conv 3–512 conv 3–512 conv 1–512	conv 3–512 conv 3–512 conv 3–512	conv 3–512 conv 3–512 conv 3–512 conv 3–512
maxpool					
conv 3 512 conv 3–512	conv 3 512 conv 3–512	conv 3–512 conv 3–512	conv 3–512 conv 3–512 conv 1–512	conv 3–512 conv 3–512 conv 3–512	conv 3–512 conv 3–512 conv 3–512 conv 3–512
maxpool					
FC–4096					
FC–4096					
FC–1000					
soft–max					

图 3 – 10　VGGNet 结构示意

解决上述两个缺点的根本方法是将全连接甚至一般的卷积都转化为稀疏连接。一方面，现实生物神经系统的连接也是稀疏的；另一方面，有文献表明：对于大规模稀疏的神经网络，可以通过分析激活值的统计特性和对高度相关的输出进行聚类来逐层构建出一个最优网络。这表明臃肿的稀疏网络可能被不失性能地简化。虽然数学证明有着严格的条件限制，但赫布准则有力地支持了这一点——一起发射的神经元会连在一起（fire together, wire together）。

早些时候，为了打破网络对称性和提高学习能力，传统的网络都使用了随机稀疏连接。但是，计算机软硬件对非均匀稀疏数据的计算效率很差，所以在 AlexNet 中又重新启用了全连接层，目的是更好地优化并行运算。所以，现在的问题是有没有一种方法，既能保持网络结构的稀疏性，又能利用密集矩阵的高计算性能。大量的文献表明，可以将稀疏矩阵聚类为较为密集的子矩阵来提高计算性能。据此，Goolge 提出了名为 Inception 的结构来实现此目的。Inception 架构的主要思想是建立在找到可以逼近的卷积视觉网络内的最优局部稀疏结构，通过设计一个稀疏网络结构——能够产生稠密的数据——既能增加神经网络表现，又能保证计算资源的使用效率。

该结构将 CNN 中常用的卷积（1×1，3×3，5×5）、池化操作（3×3）堆叠在一起（卷积、池化后的尺寸相同，将通道相加），一方面增加了网络的宽度；另一方面也增加了网络对尺度的适应性。网络卷积层中的网络能够提取输入的每一个细节信息，同时，5×5 的滤波器也能够覆盖大部分接受层的输入。还可以进行一个池化操作，以减少空间大小，降低过度拟合。在这些层之上，在每一个卷积层后都要做一个 ReLU 操作，以增加网络的非线性特征。然而，对于这个 Inception 原始版本，所有的卷积核都在上一层的所有输出上来做，而那个 5×5 的卷积核所需的计算量就太大了，造成了特征图的厚度很大。为了避免这种情况，在 3×3 前、5×5 前、max pooling 后分别加上了 1×1 的卷积核，以起到降低特征图厚度的作用，这也就成了 Inception v1 的网络结构，如图 3-11 所示。

稀疏结构是非常适合神经网络的一种结构，尤其是对非常大型、非常深的神经网络，可以减轻过拟合并降低计算量。例如，卷积神经网络就是稀疏连接。Inception Net 的主要目标就是找到最优的稀疏结构单元 Inception Module，论文中提到其稀疏结构基于 Hebbian 原理就是，这里简单解释一下 Hebbian 原理就是，神经反射活动的持续与重复会导致神经元连接稳定性的持续提升，当两个神经元细胞 A 和 B 距离很近，并且 A 参与了对 B 重复、持续的兴奋，那么某些代谢变化会导致 A 将作为能使 B 兴奋的细胞。总结一下，即

"一起发射的神经元会连在一起"（Cells that fire together, wire together），学习过程中的刺激会使神经元间的突触强度增加。受 Hebbian 原理启发，另一篇文章 *Provable Bounds for Learning Some Deep Representations* 提出，如果数据集的概率分布可以被一个很大、很稀疏的神经网络所表达，那么构筑这个网络的最佳方法是逐层构筑网络，即将上一层高度相关的节点聚类，并将聚类出来的每一个小簇（cluster）连接到一起。

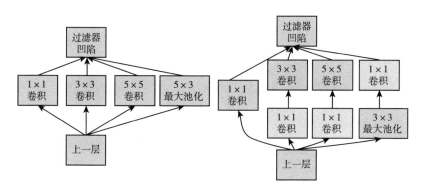

图 3-11　GoogleNet 结构示意

因此，一个"好"的稀疏结构应该是符合 Hebbian 原理的，应该把相关性高的一簇神经元节点连接在一起。在图片数据中，天然的就是邻近区域的数据相关性高，因此，相邻的像素点被卷积操作连接在一起。而我们可能有多个卷积核，在同一空间位置、但在不同通道的卷积核的输出结果相关性极高。因此，一个 1×1 的卷积就可以很自然地把这些相关性很高的、在同一个空间位置，但是不同通道的特征连接在一起，这就是为什么 1×1 卷积这么频繁地被应用到 Inception Net 中的另一个原因。1×1 卷积所连接的节点的相关性是最高的，而稍微大一点尺寸的卷积，比如 3×3、5×5 的卷积所连接的节点相关性也很高，因此，也可以适当地使用一些大尺寸的卷积，增加多样性（diversity）。Inception Module 通过 4 个分支中不同尺寸的 1×1、3×3、5×5 等小型卷积将相关性很高的节点连接在一起，就完成了其设计初衷，由此构建出了很高效的符合 Hebbian 原理的稀疏结构。

在 Inception V1 的基础之上，还有许多其他升级版本。

（1）Inception V2 的网络在 Inception V1 的基础上进行了改进，一方面，加入了 BN 层减少了 Internal Covariate Shift（内部神经元分布的改变），使每一层的输出都规范化到一个 N（0，1）的高斯，还去除了 Dropout、LRN 等结构；另一方面，学习 VGG 用 2 个 3×3 的卷积替代 inception 模块中的 5×5 卷积，既降低了参数数量，又达到了加速计算的目的。

（2）Inception V3 一个最重要的改进是分解（Factorization），将 7×7 分解成两个一维的卷积（1×7，7×1），3×3 也是一样（1×3，3×1）。这样的好处是，既可以加速计算（多余的计算能力可以用来加深网络），又可以将 1 个 conv 拆成 2 个 conv，使得网络深度进一步增加，增加了网络的非线性，可以处理更多、更丰富的空间特征，增加特征多样性。还有一个值得注意的地方是，网络输入从 224×224 变为了 299×299，因此更加精细地设计了 35×35/17×17/8×8 的模块。

（3）Inception V4 结合了微软的 ResNet，发现 ResNet 的结构可以极大地加速训练，同时性能也有提升，从而得到一个 Inception-ResNet V2 网络，同时还设计了一个更深、更为优化的 Inception V4 模型，达到了与 Inception-ResNet V2 相媲美的性能。

3.3.4 生成式对抗网络

生成式对抗网络（generative adversarial networks，GAN）用无监督学习同时训练两个模型，其内核哲学取自于博弈论。简单地说，GAN 训练两个网络：第一，生成网络用于生成图片，使其与训练数据相似；第二，判别式网络用于判断生成网络中得到的图片是否是真的是训练数据还是伪装的数据。生成网络一般有逆卷积层（deconvolutional layer），而判别网络一般就是上文介绍的 CNN。如图 3-12 所示，其左边是生成网络，右边是判别网络。由于零和游戏（zero-sum game）很难得到优化方程或很难优化，GAN 也不可避免这个问题。但有趣的是，GAN 的实际表现比预期要好，而且其所需的参数也按照正常方法训练神经网络，从而可以更加有效率地学到数据的分布。

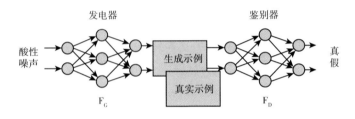

图 3-12　生成式对抗网络模型示意

3.3.5　深度信念网络

深度信念网络（deep belief neural networks，DBN）是一种贝叶斯概率生成模型，由多层随机隐藏变量组成，上面两层具有无向对称连接，下面的层得到来自上一层的有向连接。DBN 的基本结构单元是 RBM，每个 RBM 单元的可视层节点个数等于前一 RBM 单元的隐藏层节点个数。

在深信度网络框架中，最上面两层构成联想记忆，其余各层之间的连接是通过自顶向下的生成权值来指导确定的，如图 3 - 13 所示。在训练过程中，先将可视层单元的值映射给隐藏层单元，然后可视层单元由隐藏层单元重建，这些新的可视层单元再次映射给隐藏层单元，获取到新的隐藏层单元。这种反复前进和后退的步骤称为吉布斯采样。由于可视层输入与隐藏层激活单元之间的概率分布差异是权值更新的主要依据，因此，采用对比散度算法去预训练获得生成模型的权值，训练时间会显著减少，只需要很少几步就可以收敛。

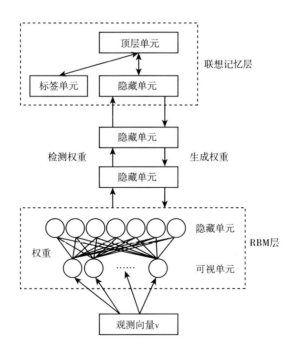

图 3 - 13　深度信念网络结构示意

对于最高两层，下层的输出给顶层提供了相关的参考线索，顶层根据这些线索将输出与它的记忆内容相联系，最终完成判别分类任务。例如，在图中有一个标签集被附加到顶层，DBN 在预训练之后可以根据带标签的数据，利用 BP 算法去对判别性能做微调。经过这种处理的网络性能会比单纯用 BP 算法训练的要好，因为 DBN 的 BP 算法只需要对权值参数空间进行一个局部搜索，训练和收敛时间较少。

RBM 就像是建筑的砖块，易于连接权值的学习，使得 DBN 具有灵活的拓展性能，卷积深信度网络 CDBN 就是其中的一种。CDBN 考虑到图像的二维结构信息，利用邻域像素的空域关系，通过卷积 RBM 模型达到生成模型变换的不变性，而且可以很容易通过变换得到高维图像。另外，堆栈多层条件随机场、时间卷积机 TCM 等深度结构的神经网络模型也给语音信号处理问题带来了一个让人激动的未来研究方向。

3.3.6 自动编码器

自动编码器让输入数据经过一个编码器得到一个编码输出，再将该输出导入一个解码器得到最终的输出，由于输入数据是无标签数据，此时的误差来自于输出和原输入之间的比较。通过调整编码器和解码器的参数，使得误差达到最小，就能得到输入信号的另一种表示 r，如图 3-14（a）所示。将多个编码器串联起来，把第 k 层输出的表示 r_k，看作是第 k+1 层的输入，同理，最小化通过解码器重构输出与输入之间的误差就能得到第 k+1 层的参数，并且得到第 k+1 层输出的 r_{k+1}，即原输入数据的第 k+1 个表示。其中，图 3-14（b）中的虚线表示之前训练出的隔层参数已经固定，不再变化。

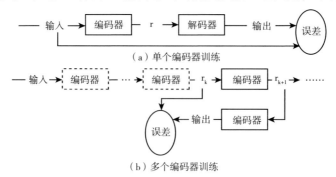

（a）单个编码器训练

（b）多个编码器训练

图 3-14 单个多个自动编码器运行示意

假设经过多层的训练，自动编码器已经得到一个良好的特征来表示原输入数据，那么可以在自动编码器的最顶层添加一个分类器，如 LR 回归、支持向量机 SVM 等，利用梯度下降方法对整个网络进行有监督的微调。一旦完成了这个有监督训练，整个神经网络就可以用来分类了。如果对自动编码器加上一些约束，就能得到新的深度学习方法，例如，稀疏自动编码器、降噪自动编码器等。

3.4　深度学习在金融领域中的应用

伴随着大数据和数字经济时代的到来，以深度学习为代表的人工智能技术有越来越多的应用场景和应用的可能，其在文本挖掘、图像识别、语音识别、自动驾驶、智能工厂、智慧社区等生产、生活领域都得到了广泛的应用，国际大公司 Google、微软，以及国内的互联网巨头百度、阿里、华为、小米等高科技公司纷纷投入大量的人力、资金去探索搭建从深度学习理论到具体应用的桥梁，并促进两者的良性循环。对于金融领域而言，金融科技方兴未艾，智能化也成为金融发展的推动力和未来的发展方向。

多个金融波动性理论都认为，金融市场是一个非线性的、混沌的，具有非参数特征的，受参与人行为影响的动态复杂系统。在对金融市场的趋势性、波动性预测中，风险预警基于现实的迫切需要，因此，对金融市场的数据进行分析、拟合和预测是金融学的经典选题。而且，对金融市场波动性的预测、预警分析伴随着数学、统计学、计算机科学与经济学、金融学、心理学，尤其是计量经济学的发展而发展。将深度学习的多种模型引入到金融实践中不仅对金融行业产生革命性的变化，而且会导致金融学研究范式的逐渐演变，正如上节介绍的深度学习的主要模型都力图从不同视角去解决和实现金融波动性的特征提取和规律提取。

从目前的研究进展看，深度学习在金融波动性领域的应用主要包括：第一，预测金融市场波动性；第二，纳入高维度数据资料进行分析；第三，优化基于算法的交易策略。

本书以金融波动性属性为对象，抽象出其类型、特征、维度等分布式特征，映射成深度学习可以解决的技术问题，具体来讲主要有：基于技术指标的金融产品价格波动性预测、基于基本面信息的金融产品价格波动性预测、综合技术指标和基本面的金融产品价格波动性预测、基于新兴信息渠道和交易数据的金融产品价格波动性预测。

深度学习模型不需要对收益率的分布进行假设和方差的估算，以深度神经网络为基本结构，基于真实事件的发生概率建立深度学习模型，通过模拟价格的深层信息的 D 维数据空间局部特征生成一个低维的价格空间，从而对价格进行预测。该模型不仅能够应用于分析样本外时间的最优卖出价格和最优买入价格的联合分布，也能够对限价指令簿的其他行为进行建模分析，适用于对任一维空间数据进行分析建模，而且主要采用的模型是 LSTM 模型。

第4章

基于 Python 的深度学习实现方式

在第 3 章讨论了深度学习的原理和模型后，需要寻找深度学习模型的参数估计方法。金融市场中的大数据＋深度学习模式与深度学习广泛应用在文本、声音和图像处理等领域一样，比较可行可靠的实现方式就是基于 Python 的编程实现。因此，本章主要介绍基于 Python 语言的深度学习的实现过程。

4.1　Python 与深度学习

4.1.1　Python

第 3 章提到深度学习由人工神经网络构成，该网络模拟了人脑中类似的网络。当数据穿过这个人工网络时，每一层都会处理这个数据的某一方面特征，过滤掉异常值，辨认出熟悉的实体，并产生最终输出。那么，怎么进行深度学习呢？基于 Python 的深度学习库、深度学习方向、机器学习方向、自然语言处理方向的一些网站基本都是通过 Python 来实现的。机器学习，尤其是现在火爆的深度学习，其工具框架大都提供了 Python 接口。早在深度学习以及 TensorFlow 等框架流行之前，Python 中即有 scikit-learn，能够很方便地完成几乎所有机器学习模型，从经典数据集下载到构建模型只需要简单的几行代码。配合 Pandas、matplotlib 等工具，能很简单地进行调整。值得一提的是，无论什么框架，Python 只是作为前端描述用的语言，实际计算则是通过底层的 C/C ++ 实现。由于 Python 能很方便地引入和使用 C/C ++ 项目和库，从而实现功能和性能上的扩展，因此在这样的大规模计算中，让开发者更关注逻辑与数据本身，而从内存分配等繁杂工作中解放出来，是 Python 被广泛应用到机器学习领域的重要原因。

目前 Python 主要有以下在用的版本：

Python 3. 9 （in development）

Python 3. 8 （pre-release）

Python 3. 7 （stable）

Python 3. 6 （security-fixes）

Python 3. 5 （security-fixes）

Python 2. 7 （stable）

4. 1. 2 Python 安装

Python 最新源码、二进制文档、新闻资讯等可以在 Python 的官网查看到。Python 官网：https：//www. python. org/。

打开 Web 浏览器访问 https：//www. python. org/downloads/windows/，在下载列表中选择 Window 平台安装包，包格式为 python-XYZ. msi，文件 XYZ 为要安装的版本号。要使用安装程序 python-XYZ. msi，Windows 系统必须支持 Microsoft Installer 2. 0 搭配使用。只要保存安装文件到本地计算机，然后运行它，看看你的机器支持 MSI，Windows XP 和更高版本已经有 MSI 的哪一个版本。

在 Windows 设置环境变量

第一步，在环境变量中添加 Python 目录：在命令提示框中（cmd）输入 path＝％path％；C：＼ Python，按下"Enter"键。

第二步，Python 环境变量设置。

下面几个重要的环境变量应用于 Python：

①PYTHONPATH：Python 搜索路径，默认 import 的模块都会从 PYTHON PATH 里面寻找。

②PYTHONSTARTUP：Python 启动后，先寻找 PYTHONSTARTUP 环境变量，然后执行此变量指定的文件中的代码。

③PYTHONCASEOK：加入 PYTHONCASEOK 的环境变量，就会使 Python 导入模块的时候不区分大小写。

④PYTHONHOME：这是另一种模块搜索路径，它通常内嵌于 PYTHON

STARTUP 或 PYTHONPATH 目录中，使得两个模块库更容易切换。

4.2　Python 的特征

4.2.1　Python 的库

什么是 Python 呢？Python 是一个高层次的结合了解释性、编译性、互动性和面向对象的脚本语言。Python 的设计具有很强的可读性，相比其他语言经常使用英文关键字，它更有特色语法结构。它有着许多优点：简单、易学、免费、开源，属于高层语言，具有可移植性、解释性、面向对象和可扩展性，但是它最大的优势是拥有脚本语言中最丰富的第三方库，且 Python 标准库确实很庞大。它可以帮助你处理各种工作，包括正则表达式、文档生成、单元测试、线程、数据库、网页浏览器、CGI、FTP、电子邮件、XML、XML - RPC、HTML、WAV 文件、密码系统、GUI（图形用户界面）、Tk 和其他与系统有关的操作。只要安装了 Python，所有这些功能都是可用的。这就是 Python 的"功能齐全"理念。除了标准库，还有许多其他高质量的库，如 wxPython、Twisted 和 Python 图像库等，这也正是 Python 受到广泛应用的原因。下面介绍几个深度学习常用的库。

（1）Keras。Keras 由纯 Python 编写而成并基于 TensorFlow、Theano、CNTK 后端，它的设计原则如下。

①模块性：该模型可理解为一个独立的序列或图，完全可配置的模块以最少的代价自由组合在一起。具体而言，网络层、损失函数、优化器、初始化策略、激活函数、正则化方法都是独立的模块，可以使用它们来构建自己的模型。

②简单：每个模块都应该尽量简洁，每一段代码都应该在初次阅读时显得直观易懂。

③易扩展性：添加新模块超级简单、容易，只需要仿照现有的模块编写新的类或函数即可。创建新模块的便利性使得 Keras 更适合于先进的研究工作。

④与 Python 协作：Keras 没有单独的模型配置文件类型，模型由 Python 代码描述，使其更紧凑和更易 debug，并提供了扩展的便利性。

（2）TensorFlow。TensorFlow 是谷歌基于 Dist Belief 进行研发的、将复杂的数据结构传输至人工智能神经网中进行分析和处理过程的系统。TensorFlow 可以先绘制计算结构图，即一系列可人机交互的计算操作，然后把编辑好的 Python 文件转换成更高效的 C++，并在后端进行计算。TensorFlow 无可厚非地被认定为神经网络中最好用的库之一，它最擅长的就是训练深度神经网络，通过使用 TensorFlow 就可以快速地入门神经网络，从而大大降低了深度学习（也就是深度神经网络）的开发成本和开发难度。TensorFlow 的开源性让所有人都能使用并且维护和巩固它，使它能迅速更新、提升，这也就是深度学习开发者为什么使用 TensorFlow 的原因。

（3）Caffe。Caffe 是一个清晰而高效的深度学习框架，是纯粹的 C++/CUDA 架构，支持命令行、Python 和 MATLAB 接口，可以在 CPU 和 GPU 上直接无缝切换。它的特点很明显，易上手、速度快、模块化和开放性，Python 接口 pycaffe 是 caffe 的一个模块，其脚本保存在 caffe/python。通过 import caffe 加载模型，实现 forward 与 backward、IO、网络可视化以及求解模型等操作。所有的模型数据、导数与参数都可读取与写入，其中：

caffe. Net 是加载、配置和运行模型的中心接口；

caffe. Classsifier 与 caffe. Detector 为一般任务实现了便捷的接口；

caffe. SGDSolver 表示求解接口；

caffe. io 通过预处理与 protocol buffers，处理输入/输出；

caffe. draw 实现数据结构可视化；

caffe blobs 通过 numpy ndarrays 实现易用性与有效性；

make pycaffe 可编译 pycaffe。

通过下面代码：

export PYTHONPATH = /path/to/caffe/python：$ PYTHONPATH

可将模块目录添加到自己的 $ PYTHONPATH 目录，或者使用相似的指令来实现 import caffe。

（4）PyTorch。PyTorch 是一个基于 Python 的库，用来提供一个具有灵活性的深度学习开发平台。其工作流程非常接近 Python 的科学计算库——numpy。

它有着易于使用的 API、Python 的支持的优点，而且采用动态计算图取代了具有特定功能的预定义图形，PyTorch 提供的框架可以在运行时构建计算图，甚至在运行时更改它们。在不知道创建神经网络需要多少内存的情况下这非常有价值。PyTorch 的其他一些优点还包括多 GPU 支持、自定义数据加载器和简化的预处理器。

（5）Python 其他库。除以上经典的深度学习库之外，还有许多支持 Python 的深度学习相关的库，例如：

Blocks 是一种帮助你在 Theano 之上建立神经网络模型的框架；

Chainer 连接深度学习中的算法与实现，它强劲、灵活而敏锐，是一种用于深度学习的灵活的框架；

CXXNET 是一种快速、简明的分布式深度学习框架，它以 MShadow 为基础，是轻量级可扩展的 C ++/CUDA 神经网络工具包，同时拥有友好的 Python/Matlab 界面，可供机器学习的训练和预测使用；

Deep Learning 是一个用 C ++ 和 Python 开发的深度学习库；

Deepnet 是一种基于 GPU 的深度学习算法的 Python 实现，比如前馈神经网络、受限玻尔兹曼机、深度信念网络、自编码器、深度玻尔兹曼机和卷积神经网络；

DeepPy 是一种建立在 Mumpy 之上的 Python 化的深度学习框架；

Genism 是一个部署在 Python 编程语言中的深度学习工具包，用于通过高效算法处理的大型文本集；

Hebel 是一个在 Python 中用于带有神经网络的深度学习的库，它通过 Py-CUDA 使用带有 CUDA 的 GPU 加速，它可实现大多数目前最重要的神经网络模型，可以提供多种不同的激活函数和训练方式，如动量、Nesterov 动量、退出（dropout）和前期停止（earlystopping）；

Lasagne 是一个轻量级的库，它可以在 Theano 中建立和训练神经网络。它简单、透明、模块化、实用、专一而克制；

Neon 是 Nervana 公司基于 Python 开发的深度学习框架；

Nolearn 包含大量其他神经网络库中的包装器和抽象（wrappers and abstractions），其中，最值得注意的是 Lasagne 中也包含了一些机器学习的实用模块；

Pylearn2 是一个引用大量如随机梯度（stochastic gradient）这样的模型和训练算法的库，在深度学习中被广泛采用，并以 Theano 为基础。

Theano 是一种用于使用数列来定义和评估数学表达的 Python 库，它可以让 Python 中深度学习算法的编写更为简单——很多其他的库是以 Theano 为基础开发。

4.2.2 Python 的优缺点

Python 是一门非常简单易学的语言，得到了广泛的应用，它最显著的特征就是拥有一个庞大而全面的第三方库。此外，对比其他计算机语言，它还有着以下特点。

第一，对比 PHP，Python 的语法更加简单易学，它比起 PHP 显得更加灵活而且容错率更高。由于 Python 程序代码简单，所以与其他代码相比，后期的程序维护更容易、更舒心。

第二，Java 是一种严格的类型语言，这意味着它必须显示声明变量名。相比之下，动态类型的 Python 则不需要声明变量，是一种语法简单、功能强大的语言，通过编写脚本就提供优秀的解决方案，并能够快捷地部署在各个领域，几乎兼容当前所有操作系统。同时，Python 比 Java 更容易上手，而且代码易读性强。

第三，与 C#相比，Python 使用合适的变量名称，表达式清楚易懂。在编写脚本方面，Python 的脚本是真正的脚本，能够被解释器执行，并且可以编写跨平台脚本。但是，C#的性能更高，而且要安装脚本解释器。

我们在看到它的优点的同时，也不能忽视它的缺点：首先是速度慢，Python 的运行速度相比 C 语言确实慢很多，跟 Java 相比也要慢一些，如果需要编写对速度要求较高的程序的话，它的劣势会十分明显。其次是代码不能加密，因为 Python 是解释性语言，它的源码都是以名文形式存放的。然后是线程不能利用多 CPU 问题，当 Python 的默认解释器要执行字节码时，都需要先申请 GIL，即全局解释器锁（global interpreter lock），一个 python 解释器进程内有一条主线程以及多条用户程序的执行线程。这意味着，如果试图通过多线程扩展应用程序，将总是被这个全局解释器锁限制。即使在多核 CPU 平台上，由于 GIL 的存在，所以禁止多线程的并行执行。当然，可以使用多进程的架构来提高程序的并发，也可以选择不同的 Python 来运行我们的程序。最后就是 Python2 与 Python3 不兼容，它们的语言也基本不一样，在 Python2 上编写的内容无法在 Python3 上运行，这对很多使用者是一个弊端。

总之，Python 是一个实用性非常强的计算机语言，它有着简单易学的优点，而且支持多平台，其最大优势是拥有一个全面而且众多的第三方库，这能使 Python 的使用变得非常方便。但不可忽视的是，Python 也有自己的弊端：它运行相对较慢，而且不支持多线程，不能后向兼容。但总体来说，Python 还是一门非常强大、便捷的计算机语言。

4.3　Python 的运行环境

4.3.1　Python 的运行

Python 运行有两种方式，一是直接在 Python 解释器终端运行 Python 语句，二是用 python xxxx. py 运行已写好的 Python 代码。我们一般使用 Python 自身提供的交互式解释器。

在 Windows 的命令行窗口或 Shell 窗口，执行 python 命令，启动 Python 交互式解释器。交互式解释器会等待用户输入 Python 语句。输入 Python 语句并回车，解释器会执行语句并输出结果。交互式解释器是学习 Python 语言比较好的工具，优点是输入 Python 语句可以立即得到反馈。Windows 启动 Python 交互式解释器有两种方式：第一种方式是进入 Pyhton 的安装目录，直接运行 python. exe 程序；第二种方式是进入 Windows 命令行窗口，在命令行窗口启动 python. exe。但是，在 Windows 命令行窗口启动 Python 交互式解释器时，首先需要将 Python 安装目录的路径添加到 Path 系统环境变量，否则就只能进入 Python 安装目录启动交互式解释器，它会显示如图 4 - 1 所示的内容。

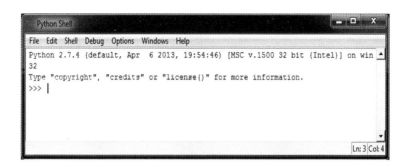

图 4 - 1　**Python** 运行图解

4.3.2 Python 调用库

Python 最大的优点在于它有着众多的第三方库支持，而且由于很多第三方库都是开源的，几乎都可以在 github 或者 pypi 上找到源码。这些源码格式大概都是 zip、tar. zip、tar. bz2 格式的压缩包。解压这些包，进入解压好的文件夹，通常会看见一个 setup. py 的文件。打开命令行，进入该文件夹。运行 python setup. py install 这个命令，就能把这个第三库安装到系统的文件路径里。想要卸载这些库，则进入 site-packages，直接删掉库文件。此外，为了方便文件的管理，还可以使用包管理器（pip 和 easy_install）。现在很多编程语言都带有包管理器，Python 有 pip 和 easy_install。

前面说到的 pypi 就是一些 python 第三库所在的源，使用 pip 或者 easy_install 安装模块，会搜索这个源，然后自动下载安装，比如我们需要安装 flask 框架的具体命令如下：

pip install flask 或者 easy_install flask

如果需要卸载 flask，则执行指令：

pip uninstall flask

查看所安装的包，包括系统自带的和手动安装的：

pip list

还可以搜索包：

pip search flask

还可以重定向输出项目使用的库：

pip freeze > requirements. txt

这样就会把该环境下的第三方库重定向到 requirements. txt 文件内。

pip install 的第一步就是在 pypi 上寻找包，然后下载到本地。在离线的情况下可以先建一个本地的仓库，把常用的包离线下载，比如可以下载 flask 的源码：

pip intall flask-master. zip

同样也可以安装。

如果使用虚拟环境运行 Python，一般使用 virtualenv 建立虚拟环境，例如，建立一个 venv 的虚拟环境。在 Windows 上安装 Python，一般是编译好的二进制包 exe 可执行文件，通常有 32 位和 64 位的 Python。对于第三方库来说，本来 32 位和 64 位不会有太大的差别。但是，对于一些 C 写的 Python 库，如 mysqldb、PIL、pillow，则会发现，使用 pip 或者 easy_install 的方式会报错：

Fixing python error：Unable to find vcvarsall. bat

其原因通常是 Windows 上缺少一些 C 编译器。源码需要编译一下才能安装。另外，下载 exe 文件并运行安装，这个库是被安装到了系统的 site-package 目录下，如果在 Windows 建立了 venv 虚拟环境，那么可以通过安装 64 位的 mysqldb 来解决这个问题。先下载 MySQL-python-1. 2. 5. win-amd64-py2. 7. exe 到 Windows 上，用命令行进入虚拟环境 venv，然后运行

easy_install MySQL-python-1. 2. 5. win-amd64-py2. 7. exe

来解决，在 venv 虚拟环境中，将 mysqldb 库安装到 venv 下。

上面 3 种方式几乎涵盖 Python 所有平台的第三方库安装。

4. 3. 3　Anaconda 的运行

但是，为了解决 Python2 与 Python3 不兼容的问题，也可以使用有不少发行版的 Python，比如 WinPython、Anaconda 等，这些发行版将 Python 和许多常用的 package 打包，能够更加方便地使用 Python 及其扩张库。这里主要介绍一下 Anaconda。

Anaconda 是一个用于科学计算的 Python 发行版，支持 Linux、Mac、Windows 系统，提供了包管理与环境管理的功能，可以很方便地解决多版本 Python 并存、切换以及各种第三方包安装问题。Anaconda 利用工具/命令 conda 来进行 package 和 environment 的管理，并且已经包含了 Python 及其相关的配套工具。

Anaconda 是一个集合，里面预装好了 conda、某个版本的 Python、众多 packages、科学计算工具等，所以也称为 Python 的一种发行版。而 conda 可以理解为一个工具，同时也是一个可执行命令，其核心功能是包管理与环境管理。包管理与 pip 的使用类似，环境管理则允许用户方便地安装不同版本的 Python，并可以快速切换。conda 将几乎所有的工具、第三方包都当作 package 对待，甚至包括 Python 和 conda 自身。因此，conda 打破了包管理与环境管理的约束，能非常方便地安装各种版本的 Python 和各种 package，并方便地切换。但 Anaconda 有一个缺点，它的服务器设立在国外，所以要通过国内的镜像下载第三方库。

在使用 Anaconda 管理环境时有一系列步骤，具体如下。

4.3.3.1 创建环境

需要明确的是 conda 可以为不同的项目建立不同的运行环境。第一步，安装 nb_conda，用于 notebook 自动关联 nb_conda 的环境，如图 4 - 2 所示。

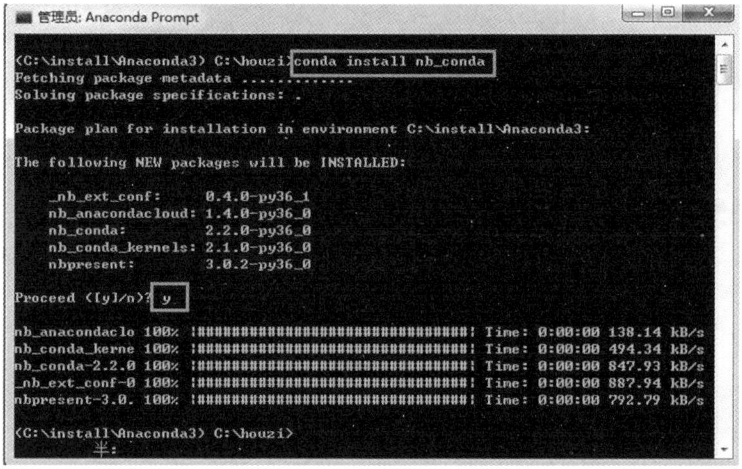

图 4 - 2　nb_conda 安装环境

在终端中使用：

conda create － n env_name package_names

在上面的命令中，env_name 是设置环境的名称（－n 是指该命令后面的 env_name 是你要创建环境的名称），package_names 是你要安装在创建环境中的包名称。

例如，要创建环境名称为 py3 的环境并在其中安装 numpy，则在终端中输入 conda create － n py3 pandas，如图 4 - 3 所示。

图 4 - 3　构建名称为 py3 的环境

可以指定要安装在环境中的 Python 版本。

当你同时使用 Python 2. x 和 Python 3. x 中的代码时，这很有用。要创建具有特定 Python 版本的环境，例如，创建环境名称为 py3，并安装最新版本的 Python3，则在终端中输入：

$$\text{conda create } -\text{n py3 python} = 3$$

或者创建环境名称为 py2，并安装最新版本的 Python2：

$$\text{conda create } -\text{n py2 python} = 2$$

在计算机上创建两个环境，这样可以根据不同的要求使用不同版本的 Python。

4.3.3.2 进入环境

在 Windows 上可以使用 activate my_env 进入。进入环境后，你会在终端提示符中看到环境名称，图 4 - 4 为进入 py3 的环境。

图 4 - 4 进入 py3 环境图示

进入环境后，可以用 conda list 查看环境中默认安装的几个包，如图 4 - 5 所示。

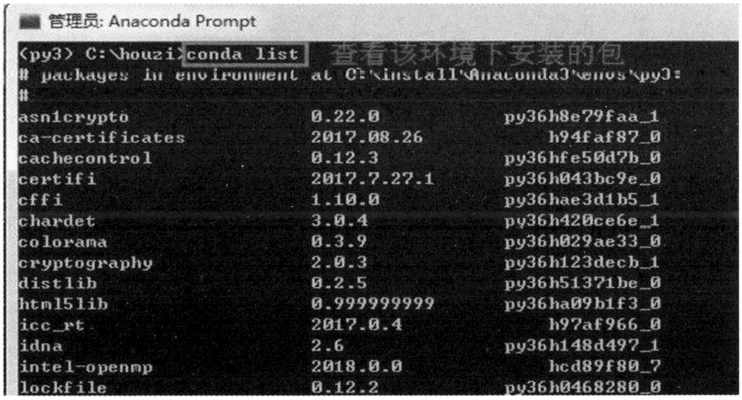

图 4 - 5 py3 环境下的安装包

在环境中安装包的命令与前面一样，即 conda install package_name。

4.3.3.3 离开环境

在 Windows 终端输入 Deactivate，就离开了系统环境。

4.3.3.4 共享环境

共享环境非常有用，它能让其他人安装你的代码中使用的所有包，并确保这些包的版本正确，可以在当前的环境中终端中使用。

conda env export > environment. yaml

将你当前的环境保存到 YAML 文件中（包括 Python 版本和所有包的名称）。

命令的第一部分 conda env export 用于输出环境中的所有包的名称（包括 Python 版本）。如图 4 － 6 所示。

图 4 － 6　共享 py 环境示意

为了使导出的环境文件在其他电脑环境中使用，首先，在 conda 中进入你的环境，比如 activate py3，然后使用命令更新你的环境：

其中，－ f 表示你要导出文件在本地的路径，所以／path／to／environment. yml 要换成你本地的实际路径 conda env update － f ＝／path／to／environment. yml。

对于不使用 conda 的用户，通常还会使用 pip freeze > environment. txt 将一个 txt 文件导出并包括在其中。举个例子，你可能更容易理解这个使用场景：首先，在电脑上的 conda 中将项目的包导出为 environment. txt 文件，如图 4 － 7 所示。

图 4 － 7　生成 py 环境文件代码

然后将该文件包含在项目的代码库中，在另一台没有安装 conda 的计算机上进入 Python 命令环境，最后运行以下命令就可以安装该项目需要的包：

$$pip\ install\ -r\ /path/requirements.\ txt$$

其中，/path/requirements. txt 是该文件在计算机上的实际路径。如图 4 - 8 所示。

图 4 - 8 安装 py 环境的路径

4.3.3.5 列出环境

如果忘记自己创建的环境名称，这时候用 conda env list 就可以列出所创建的所有环境。如图 4 - 9 所示。

图 4 - 9 py 环境界面

4.3.3.6 删除环境

当不再使用某个环境，可以使用 conda cnv rcmove - n env_name 删除指定的环境（在这里环境名为 env_name）。

4.4 Python 在金融领域中的应用

（1）Python 能够更快地建立起模型，相比其他语言，Python 建立模型的速度更快，而且 Python 的计算能力强，Python 的语法很容易实现那些金融算法和数学计算，每个数学语句都能转变成一行 Python 代码，每行允许超过 10 万的计算量。这也是 Python 的优势。

（2）通过 Python/Djang 技术栈，可以非常快速地构建产品，进而增加找到适合的产品/市场的机会。金融科技（Fin-Tech）能够与传统银行和金融竞争或合作的唯一方式在于其适应变化与客户的需求，根据客户的想法提供增值服务并进行改进。Python/Django 框架组合符合 MVP 规范的需求，并能够节省一定的开发时间成本。开发者只需要从 Python 库中（Numpy，Scipy，Scikit-learn，Statsmodels，Pandas，Matplotlib，Seaborn 等）找到所需要的模块，用于构建所需的 MVP。Django 的另一个优点是在 MVP 架构开发阶段提供了简单的管理面板或 CRM——它是内置的，只需要在产品中设置。在 MVP 架构完成后，此技术栈允许部分代码通过调整来满足产品功能的完美运行。

（3）Python 爬虫可以轻易从网页获取金融数据，节省大量不必要的时间。Python 可以通过大量第三方库进行文本挖掘，爬虫的设立也会相对变得简单。

（4）Python 是金融波动性深度学习的高效实现方式。参照深度学习在语音、图像识别上对硬件环境的要求，采用多台计算机并行的 GPU 硬件加速器模式来支持金融波动性网络结构，保证波动性估计、预测过程中需要的内在并行度、大量浮点计算能力以及矩阵运算能顺利、及时、精准地实现。

第5章

基于大数据 + 深度学习的
人民币汇率波动性预测[*]

前述章节较为详细地介绍大数据背景下的金融市场波动性特征，研究现状，深度学习的原理、模型和方法，以及估计深度学习模型参数的 Python 实现方法。在人工智能时代，金融市场上的投资者、上市公司、监管部门等参与各方获取信息、交易决策的方式、速度以及数据量都发生了根本性的变化，进而促使股价波动呈现出新特征。本章将从理论分析我国金融市场波动性的实证检验，鉴于金融市场的范围广泛，涉及到股票市场、债券市场、外汇市场、黄金市场、期货市场、期权市场、金融衍生品市场等，本章选取了股票、外汇、期货、黄金市场为实证对象。

本章收集整理了 2013 ~ 2018 年期间影响人民币兑美元汇率波动的经济、市场、预期、情绪等多维大数据，在进行数据预处理基础上，建立 LSTM 深度学习模型，运用 Python 程序，通过反复模拟和优化，实现了对人民币兑美元汇率的预测。结果表明，大数据 + 深度学习的方式预测精度较高，有助于对人民币汇率波动的精准刻画。同时，对 LSTM 模型参数进行敏感性分析发现，LSTM 模型对人民币兑美元汇率的预测效果受训练步长变化影响较小，而且通过加入百度指数这一新兴媒体指标来解释突变现象，可以更好地拟合汇率波动。

---

* 以本章主要内容撰写的论文（英文版：*Research on RMB Exchange Rate Forecast Based on Big Data and Deep Learning*），在 2019 International Conference on Management Science and Engineering（ICMSE）学术会议上做了主题宣讲。

5.1 引　　言

近20年来，我国汇率制度几经调整，特别是自2005年7月21日起，我国央行宣布开始实行以市场供求为基础、参考"一篮子"货币调节、管理浮动汇率制度，使得汇率制度改革朝着市场化方向迈出了关键一步。2008年8月，为了应对金融危机，我国采取了临时性地盯住美元的汇率政策，适当减少了人民币汇率波动范围。但在2010年6月19日，央行又重启汇改，并决定进一步推进人民币汇率形成机制改革，增强人民币汇率弹性。可以预见，今后我国汇率调整将更加市场化，汇率的波动幅度也会有所加剧。显然，如何准确地估计汇率变动趋势，为未来货币政策的制定提供依据，以达到实现控制通胀、抵御外部经济的干扰、保持经济稳定增长的目标，将是摆在央行面前的一个重要课题。另外，对汇率未来变动趋势判断的正确与否，也是影响企业风险控制能力和国际竞争能力的一个重要因素。同时，投资者机构和个人也希望通过预测汇率的走势变化为自身资产比例的分配及风险管理提供有益的决策。因此，结合我国实际情况，通过构造合理的预测模型，正确预测人民币汇率走势，对于相关政策管理机构、企业经营者及投资者具有十分重要的现实意义。

辛顿等（Hinton et al.，2006）提出了深度学习的概念，使得内部具有复杂结构、隐含层多的神经网络可以通过空间参数修正来完成训练目标，并提高训练性能，达到良好的训练效果，基于深度学习的神经网络算法由此掀起一股热潮。深度学习的核心在于各层特征是根据学习过程从数据中自动获得，而不用依赖于人工特征选择。深度学习在图像识别、语音识别等工程领域的实际应用效果非常突出，因此，可以尝试把深度学习的方法引入到人民币汇率预测中，同时，基于大数据思维，尽可能地把影响汇率波动的各种因素均纳入深度学习模型之中来提高预测精度。

5.2 文献综述

5.2.1 文献回顾

汇率波动对一国经济的发展及其内外均衡起着决定性的作用，因此，汇率预测一直是各国学者研究和关注的重点问题。

在研究方法方面，经过多年发展，汇率预测的研究，尤其是基于时间序列模型的汇率预测方法研究取得了非常丰硕的成果。利用汇率自身变化传递的时间序列信息进行研究更能体现汇率的预测价值（刘柏和赵振全，2008）。时间序列分析方法当中最常见的是 Box-Jenkins 模型。在该类模型中，单整自回归移动平均（ARIMA）模型由于其简单性、可行性和灵活性，为目前应用最广泛的时间序列预测模型之一。有很多学者采用此模型进行汇率预测（许少强和李亚敏，2007；刘姝伶等，2008；郭琨和汪寿阳，2008）。然而，这类模型的最大缺陷是，序列变量的未来值被假定满足变量过去观测值和随机误差值的线性函数关系。但是，许多研究文献表明，金融时间序列（包括汇率）大多数都是非线性的，或者说是一个包含有非线性关系的复杂系统（Brooks，1996；谢赤和欧阳亮，2008）。因此，利用 Box-Jenkins 方法构建的汇率时间序列模型在实际运用中具有极大的局限性（Zhang，2003；Panda et al.，2003）。为改善非线性时间序列预测的效果，许多非线性方法的研究日益受到关注，如双线性（Bilinear）模型、门限自回归（TAR）模型、自回归条件异方差（ARCH）模型以及广义自回归条件异方差（GARCH）模型等。特别是 ARCH 模型以及 GARCH 模型，很多学者都采用其进行汇率预测（罗林和林宇，2014；李艳丽等，2016）。这些模型使用显性表达式来描述数据间的相互关系。然而，非线性数据间的关系一般都很复杂，数据间的非线性模式也是多种多样的，因此，利用任何一个特定的非线性模型都不可能完全地刻画出这种非线性关系。这些缺陷极大地影响了模型的预测效果（Annstasakis et al.，2009）。

近年来，由于神经网络（neural networks，NN）模型具有较强的学习和数据处理能力，是一种自然非线性建模过程，能够挖掘数据背后复杂的甚至很难用数学式描述的非线性特征，且不需要事先假设数据之间具有何种具体函数形式或满足哪种分布条件，因此在汇率的非线性时间序列预测领域中受到越来越多的重视（Panda et al.，2007；惠晓峰等，2002）。一些学者使用神经网络等非线性算法对汇率进行建模预测，利用 GA – BP 神经网络对汇率波动弹性进行测度以及对人民币兑美元汇率进行预测（黄志刚，2013；惠晓峰等，2002），利用融合 ICA 的 BP 神经网络对人民币汇率进行预测（王晓辉等，2014）。

在指标选取方面，以宏观经济理论为基础。一些文献采用汇率数据序列进行人民币汇率预测，选取人民币外汇市场上主要汇率的汇率中间价数据序列（熊志斌，2011）、选取人民币汇率日收盘价（王丹等，2014；罗林和林宇，2014）、选取人民币名义汇率的日数据（李艳丽等，2016）进行预测。还有一部分文献结合宏观经济理论，考虑物价水平、通货膨胀率、利率以及货币供应量等经济方面的影响因素（李云峰，2013；危黎黎等，2014；邢科和杨骏，2014；李振等，2017；江春等，2018）。也存在一些文献考虑市场关注度、投资者情绪等反映心理预期变化的指标（王轩和杨海珍，2017）。

5.2.2　简单述评

从学者们历来在汇率方面的研究中可以发现，传统的汇率波动预测多是GARCH 等线性预测模型，无法很好地描述市场变化的随机性与波动性。由于汇率等金融系统的复杂非线性特征，而传统的时间序列模型是建立在线性关系的假设上，因此很难有效地捕捉到并解释非线性关系。然而，非线性数据间的关系一般都很复杂，数据间的非线性模式也是多种多样的，因此，利用任何一个特定的非线性模型都不可能完全刻画出这种非线性关系。虽然由于神经网络模型具有较强的学习和数据处理能力，是一种自然非线性建模过程，能够挖掘数据背后复杂的甚至很难用数学式描述的非线性特征，且不需要事先假设数据之间具有何种具体函数形式或满足哪种分布条件，但是，例如 BP神经网络，其学习速度比较缓慢、训练时间长，这些都极大地影响了该类模型的预测效果。

现有的研究指标选取主要考虑经济方面的影响因素。人民币汇率波动是基本面因素、市场因素和公众情绪共同影响下综合形成的，除了经济、政治、政策等基本面因素，外汇供求、投资者情绪等市场层面的因素在汇率的波动过程中也起到至关重要的作用，甚至起到决定性的作用。而这类因素往往难以直接测度和表征，且影响程度也不尽相同，因此，以往研究中通过单一模型对汇率进行预测的方式无法涵盖多种因素对汇率产生的综合影响，往往无法精确预测汇率波动。

深度学习模型是继神经网络之后人工智能领域的新兴模型，在图像识别、文本分类、语音识别等方向有着持续的热度，但是，目前将深度学习模型应用到金融领域对外汇市场进行汇率预测与风险度量的研究较少，本书的研究可以对外汇市场的汇率预测以及风险度量研究进行文献方面的补充。与此同时，通过应用深度学习模型能够更完善地描述我国及国际主流汇率市场的汇率波动情况并且加强外汇市场汇率预测的精准度。同时，本书考虑除经济、政治、政策等基本面因素外，还加入了市场因素、公众情绪等多个维度的指标。因此，本书将深度学习和多个维度的指标结合起来，不仅提供了新的预测方法和预测思路，而且拓展了深度学习在金融领域的应用。

5.3　研究设计

5.3.1　汇率预测方法迭代

5.3.1.1　随机游走模型

目前，简单随机游走模型是金融时间序列分析中最主要的线性模型（尤其是汇率数据）。在一个简单的随机游走模型中，每一期的预测值被认为是最近一期的观测值和随机误差项的总和。尽管随机游走模型具有简单性和显著的预测精度，但是其主要缺点是内在的线性形式。随机游走模型不能捕获存在于金融时间序列中的非线性特征。非线性是金融时间序列的缺省特征，因此，通过一个随机游走模型去近似它是不充分的。

5.3.1.2　指数平滑法

美国学者布朗最早提出指数平滑法，他认为时间序列的态势具有稳定性或规则性，所以，时间序列可被合理地顺势推延，且最近的过去态势在某种程度上会持续到最近的未来态势，所以将较大的权数放在最近的数据中。在实际计算中，利用全部数据信息，依时间顺序加权，使用逐步衰减的不等权办法，即渐消记忆的方式进行处理。

5.3.1.3　指数加权移动平均法

指数加权移动平均对时间序列中的数据采取不等权重，根据历史数据距离当前时刻的远近，分别赋予不同的权重，距离现在越近，权重越大，因为越远的历史信息所起的作用越小，为了使赋予的权重简单化，指数移动平均方法引入一个参数 λ 决定权重的分配，λ 称为滑动因子或者衰减因子，取 0 ～ 1 之间的常数。

然而，和指数平滑法一样，这类模型的最大缺陷是序列变量的未来值被假定满足变量过去观测值和随机误差值的线性函数关系。但是，许多研究文献表明，金融时间序列（包括汇率）大多数都是非线性的，或者说是一个包含有非线性关系的复杂系统。因此，利用此类模型构建的汇率时间序列模型在实际运用中具有极大的局限性。

5.3.1.4 ARCH 模型

大量金融市场价格行为的经验研究结果证实：金融资产收益率具有尖峰厚尾性，这使得传统金融分析模型的假设被推翻，基于方差时变性假设的模型被期望能更好地刻画出金融市场的波动。恩格尔（Engle）首次提出了自回归条件异方差模型，简称 ARCH 模型，是最近 20 多年来描述方差随时间的变异性问题最具代表性的计量方法。其基本思路是模型误差项在 t 时刻的方差依赖于前期（t-1，t-2，…）的模型实际误差的平方。但是ARCH 模型本身也有一定的缺陷：首先，该模型不能保证条件方差的正性；其次，方差方程的滞后项通常比较大，使得模型过于复杂，影响了模型的效果。

5.3.1.5 GARCH 模型

波勒斯勒夫（Bollerslev）在恩格尔的 ARCH 模型的基础上对方差的表现形式进行了直接的线性扩展，形成了更为广泛的广义自回归条件异方差GARCH 模型。然而，GARCH 模型也存在两个缺陷：首先，该模型都要求数据和模型参数须满足一定的假设前提，如假设收益率序列分布要满足特定的分布，而金融时间序列的复杂性使得所作出的假设要与实际情况相符是很困难的；其次，这些模型都使用显性表达式来描述数据间相互关系。然而，非线性数据间的关系一般都很复杂，数据间的非线性模式也是多种多样的，因此，利用任何一个特定的非线性模型都不可能完全刻画出这种非线性关系。这些缺陷极大地影响了模型的预测效果。

5.3.1.6　SV 模型

SV 模型是另一类异方差模型，具有数理金融学和金融计量经济学双重根源，其最显著的特征是将随机过程引入到方差表达式中，被认为是刻画金融市场波动性的最理想模型。尽管 SV 模型功能强大，但由于在 SV 模型中，方差是一个不可观测的变量，很难计算出其精确的似然函数，所以，对标准 SV 模型进行参数估计存在较大困难。而且，由于其对随机项条件的正态假设，使其难以对实际数据作出更好的概括。

5.3.1.7　人工神经网络

有学者打破计量模型的线性假设，针对金融时间序列的非线性特征，使用人工神经网络等非线性算法进行建模预测。由于神经网络模型具有较强的学习和数据处理能力，能够挖掘数据背后复杂的甚至很难用数学式描述的非线性特征，且不需要事先假设数据之间具有何种具体函数形式或满足哪种分布条件，因此在汇率的非线性时间序列预测领域中受到越来越多的重视。迄今为止，应用于金融时间序列预测的神经网络模型种类很多，其中，经典的、基于误差反向传播算法的多层前馈神经网络（BP 神经网络）是应用最广的一种神经网络模型。然而，利用 BP 算法或者说是基于梯度下降算法来优化模型参数，容易使模型解陷入搜索空间的局部最优区域，从而降低搜索效率。此外，其学习速度比较缓慢、训练时间长，这些都极大地影响了该类模型的预测效果。而且，随着大数据时代的到来，原先神经网络的隐含层数少，存在着对于高维数据或者大数据量难以训练的局限性。

5.3.2　深度学习的引入

传统的汇率预测模型有其本身的局限，大多利用汇率本身的变动来进行预测，极少考虑相关因素。而且以前没有大数据思维，所利用的数据无论是从数量还是维度上讲都是较小的，无法很好地描述市场变化的随机性与波动性。目前，大数据时代的金融市场波动性呈现出新特征、新规律，对其研究需要发展和更新，实现研究方法的迭代升级。

深度学习（deep learning，DL）模型自提出以来，在图像识别、语音识别、分类、数据挖掘等方面都有着较好的表现，在处理非线性问题方面有着较高的性能。汇率的历史数据序列呈现显著的非线性特征。目前的经典模型都无法对其中的内在关系进行较好的描述以及特征提取，本书将深度学习模型引入到金融预测与风险度量领域，对汇率市场历史数据中的复杂非线性特征进行建模分析。

深度学习模型的基本思想是构造多层网络结构及简单非线性运算单元，将低层的特征输出作为更高一层的输入，从训练数据中获取抽象、易于区分的特征表示，从而学习数据的分布特征。其核心在于各层特征不依赖人工工程设计，而是根据通用的学习过程，从数据中获得。目前，典型的深度学习模型有卷积神经网络（CNN）和循环神经网络（RNN），前者主要用在图像处理上，后者则可以用于处理时间序列数据。

5.3.3　LSTM 模型的选用

然而，一般的 RNN 模型对具备长记忆性的时间序列数据刻画能力较弱，霍克赖特（Hochreiter）和施密德胡伯（Schmidhuber）提出的长短期记忆（long short-term memory，LSTM）模型在 RNN 结构的基础上进行了改造，加入各种控制门机制，从而解决了 RNN 模型无法刻画时间序列长记忆性的问题。

长短期记忆模型包括许多通过递归连接的子网，即记忆模块。每个记忆模块都包含一个或多个自连接的记忆单元和 3 个乘法计算单元。3 个乘法计算单元分别用输入门、输出门和遗忘门来表示，用来控制神经元的读、写及重置存储的信息。LSTM 模型中每个单元包括输入、输入激励函数处理、输入门控制、自反馈、遗忘门控制、输出门控制、输出激励函数处理、输出等结构。

为了避免重复，LSTM 模型的原理等内容参见 6.4.1 节的内容。

5.3.4　Python 的实现方式

在利用神经网络建模分析问题时会涉及大量的数学计算，例如，微分求解、矩阵计算等，因此，必须采用计算机辅助进行处理。Python 是近几年比较热门的一种编程语言，它的语言简洁易懂、拓展性强，且不需要扎实的编程基础。它是开源软件，Python 可以同 C、C ++ 、Java 等语言联合使用，将其他语言编写的程序包放置 Python 编程平台，可以进行识别和读取。其本身也提供了很多便利的程序包和拓展库，内置各类函数，能够快速进行数值、数组的运算等。

本书采用深度学习框架 TensorFlow 和 Python 语言来完成 LSTM 模型的构建。TensorFlow 是 Google 于 2015 年开发的开源框架，通过对第一代深度学习系统 Dist-Belief 的改进而来，相比于 Dist-Belief，TensorFlow 计算速度更快，能适用于更多平台且稳定性更强等。它是利用数据流图来描述计算过程，具有高度的灵活性、真正的可移植性等优点。

本书的实现过程主要有以下几个关键步骤：第一，定义 LSTM 网络，根据数据本身特点以及汇率预测要求设计输入层、输出层、隐藏层的层数以及节点数等关键指标；第二，拟合网络，设置迭代数和每批次训练样本数；第三，定义损失函数，选用 Test MSE 和 Test Accuary 作为评判标准。

本书的 Python 程序代码见附录 1。

5.4 大数据及预处理

5.4.1 大数据维度选择

在大数据、智能化、移动互联网、云计算等日渐普及、金融市场走向以量化交易为主的新时代，关于汇率预测的研究应从高频数据拓展到金融市场内外的多维数据，涵盖影响波动性的所有相关数据，包括经济政策、宏观形势、投资者行为、社会舆情等维度。

人民币汇率波动是基本面因素、市场因素和公众情绪共同影响下综合形成的，除了经济、政治、政策等基本面因素，外汇供求、投资者情绪等市场层面的因素在汇率的波动过程中也起到至关重要的作用，甚至起到决定性的作用（王轩和杨海珍，2017）。因此，本书从大数据、金融波动性理论两个角度把可能影响汇率波动的所有可能的大数据逐一找出，按照宏观形势、政策事件、市场交易、海外关联市场、社会舆情等口径归类整理，形成既区别于计量回归所需数据，又能实现深度学习所需的海量样本数据基础条件，具体如表 5 − 1 所示。

表 5 – 1　　　　　　人民币兑美元汇率 LSTM 模型的指标选择一览表

维度选择		序号	指标名称	指标含义	数据来源
基本面因素	经济	1	通货膨胀率	中国 CPI、美国 CPI	东方财富网
		2	利率	Libor、Shibor	东方财富网
		3	贸易条件	出口价格指数与进口价格指数的比值	国家统计局
		4	广义货币供给量 M2	中国 M2	国家统计局
		5	政府支出水平	公共财政支出	国家统计局
		6	经济增长率	美国采用工业生产指数作为代理变量，中国采用 GDP 增长率	前者来自 Wind 数据库，后者来自国家统计局
		7	投资率	FDI	国家统计局
		8	相对劳动生产率	美国非农就业人口指数	东方财富网
		9	宏观经济景气指数	预警指数	Wind 数据库
	政策	10	经济政策	—	—
市场因素	市场本身	11	美元指数	美元指数	Wind 数据库
		12		美元指数期货	Wind 数据库
	相关市场	13	股票	SP500，上证综指	Wind 数据库
		14	黄金	黄金价格	Wind 数据库
		15	大宗商品	国际大宗商品价格指数、中国大宗商品价格指数	Wind 数据库
公众情绪	百度指数	16	通过网络搜索引擎获取人民币汇率、人民币对美元汇率、中美关系等关键词的搜索数据序列，然后进行合成得到百度指数		百度指数官网
市场热点	不规则突发事件	17	除了经济政策，其他影响汇率的事件		—
预期		18		恐慌指数	Wind 数据库
		19		企业家信心指数	Wind 数据库
		20		消费者信心指数	Wind 数据库
		21		中国的外汇储备规模	国家统计局
		22	中国的资产回报率	中国 10 年期国债收益率	前瞻数据库
		23	人民币国际化	渣打人民币环球指数	Wind 数据库

5.4.1.1　基本面维度

一国经济各方面综合效应的好坏是影响本国货币汇率最直接和最主要的因素。基于购买力平价理论、利率平价理论以及货币主义的汇率决定理论等传统经济理论，将物价水平、利率、货币供应量等因素纳入考虑范围。国家的经济增长速度是影响汇率波动的最基本的因素。根据凯恩斯学派的宏观经济理论，国民总收入的增长会引起国民收入和支出的增长。收入增加会导致进口产品的需求扩张，继而扩大对外汇的需求，推动本币贬值。而支出的增长意味着社会投资和消费的增加，有利于促进生产的发展，提高产品的国际竞争力，刺激出口增加和外汇供给。所以从长期来看，经济增长会引起本币升值。由此看来，经济增长对汇率的影响是重要且复杂的。除此以外，本书还考虑了贸易条件、政府支出水平、投资率、相对劳动生产率、宏观经济景气指数等经济方面的因素。

政府的财政政策、外汇政策和央行的货币政策对汇率起着非常重要的作用，甚至是决定性作用，如政府宣布将本国货币贬值或升值、央行的利率升降、市场干预等。

5.4.1.2　市场维度

市场因素是影响汇率的重要因素，不仅考虑市场本身，还考虑相关市场的影响。利用美元指数、美元指数期货来衡量人民币对美元汇率市场本身的影响。股票市场、黄金市场等市场与汇率市场是相联系的，如果股票市场不景气，投资者会考虑进入汇率市场，因此，本书选取SP500、上证综指、黄金价格、国际大宗商品价格指数、中国大宗商品价格指数来衡量相关市场的影响。

5.4.1.3　公众情绪

应该指出的是，汇率的新闻模型认为，不仅是诸如利率、货币供应量、经常项目等因素影响着汇率波动，与汇率毫不相关的信息，也会作为随机误差项干扰着汇率波动。该学说提倡将之前理论未曾关注到的场外因素加入到影响汇率波动的因素中来。这也符合如今经济全球化与互联网普及的潮流。现如今，人们每天都可以从社交媒体、报纸电视广播上摄取到各类信息。而主流媒体与舆论导向的影响力也越来越大，可以改变投资者的预期从而影响汇率波动。因此，主流媒体论调与舆论导向也是汇率波动的影响因素之一。在这里，我们收集了百度网站上人民币汇率、人民币兑美元汇率、中美关系等关键词的搜索数据序列作为影响因素来进行研究。

5.4.1.4　热点事件

一些重大的突发事件会对市场心理产生影响，从而使汇率发生变化，其造成结果的程度也将对汇率的长期变化产生影响。如"9·11"事件使美元在短期内大幅贬值等。正是因为外汇市场的高度波动性和不确定性，导致汇率不仅呈现线性和非线性的特征，而且在不规则的突发事件影响下，还会呈现出一些不规则性波动，形成一个多因素影响下的复杂系统。

5.4.1.5　预期维度

外汇市场参与者的心理预期严重影响着汇率的走向。预期心理不但对汇率的变动有很大影响，而且还带有十分易变的特点，尤其是在短线或极短线的汇率波动上起到至关重要的作用。一国中央银行所持有外汇储备充足与否反映了该国干预外汇市场和维持汇价稳定的能力大小，因而外汇储备的高低对该国货币稳定起主要作用。外汇储备太少，往往会影响外汇市场对该国货币稳定的信心，从而引发贬值；相反，外汇储备充足，往往该国货币汇率也较坚挺。恐慌指数（VIX）是芝加哥交易所（CBOE）提出的由指数期权隐含波动率加权平均后所得的指数。其数值越高，代表市场参与者预期后市波动程度会更加激烈，同时也反映了市场参与者的心理状态。在此，我们认为其在一定程度上反映了部分外汇市场参与者的心理状态，因此将其纳入影响因素之中。资产回报率影响热钱的流动，而热钱的流动又能够快速反映私人交易者的预期变化，使用中国10年期国债收益率来反映中国资产回报率，进而体现预期的影响。除此之外，选取企业家信心指数、消费者信心指数、渣打人民币环球指数作为衡量预期的变量。

5.4.2　指标与样本

在大数据维度选择后，本书共选取了20余个具体指标构成了样本数据。在指标的选取上不仅考虑影响汇率的基本面因素，还考虑了政策事件以及诸如网络舆论与媒体导向等新兴网络因素对于汇率波动的影响。在收集的原始数据中，美元指数、SP500、上证综指、黄金价格、国际大宗商品价格指数、中国大宗商品价格指数、恐慌指数、Libor、Shibor、美元指数期货、中国投资回报率是日数据。美国非农就业人口指数、公共财政支出、FDI、贸易条件、M2、美国工业生产指数、宏观经济景气指数、消费者信心指数、外汇储备、渣打指数、中国 CPI、美国 CPI 是月数据，而 GDP 增长率是季度数据。

　　由于汇率变动是一个复杂的问题，不仅受到短期因素的影响，也受到长期因素的影响，所以本书选用最近 5 年的数据来进行汇率预测研究。由于收集的数据有日数据，而且为了保证数据量足够大，所以本书采用日数据。因此，本书使用的数据为 2013 ～ 2018 年的日数据，并剔除周末和节假日等数据，共计 1565 天。

5.4.3　数据预处理

5.4.3.1　非数值型指标量化

　　对于指标体系中的非数值型的指标必须将其转化为数值型才能被计算机识别和处理，统计学中比较常用的是李克特量表形式，可以将文字描述转换成数字表示的 5 级量表，而其他学科对于非数值型指标量化的研究较少，也基本没有统一的标准，一般是根据指标的特点和经验来确定量化的标准和方法。

　　本书中的经济政策、其他影响汇率的事件是定性指标。为了进行模型预测，我们需要把定性指标定量化，采用虚拟变量的方式来衡量经济政策、其他影响汇率的事件。首先，收集相关的政策和事件，然后根据其在百度指数中的搜索程度、人们的讨论程度来评判其影响程度：影响程度弱确定为 1，影响程度较弱确定为 2，影响程度中等确定为 3，影响程度较强确定为 4，影响程度强确定为 5。

5.4.3.2　指标数据的对齐处理

　　基于大数据，本书选取的指标众多，同时拥有宏观形势、政策事件、市场交易、海外关联市场、社会舆情等口径的数据。海量的数据决定了所有的数据频度不可能完全一致，为了进行模型预测，需要调整数据频度，使其保持一致。由于本书采用的是日数据，所以，要把月度数据和季度数据处理为日数据。对于月度数据，把该数据应用到该月度的每一天，将其变为日数据；季度数据 GDP 增长率采用半衰期的方法变为日数据。

5.4.3.3 指标数据的标准化

本书采用的标准化操作是对数据进行归一化处理，目的是便于计算机处理，同时提高网络计算速度。假如输入神经网络的数据太大，在激活函数的非线性饱和特性的作用下，网络节点的输出数据有可能会落于饱和区间内，神经元的输出会出现最值（最大值或最小值）的情况，从而得到的导数趋向于 0。这就使得误差反向传播的过程中修改的参数值很小，学习速度慢，网络达不到收敛状态。因此，对指标数据进行归一化是为了防止样本数据太大而使神经网络麻痹。消除不同单位的影响，让数据固定在一定范围内，使不同量纲单位的指标之间可以比较。

归一化的方法有很多，依据本实验样本的特点，可采用线性转化。线性函数转化也称 min - max 法，该原理是求出这段时间该原始数据的两个最值，通过将原数据 x 减去最小值对应到 [0, 1] 之间，公式为：

$$X = \frac{x - x_{min}}{x_{max} - x_{min}}$$

其中，X 表示原始数据，x_{min} 表示数据集最小值，x_{max} 表示最大值。

整理后的数据格式见附录 2。

5.5 实证结果及分析

5.5.1 预测结果

5.5.1.1 预测模型的结构设计

神经网络的层级数一般是依据前人已有的经验来设置，大量的研究及实验认为层数较小的网络推广力强、便于理解且易于提取，有利于实现。但是，层级数越多，网络的误差也会越小，可以提高精确度，同时也会提高复杂度，增加模型训练时长和速度，很可能导致过拟合现象，因此，可以依据模型所要达到的效果来设定层级数。输入、输出层参数只需依据指标数据的特点设置即可，输入节点与特征维数相匹配，输出节点与目标维度匹配即可。

将 LSTM 模型的输入层层数设置为 1 层，隐含层层数设置为 1 层，节点设置为 50 个，将隐含层输出输入到输出层进行预测输出。输出层层数设置为 1 层，代入 LSTM 模型的训练数据均经过标准化处理。

5.5.1.2　激活函数的选取

激活函数的选择是建模过程中的关键一步，没有它的神经网络只是基础的线性模型，输入信号到输出信号只是线性的转化，这种模型无法解决现在的很多复杂数据，激活函数的意义在于引入了非线性特征到网络中，使它可以更好地去学习和解决更为复杂的非线性问题。

本书选用 Sigmoid 函数作为激活函数。Sigmoid 函数又称对数 S 型函数，它的值介于 0 ~ 1 之间，函数形式为：

$$f(x) = \frac{1}{1 + \exp(-x)}$$

5.5.1.3　其他相关参数设置

每次的参数更新采用小批的梯度下降，把数据分为若干个批，按批来更新参数，这样，一个批中的一组数据共同决定了本次梯度的方向，下降起来就不容易跑偏，减少了随机性。另外，因为批的样本数与整个数据集相比小了很多，计算量也不是很大。设置训练迭代次数 epochs 为 300（epochs = 300），每批次训练样本数为 32（batch_size = 32）。

5.5.1.4　预测结果

从图 5 - 1 中可以看出，当 epochs 接近 300 时，其损失逐渐平稳，接近于 0，迭代终止。

本书采用 Test MSE、Test accuary 两个指标来衡量模型预测效果的好坏，反映预测值与实际值之间误差大小。选用均方差方法（mean squared error，MSE）作为模型的目标损失函数，MSE 方法定义如下：

$$\text{MSE} = \frac{1}{N} \sum_{i=1}^{N} \left[\hat{f}_i(x) - f_i(x) \right]^2$$

其中，N 表示观测值的数量，$\hat{f}_i(x)$ 表示预测值，$f_i(x)$ 表示真实值。

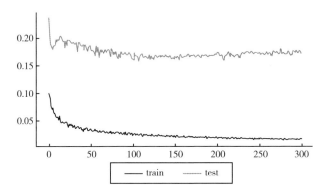

图 5 − 1　人民币兑美元汇率训练数据与预测数据的损失

由于神经网络算法利用了随机性，比如初始化随机权重，因此用同样的数据训练同一个网络可能会得到不同的结果。反复运行 100 次，得到的结果如表 5 − 2 所示。

表 5 − 2　　　　　　　　人民币兑美元 LSTM 模型预测效果

次数	Test MSE	Test accuary
1	0. 200	0. 515
2	0. 192	0. 511
3	0. 180	0. 515
4	0. 184	0. 508
5	0. 193	0. 511
6	0. 193	0. 511
7	0. 207	0. 511
8	0. 191	0. 511
9	0. 197	0. 508
10	0. 189	0. 508
…	…	…
98	0. 176	0. 508
99	0. 194	0. 511
100	0. 198	0. 515
平均	0. 192	0. 510

从表 5 - 2 中可以看出,Test MSE 主要稳定在 0. 190 左右,而 Test accuary 主要稳定在 0. 510 左右。

从图 5 - 2 中可以看出,预测数据与实际数据的趋势大体一致,但两者的具体值存在一定差距。这可能是由于汇率市场并不是一个相对稳定的市场,有很多因素可以影响到汇率,汇率数据往往是剧烈波动的,是存在噪声的,深度学习可以根据残差最小的原则不断地调整参数来改变预测效果,但是它不能改变输入数据。

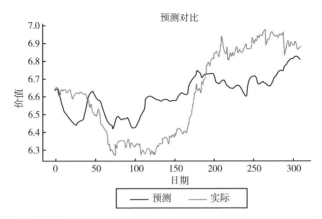

图 5 - 2 人民币兑美元 LSTM MX 预测与实际数据的对比

5.5.2 应用分析

5.5.2.1 LSTM 模型参数的敏感性分析

利用 LSTM 模型进行汇率预测的关键参数在于构造训练数据时训练步长的选择,也就是确定用多少日的数据预测下一个日期的汇率。为了分析训练步长对 LSTM 模型预测效果的影响,本书分别选择训练步长为 1 天、3 天、5 天、8 天、10 天、15 天、20 天、40 天、60 天、80 天、100 天构造训练数据,对 LSTM 模型进行训练。结果如表 5 - 3 所示。

表 5 - 3 　　　　人民币兑美元汇率 LSTM 模型训练步长敏感性分析

训练步长	Test MSE	Test accuary
1 天	0. 196	0. 502
3 天	0. 204	0. 502

续表

训练步长	Test MSE	Test accuary
5 天	0.194	0.490
8 天	0.204	0.506
10 天	0.192	0.498
15 天	0.187	0.506
20 天	0.199	0.508
40 天	0.206	0.505
60 天	0.217	0.498
80 天	0.195	0.505
100 天	0.231	0.498

从表 5 - 3 中可以看出，LSTM 模型对人民币汇率的预测效果受训练步长变化影响较小。在 11 个不同训练步长的预测结果中，Test accuary 变化较小，基本维持在 0.500 左右，其中，训练步长为 20 天的 Test accuary 最大，为 0.508。

5.5.2.2 加入百度指数前后对比分析

对比两次的预测结果，加入百度指数前 Test accuary 主要为 0.500 左右，而加入百度指数进行预测，Test accuary 稳定在 0.510 左右，精确度略有上升，而且波动幅度较低，如表 5 - 4 所示。可见网络搜索量指标对于汇率预测具有一定的影响力，百度指数对人民币汇率的预测有所提高。随着新兴媒体的发展，来自媒体的信息指标对于经济指标的预测具有一定的作用。

表 5 - 4　人民币兑美元汇率 LSTM 模型加入百度指数前后预测效果对比

次数	加入百度指数前		加入百度指数后	
	Test MSE	Test accuary	Test MSE	Test accuary
1	0.198	0.501	0.200	0.515
2	0.197	0.498	0.192	0.511
3	0.193	0.467	0.180	0.515
4	0.226	0.508	0.184	0.508
5	0.193	0.511	0.193	0.511
6	0.178	0.505	0.193	0.511

次数	加入百度指数前		加入百度指数后	
	Test MSE	Test accuary	Test MSE	Test accuary
7	0.194	0.515	0.207	0.511
8	0.177	0.502	0.191	0.511
9	0.196	0.515	0.197	0.508
10	0.220	0.498	0.189	0.508

如果在影响汇率变动的基本面因素的基础上增加百度搜索指数可以帮助改进预测。其背后的机理是，投资者是否作出某项交易决策，本质上是源于投资者的价值判断和心理预期，而心理预期是投资者内心的主观价值判断，这一主观价值判断既受投资者个体价值判断的影响，也受市场情绪的影响（即投资者具有从众效应），难以直接精确量化。但是，大众价值判断的心理预期可以通过其集体行为表现出来，当大众对于一项资产价格的预期是看涨时，一定会伴随着大众集体上对这项资产持续地、高频率地关注。经济学家的相关评论、与汇率变动相关的新闻和财经专栏、人们发布的微博信息以及论坛跟帖都会充分、及时地体现出大众预期的变化。因此，可以通过网络搜索数据捕获大众的集体预期、情绪等因素的变化趋势，进而把影响汇率的基本面因素与百度指数融合，以有效解决因信息不充分导致的预测精度不足的问题。新兴非结构化大数据往往包括了传统统计调查数据所没有的其他信息，如最新的实时信息，因而是对统计数据的有益补充。

虽然预测精度有变化，但是其变化并不大。由于媒体的信息指标，比如百度指数具有某些缺陷，例如，网络搜索次数可能是因为一个人在短时间内反复搜索而增加的，或者由于经济课程的讲解会导致学生前去搜索（但是并不会对汇率市场产生影响），所以并不能完全地解释指标波动。同时，新兴非结构化大数据信息往往包含了大量的噪声，从信息质量而言，相对于传统统计数据具有明显劣势。

5.6　结论及启示

随着中国经济开放程度的加深和人民币汇率形成制度改革的深化，影响人民币汇率波动的因素众多。本书收集整理了 2013~2018 年影响人民币汇率波动的经济、市场、预期、情绪等多维大数据,在进行数据预处理的基础上建立 LSTM 深度学习模型,运用 Python 程序,通过反复模拟和优化,实现了对人民币兑美元汇率的预测。本书的研究说明基于大数据以及深度学习的 LSTM 模型对人民币汇率预测具有良好的效果。随着人民币国际化和汇率市场化,大数据+深度学习的模式将在人民币汇率预测中发挥不可忽视的作用。

同时,对 LSTM 模型参数进行敏感性分析发现,LSTM 模型对人民币汇率的预测效果受训练步长变化影响较小。

从加入百度指数这一新兴媒体指标来解释突变现象,可以更好地拟合汇率波动。新兴非结构化大数据信息对人民币汇率变动都有很好的预测能力,该结论有助于货币当局或企业以及投资者利用百度指数等非结构化信息,特别是在线信息去分析人民币汇率走势,有效避免汇率风险。因此,今后的人民币汇率预测应该更充分地利用在线数据等新的信息来源来提高汇率预测的时效性与准确性。

大数据+深度学习虽然对人民币汇率预测具有良好的效果,但是用大数据+深度学习模型进行汇率预测也存在一些难以解决的问题。首先是神经网络自身的优化问题,如隐藏层数及隐藏层结点数的确定、激活函数的确定、局部最优等,神经网络的结构直接影响着预测效果。其次神经网络可以根据残差最小的原则通过不断地调整参数来改变预测效果,但是它不能改变输入数据,汇率大数据的维度多、数量大,存在噪声。因此,如何对数据进行除噪,优化神经网络的输入数据是另一个值得研究的问题。此外,探索不同预测技术的互补性,研究不同方法之间的融合方式、提高汇率预测模型的准确性和可靠性,也是未来汇率预测研究的一种发展趋势。

第6章

基于大数据+深度学习的
上证综指波动率预测

根据研究设计，通过大数据+深度学习的 LSTM 模型实证分析了人民币对美元汇率波动性后，本章转入实证分析上证综指波动性。本章运用深度学习算法中与金融市场波动特征匹配度高的长短期记忆算法构建模型，选取了 2009 年 1 月 1 日至 2018 年 12 月 31 日共 2431 天的上证综指收盘指数为样本对象，收集了影响股指走势的宏观经济、上市公司、市场交易、关联市场以及热点事件等 5 个维度 90 个具体指标值，形成了 2431×90 的大数据，通过 Python 来实现对上证综指波动性的预测。经过调试，预测结果表明，LSTM 模型的预测精度与 GARCH 族模型相比有一定的提升，对投资者短期投资买抛决策以及金融预测方面的研究都具有一定的意义。

6.1 引　　言

随着大数据、移动互联网、云计算、区块链、5G 等为代表的人工智能时代的到来，人们在生产、生活中所发生的一切都能够以数据的方式——记录下来并形成大数据。以深度学习为代表的人工智能算法和算力的发展，极大地促进了大数据的挖掘、开发和利用，数据、数字化资产、数据信息正在成为影响各行各业以及社会经济发展的重要因素。大数据时代下股票市场也因为上述原因产生了变化，一方面，新媒体、自媒体等新兴的信息传播方式出现，使获取大数据的渠道增加，加快了数据信息在市场上的传播速度；另一方面，大数据时代也在改变着股票市场参与者的行为方式，上市公司、投资者、监管机构在移动端随时随地进行股票市场数据信息的获取以及投资操作、监管。时代变化带来的这些改变使得股票市场的涨跌变化速度大大加快，市场波动呈现出新特征，投资者越来越难以把握市场动向。曾经实证研究出的股票市场波动的尖峰厚尾、集群、微笑等经典特征在大数据时代也面临着新的发展演化，需要用与大数据相适应的新方法去研究。

在股票市场以及更广泛的金融市场波动性问题的研究上，学者们先后提出了随机游走理论、有效市场假说、协同市场假说以及分形与混沌理论等金融理论，对应地采取了刻画波动性、预测波动率的多种计量经济模型，包括自相关（AR）、自相关移动平均（ARMA）、ARCH、GARCH、随机波动模型（SV）等。大数据背景下的中国股票市场较之以往在波动性上呈现出新的特征，更难预测，以往用来拟合、预测市场波动性的传统方法需要升级换代来适应市场新特征。随着人工智能的兴起，区别于传统计量模型的机器学习、深度学习模型正逐渐应用到股票市场波动性的研究中。面对信息传播源拓宽、传播速度加快、波动性更为复杂的市场环境，收集大量的相关数据，拓宽研究对象范围，将大数据的思想纳入到研究中心，与深度学习等新兴的研究工具相结合，也许能突破传统计量方法在拟合、预测精度方面的桎梏。

因此，本书利用深度学习的相关特性，选择上海证券综合指数每日收盘价作为研究对象进行股票市场波动率的预测研究。

6.2 文献综述

6.2.1 国内外研究现状

金融市场中金融产品价格走势随机性所带来的收益率的波动性一直以来都是金融领域研究的核心问题。专家学者们对于金融市场的波动性做了大量的理论研究及实证研究，近年来，运用深度学习进行金融市场波动性研究的文章呈现出爆发性增长的趋势，因此，本节针对深度学习在金融市场价格预测以及波动性预测方面的研究情况做了一个简单的梳理。

在研究对象方面，股票市场一直是人们关注的焦点，部分学者将目光放在了各类股票指数上，如引入高频数据，选用包括深度学习在内的多种模型，为提高上证综指波动率预测精度，进行了比较研究（陈卫华，2018）；应用

LSTM 模型，考察各种因素对 S&P500 波动性的影响（Xiong et al., 2015）。也有部分学者关注着股票以外的金融市场，在黄金市场上，在 LSTM 模型的基础上构建相应的衍生模型，以提高算法对金融时间序列预测的准确率（姚小强和侯志森，2018）。在期货市场上，选用深度学习模型，并在此基础上构建交易策略，最终发现基于深度学习的高频交易策略拥有较强的盈利能力（孙达昌和毕秀春，2018）。另外，还有学者将目光放在了互联网金融市场中的 P2P 借贷上（赵洪科等，2019）。

在预测的方法模型上，因为金融时间序列数据属于序列数据，故而在深度学习模型的选择上，绝大多数的学者采用了长短期记忆网络模型。模型经由循环神经网络衍变而来，引入了记忆门，能够有效地解决时间序列的长期依赖问题。相对于其他深度学习模型，LSTM 模型能够获得更好的拟合效果（杨青和王晨蔚，2019）；但模型在预测精度方面的表现并不是绝对的。在一些特定对象的预测精度研究中，也有学者发现卷积神经网络的预测误差最小（Di Persio & Honchar，2016），或者深度前馈神经网络具有最好的绩效表现（李斌等，2019）。

在数据预处理方面，由于金融市场的复杂性，传统的深度学习模型，如 LSTM 模型已无法满足学者们研究的需要，更多的学者们对数据进行了特殊处理，以提高模型对金融市场波动性的解释能力。基于统计学中的多元统计分析方法，对输入数据进行聚类处理后再进行主成分分析，显著提升了预测结果的速率与准确率（陈佳等，2019）。基于流体分析的动态模态分解（dynamic mode decomposition，DMD）算法，通过对样本数据进行分解计算，在基本因素外加入提取的市场模态特征，可以在特定的市场背景下提高价格预测精度（Mann，2015）。

6.2.2　文献述评

深度学习应用到金融时间序列数据的研究已成为如今金融市场研究的一个趋势，包括市场波动性预测研究、金融产品价格预测研究等相关研究。越来越多的学者在传统的 LSTM 模型上进行改进，引入新的机制，在提高模型精度方面取得了较大的成果。但学者们在研究中还存在着一些问题：第一，当前研究中所选取的数据特征以技术指标为主，如开盘价、成交量、最高价和最低价等指标，从统计数据中去挖掘数据，缺少基本面方面的指标，如宏观经济因素、市场环境、企业发展状况等通过影响供求关系进而影响金融市场价格或波动率。而这些涉及基本面的指标才是影响波动率的根源，股票市场的技术指标都是属于这些基本面数据作用下的衍生指标，而非源生指标。第二，选取的数据特征较少，大多数运用深度学习进行研究的文献所选取的数据特征都在 10 个左右，并未真正体现出深度学习在高维度数据处理方面的优越性。另外，在选取的数据特征中，过多地选用直接的量化指标，忽略了定性等非量化指标的作用。

针对上述当前研究中存在的一些问题，本书在应用 LSTM 对上证综指收盘价进行预测时做了如下改进：第一，以基本面数据为基础，从宏观经济形势、上证市场行情、公司经营情况、其他市场及国际市场情况 4 个大的维度来进行特征选取。其中，技术指标纳入上证市场行情数据维度中。第二，在阅读了大量文献并分析了影响上证指数的因素后，选取了 90 个特征指标，包括量化指标与非量化指标，涵盖了经济生活中各方面的数据，以期充分利用深度学习的特性。第三，创造性地引入热点事件指标，统计 2009~2018 年 10 年间发生的对股票市场影响较大的热点事件，通过相关性分析为每个热点事件赋上虚拟值，考虑热点事件对上证市场波动性的影响。

6.3　深度学习模型选择

6.3.1　理论渊源

全球经济的联动性以及信息的快速传递使得股票市场的波动变得更为复杂，呈现出全新的特征。基于市场环境的变化、波动特征的改变以及下面即将论述的两个原因，本书尝试运用新的工具——深度学习来展开研究。

第一，理论层面。深度学习是随着大数据而兴起的工具，由机器学习中的人工神经网络研究发展而来，目前主要应用于计算机视觉、数据挖掘、自然语言处理等工程领域，在金融领域的应用相对较少。首先，随着自媒体、新媒体行业的发展，信息传播技术、移动终端的更迭与进步，增加了投资者获取信息的信息源，加快了信息在金融市场上的传播。其次，移动时代的到来使得人们活动的各种信息都能通过移动终端被收集，因此形成的大数据信息极具价值。在金融市场上，大数据包含着各个维度的信息，以前无法获取，因而无法纳入考量的信息现在都能作为投资者投资决策的依据。信息传播速度的加快以及可获取信息维度的增加，使得金融市场变得更为复杂，进而导致市场波动性产生变化。深度学习能够对实时更新的海量数据进行动态的分析与学习，对于处理高频数据也更有优势，刚好契合了当前影响市场波动性特征的两个根源。

第二，实际应用。传统的计量模型处理的数据量相对较小，纳入的数据维度也较少，偏重对事件的解释，适用于事后分析，若用来对金融市场的未来动向进行前瞻性的预测，并不十分适用。另外，即使是目前较为主流的随机波动模型，面对纷繁复杂的金融市场，在解释其波动性方面仍旧显得有些无力，关于波动率预测的精度稍显不足，难以应用到金融市场的投资与决策中。为了提高对市场波动性的预测精度，以期将波动性预测模型应用到量化交易中，并且以此为基础，建立起切实可行的金融市场预警机制，将大数据以及深度学习引入到波动性研究中就显得尤为必要。

6.3.2　模型选择

深度学习学习的是样本数据的表示层次和内在规律，通过学习获得的信息对文字、声音和图像等非结构性数据的解释帮助很大。其最终目的是能够让机器像人一样具有学习及分析能力，能够识别文字、声音和图像等非结构性数据。目前，深度学习在自然语言处理和计算机视觉方面取得的成果已远远超过先前应用于这些领域的相关技术。

深度学习目前主要分为卷积神经网络（CNN）和循环神经网络（RNN）两个分支。CNN 是一类包含有卷积层计算，并且具有深度结构的神经网络，它的特点在于其隐藏层在全连接层之外还包含由卷积层以及池化层这两个独有模块，隐藏层内的卷积核参数共享能够有效减少参数个数，并且层与层之间连接的稀疏性使得卷积神经网络能够以较少的格点计算特征。深度学习理论的提出以及计算机算力的发展，使得 CNN 近年来的发展较为快速，在计算机视觉领域取得的成就较为显著。RNN 是一类以序列数据为输入，在序列的演进方向进行递归，并且所有节点都是按链式连接的递归神经网络。循环神经网络可以实现参数共享，具有记忆性并且图灵完备（turing completeness），所以在学习序列的非线性特征时具有一定优势。循环神经网络在自然语言处理，包括机器翻译、语言建模、语音识别等领域应用得较为广泛，同时也用来进行各类时间序列的预测。

本书所处理的数据为金融时间序列，基于 RNN 模型衍变而来的长短期记忆网络（LSTM）模型在处理时间序列数据方面有着良好的表现，也是当前金融市场研究中使用得最多的模型结构。因此，本书选用 LSTM 模型展开研究。

LSTM 模型的提出是为了解决 RNN 模型梯度扩散的问题，传统的 RNN 使用的训练算法是反向传播（back propagation through time，BPTT）算法，当时间较长时，需要反向传播的残差指数会下降，致使模型的权重参数更新缓慢，在进行长期记忆时力有不逮。因此，霍克赖特和施密德胡伯（1997）提出了一种称为长短期记忆网络的模型。他们在论文中引入了恒定误差传播（constant error carrousel，CEC）单元来解决 BPTT 的梯度爆炸和梯度消失问题。本书在进行实证研究时，会进行多个训练步长的实证，最长的训练步长达到120 天。为了避免出现不可预见的梯度爆炸或梯度消失问题，LSTM 模型是最适于本书的深度学习模型。

6.4　大数据选择及预处理

6.4.1　LSTM 模型

理论上，RNN 模型能够利用任意长的序列信息，但在实际操作中，只能回顾前面几步。针对这个问题，霍克赖特和施密德胡伯在他们的论文中提出了 LSTM 模型，深入讨论了梯度消失的理论，能记忆较长时期的信息。

$$\tilde{c} = \tanh\{w_c[a^{<t-1>}, x^{<t>}] + b_c\} \quad (6-1)$$

$$\Gamma_u = \sigma\{w_u[a^{<t-1>}, x^{<t>}] + b_u\} \quad (6-2)$$

$$\Gamma_f = \sigma\{w_f[a^{<t-1>}, x^{<t>}] + b_f\} \quad (6-3)$$

$$\Gamma_o = \sigma\{w_0[a^{<t-1>}, x^{<t>}] + b_o\} \quad (6-4)$$

$$c^{<t>} = \Gamma_u \times \tilde{c}^{<t>} + \Gamma_f \times c^{<t-1>} \quad (6-5)$$

$$a^{<t>} = \Gamma_o \times c^{<t>} \quad (6-6)$$

上述计算式为 LSTM 模型的主要式子。式（6-1）用来更新代替记忆细胞的候选值 $\tilde{c}^{<t>}$，在 LSTM 模型中增加了一个记忆细胞。式（6-2）中的

Γ_u 称之为更新门，用来表示更新的参数 w_u。式（6-3）中的 Γ_f 为遗忘门，式（6-4）中的 Γ_o 为输出门。式（6-5）是 LSTM 模型中最重要的新增元素，$c^{<t>}$ 为记忆细胞，记忆细胞能够选择是否去维持旧的值 $c^{<t-1>}$ 或加上新的值 $c^{<t>}$，所以这里用了单独的更新门和遗忘门。式（6-6）表示的是激活值。具体的结构如图6-1所示。

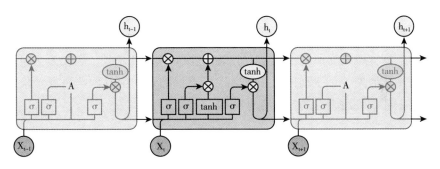

图 6-1 LSTM 模型结构示意

在 LSTM 模型中，选用的激活函数大多为 tanh 函数，本章在后续深度学习模型中 LSTM 层所采用的激活函数即为 tanh 函数，函数图像如图6-2所示。

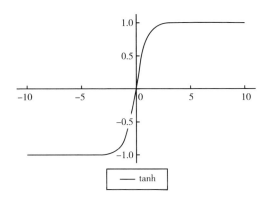

图 6-2 tanh 激活函数曲线

tanh 是双曲函数中的一种，为双曲正切，由双曲正弦和双曲余弦推导而来，公式如下：

$$\tanh(x) = \frac{\sinh(x)}{\cosh(x)} = \frac{e^x - e^{-x}}{e^x + e^{-x}} \tag{6-7}$$

6.4.2 大数据选择

6.4.2.1 研究对象

在各类金融市场中，股票市场一直是最为活跃的，也是投资者们最为关注的。中国股市的主板市场在上海证券交易所，因此本书选择以上证市场作为所要研究的金融市场。上海证券综合指数（以下简称上证综指）样本股包含了在上海证券交易所的全部上市股票，包括 A 股和 B 股，能较为全面地反映上证市场股票价格变动情况，所以选用上证综指作为具体的研究对象，作为反映上证市场波动性的代理变量。

6.4.2.2 变量维度选择

在深度学习的模型输入层数据方面，本书将基于以下两个思路进行维度选取：第一，深度学习模型与传统计量模型不同，无须考虑多重共线性等问题，因此一些类似的数据维度都可以纳入；第二，当前相关研究大多都局限于技术指标，即使加入技术指标以外的因素，数据维度也较少，本书试图充分利用深度学习在高维度数据处理方面的良好表现，考虑加入大量在技术指标以外的基本面数据维度。在分析了影响中国经济及上证市场的因素后，本书确定了 5 个一级指标体系来对输入层数据特征范围进行选取，共计选取了 90 个维度的数据（具体数据情况见表 6 - 1）。

表 6 - 1　　　　　　　上证综指 LSTM 模型中指标选取情况

标签值	变量名称		变量含义	计量单位	数据维度
	上证综指		2009 年 1 月 5 日至 2018 年 12 月 28 日上证综指每日收盘价指数	点	日
公司经营情况	财务指标	资产负债率	上海证券交易所所有上市公司平均资产负债率，计算各上市公司的负债/资产，计算后求算术平均所得	百分比	季度
		流动比率	上海证券交易所所有上市公司平均流动比率，计算各上市公司的现金/负债，计算后求算术平均所得	百分比	季度
		净资产收益率（ROE）	上海证券交易所所有上市公司平均净资产收益率，计算各上市公司的净利润/所有者权益后求算术平均所得	百分比	季度
		开发支出	上海证券交易所所有上市公司平均开发支出（算术平均）	元	季度

续表

标签值	变量名称		变量含义	计量单位	数据维度
	上证综指		2009年1月5日至2018年12月28日上证综指每日收盘价指数	点	日
公司经营情况	财务指标	每股税后现金股利（元）	上海证券交易所所有上市公司平均每股税后现金股利，计算各上市公司股利/总股本后求算术平均所得	元	年度
		股利分配率	上海证券交易所所有上市公司平均股利分配率，计算各公司股利/净利润后求算术平均所得	百分比	年度
		平均市盈率	上海证券交易所所有上市公司平均市盈率，市盈率=股票价格/每股收益	倍数	日
		平均市净率	上海证券交易所所有上市公司平均市净率，市盈率=股票价格/每股净资产	倍数	日
		主营业务收入	上海证券交易所所有上市公司平均主营业务收入（算术平均），来源于各公司财报原始数据	元	季度
		总股本数	上海证券交易所所有上市公司总股本数加总	亿股	日
		在外流通股本数	上海证券交易所所有上市公司在外流通股本数加总	亿股	日
	管理结构	前10大股东占比	上海证券交易所所有上市公司平均前10股东占比，每个上市公司前10股东占比加总后求算术平均所得	百分比	半年
		董、监、高比例	上海证券交易所所有上市公司平均董、监、高比例，各上市公司董、监、高人数/员工人数后求算术平均所得	百分比	年度
宏观经济因素	指数指标	企业景气指数	反映企业生产经营状况，是预测经济发展变动趋势的指标	指数	季度
		企业家信心指数	亦称宏观经济景气指数，反映企业家对宏观经济环境的感受与信心	指数	季度
		企业商品价格指数	描述我国物价总水平情况，能客观反映期间经济运行变化轨迹	指数	月度
		消费者物价指数（CPI）	反映居民家庭所购买的消费商品以及服务价格水平的变动情况	指数	月度
		工业品出厂价格指数（PPI）	反映一定时期内全部工业产品出厂价格总水平的变动幅度和变动趋势，由生产成本、利润和税金3个部分组成，是工业产品进入流通领域的最初价格	指数	月度
		新建房价指数	综合反映住宅商品价格水平总体变化趋势和变化幅度的相对数，由国家统计局统一对外发布（环比：以北京为对比城市）	指数	月度

续表

标签值	变量名称		变量含义	计量单位	数据维度
	上证综指		2009年1月5日至2018年12月28日上证综指每日收盘价指数	点	日
宏观经济因素	指数指标	二手房价指数	综合反映住宅商品价格水平总体变化趋势和变化幅度的相对数，由国家统计局统一对外发布（环比：以北京为对比城市）	指数	月度
		制造业采购经理指数（PMI）	由5个扩散指数即新订单指数（以下简称订单）、生产指数（以下简称生产）、从业人员指数（以下简称雇员）、供应商配送时间指数（以下简称配送）、主要原材料库存指数（以下简称存货）加权而成，该指标仅统计制造业，是经济运行活动的重要评价指标和经济变化的晴雨表	指数	月度
		非制造业采购经理指数（PMI）	由5个扩散指数即新订单指数（以下简称订单）、生产指数（以下简称生产）、从业人员指数（以下简称雇员）、供应商配送时间指数（以下简称配送）、主要原材料库存指数（以下简称存货）加权而成，该指标仅统计制造业以外的行业，是经济运行活动的重要评价指标和经济变化的晴雨表	指数	月度
		消费者信心指数	是反映消费者信心强弱的指标，能够量化并综合反映消费者对当前经济形势的总体评价，包括对收入水平、收入预期、经济前景以及消费者自身心理状态的主观感受，由消费者预期指数和消费者满意指数构成	指数	月度
		消费者满意指数	消费者满意度是一个经济心理学的概念，要衡量它就必须建立模型，将消费者满意度与一些相关变量（如价值、质量、投诉行为、忠诚度等）联系起来	指数	月度
		消费者预期指数	是普通消费者未来6个月对股市变化的预期，未来一年对生活质量、收入、宏观经济、就业状况、消费支出、储蓄和购买耐用消费品的预期以及未来两年对购买汽车、购买住房及装修的预期	指数	月度
	经济增长	GDP总量	是指按一个国家（或地区）在一定时期内生产活动的最终成果，是新国民经济核算体系的核心指标，它反映了一国（或地区）的经济实力和市场规模	亿元	季度
		GDP增长率	是末期国内生产总值与基期国内生产总值的比较，是反映一个国家经济是否具有活力的基本指标，也是反映一定时期经济发展水平变化程度的动态指标	百分比	季度
		城镇固定资产投资额	指在城镇登记注册的企业、事业、行政单位及个体户计划总投资（或实际需要总投资）500万元及500万元以上的固定资产投资项目，包括城镇和工矿区私人投资建房、房地产开发投资和建设项目投资	亿元	季度

续表

标签值	变量名称		变量含义	计量单位	数据维度
	上证综指		2009年1月5日至2018年12月28日上证综指每日收盘价指数	点	日
宏观经济因素	经济增长	新增信贷额	反映我国金融机构向企业、居民发放的人民币贷款的新增额，中国人民银行会定期向社会公布该数据	亿元	月度
		海关出口额	进出口总额是指实际进出我国国境的货物总金额，能够反映一个国家在对外贸易方面的整体规模。根据我国规定，出口货物按离岸价格统计	亿美元	月度
		海关进口额	进出口总额是指实际进出我国国境的货物总金额。能够反映一个国家在对外贸易方面的整体规模。根据我国规定，进口货物按到岸价格统计	亿美元	月度
		外商直接投资数据	指外国企业和经济组织或个人（包括华侨、港澳台胞和我国在境外注册的企业）根据我国有关政策、法规规定，用技术、实物、现汇等在我国境内开办外商独资企业、合作经营企业或合作开发资源的投资（包括外商投资收益的再投资）、与我国境内的企业或经济组织共同举办中外合资经营企业以及经政府有关部门批准的项目投资总额内企业从境外借入的资金	亿美元	月度
	货币政策	M0	当前市面上流通中的现金	亿元	月度
		M1	包括M0、企业活期存款、机关团体部队存款、农村存款以及个人持有的信用卡类存款	亿元	月度
		M2	包括M1、城乡居民储蓄存款、企业存款中具有定期性质的存款、外币存款以及信托类存款	亿元	月度
		Shibor	上海银行间同业拆放利率（Shanghai Interbank Offered Rate, Shibor）是计算信用等级较高的银行自主报出的人民币同业拆出利率的算术平均利率所得。本书选取隔夜拆借利率；日数据	百分比	日
		存款准备金率（大型）	金融机构为保证资金清算和客户提取存款需要而留存在央行的存款称为存款准备金。存款准备金率即为央行要求的存款准备金占其存款总额的比例。是央行3大主要货币政策之一，能够间接调控货币供应量。本书选取的是适用于大型金融机构的存款准备金率	百分比	不定期
	财政状况	财政收入	能够反映国家政府的财力状况，决定了政府在社会经济活动中提供公共物品和服务的数量和范围	亿元	月度
		税收	国家凭借其政治权力，制定相关的法定标准，从单位和个人无偿取得的一种财政收入	亿元	季度

续表

标签值	变量名称		变量含义	计量单位	数据维度
上证市场行情	上证综指		2009年1月5日至2018年12月28日上证综指每日收盘价指数	点	日
	市场指标	IPO股本数量	上证市场当月所有进行IPO的新上市公司所发行股本数量加总	亿股	月度
		首发募集资金	上证市场当月新上市公司通过IPO募集资金总额	亿元	月度
		上市公司新增数量	上证市场当月新上市公司家数	家数	月度
		增发家数	上证市场当月进行公开增发的公司家数	家数	月度
		增发股数	上证市场当月所有进行公开增发的公司新增股本数量加总	亿股	月度
		增发募集资金	上证市场当月通过公开增发募集资金总额	亿元	月度
		配股家数	上证市场上市公司向原股东进行配股的公司数量	家数	月度
		配股股数	上证市场上市公司向原股东进行配股的股数加总	亿股	月度
		配股募集资金	上证市场上市公司通过向原股东配股所募集的资金总额	亿元	月度
		上市公司数	上证市场当月现存上市公司数量，存量	家数	日
		新增投资者数量	上证市场当月新增开户数	万人	月度
		融资余额	指未偿还的融资总金额，计算公式为：当日融资余额＝前一日融资余额－当日偿还额＋当日融资买入额	亿元	日
		融券余额	指投资者每日融券卖出与买进还券间的差额，本日融券余额＝本日融券余量×本日收盘价	亿元	日
		沪股通当日资金流入	沪股通指投资者委托香港经纪商，通过联交所设立的证券交易服务公司，向上交所进行申报，买卖规定范围内的上交所上市股票。当日资金流入额＝当日限额－当日余额，当日资金流入包含两部分：当日成交净买额、当日申报但未成交的买单金额	亿元	日
		沪股通成交净买额	当日成交净买额＝买入成交额－卖出成交额	亿元	日
	技术指标	成交额	上证市场当天（已）成交股票的金额总数	亿元	日
		成交量	上证市场当天（已）成交的股票交易数量	亿股	日
		开盘价	上证综指当日开盘指数	点数	日
		日最高点数	上证综指当日最高指数值	点数	日
		日最低点数	上证综指当日最低指数值	点数	日

续表

标签值	变量名称		变量含义	计量单位	数据维度
	上证综指		2009 年 1 月 5 日至 2018 年 12 月 28 日上证综指每日收盘价指数	点	日
上证市场行情	技术指标	MA1（5 日）	上证综指 5 日成交量移动平均线	点数	日
		MA2（10 日）	上证综指 10 日成交量移动平均线	点数	日
		MA3（20 日）	上证综指 20 日成交量移动平均线	点数	日
		K	用当前股价在近阶段股价分布中的相对位置来预测未来可能发生的趋势反转。先计算未成熟随机值 RSV，RSV =（收盘价 − 最近 N 日最低价）/（最近 N 日最高价 − 最近 N 日最低价）×100，K 线：RSV 的 9 周移动平均；日数据	数值	日
		D	D 线：K 值的 9 周移动平均	数值	日
		J	J 线：3 × K − 2 × D	数值	日
		AR	AR 人气指标是用开盘价的相对位置表示人气，即最近 N 天内最高价与收盘价的差的和除以开盘价与最低价的差的和，所得的比值放大 100，本书选取的 N 为 26	点数	日
		BR	BR 意愿指标是用今日相对于昨日收盘价的波动范围表示意愿，即最近 N 日内，若某日的最高价高于前一天的收盘价，将该日最高价与前收的差累加到强势和中；若某日的最低价低于前收，则将前收与该日最低价的差累加到弱势和中。本书选取的 N = 26。最后用强势和除以弱势和，所得比值放大 100 倍	点数	日
		MACD	MACD（Moving Average Convergence Divergence），即平滑异同移动平均线，计算长期和短期的二条平滑平均线之间的差离值，以此为依据来分析判断行情。参数：SHORT（短期）、LONG（长期）、M 天数，为 12、26、9	数值	日
		DIFF	收盘价长短期指数平滑移动平均线之间的差	数值	日
		DEA	DIFF 线的 M 日指数平滑移动平均线	数值	日
其他及海外市场	海外金融市场	日经 225 股指指数	该指数是日本最有代表性的股价指数，通过该指数来反映日本的股市行情变化和经济状况变化	点数	日
		道琼斯工业指数	该指数是美国历史较为悠久的股票指数，能够反映美国的股票市场以及经济环境变化情况	点数	日
		恒生指数	该指数是香港股市价格的重要指标，能够用来反映香港股票市场情况以及经济发展状况	点数	日
		黄金期货价格	黄金期货（GCM0）每日收盘价，单位：盎司	美元	日

续表

标签值	变量名称		变量含义	计量单位	数据维度
		上证综指	2009 年 1 月 5 日至 2018 年 12 月 28 日上证综指每日收盘价指数	点	日
其他及海外市场	海外金融市场	WTI 原油期货价格	WTI 原油是美国西得克萨斯的轻质原油，该原油期货合约具有良好的流动性及很高的价格透明度，是世界原油市场上的 3 大基准价格之一。所有在美国生产或销往美国的原油在计价时都以轻质低硫的 WTI 作为基准。本书选取的为 WTI 原油期货（CLM0）收盘价格	美元	日
	国内其他金融市场	人民币美元汇率	1 美元所兑换的人民币，本书选取 USDCNY 每日收盘价	比值	日
		铁矿石期货价格	大连商品交易所铁矿石主力期货合约每日收盘价，本书选取的合约为日交易量相对较大的 i2009 合约	元/吨	日
		铁矿石现货价格	铁矿石现货每日交易价格	元/吨	日
		铝期货价格	上海期货交易所沪铝连续每日收盘价	元/吨	日
		铝现货价格	铝现货每日交易价格	元/吨	日
		外汇储备	指一国政府国际储备资产中持有的外汇部分或一国政府持有的外币债权，该资产是国家货币当局持有并能够随时兑换成外币的资产	元/吨	月度
		政府债券发行量	政府为筹集资金向投资者出具并承诺在一定时期内支付利息和偿本金的债务凭证，主要有国家债券、地方政府债券和政府担保债券等	亿元	月度
		金融债券发行量	银行或其他金融机构发行的债券，利率略高于同期的定期存款利率，由于发行者为金融机构，资信等级相对较高，大多为信用债券	亿元	月度
		港股通（沪）当日资金流入	是指投资者委托上交所会员，通过上交所证券交易服务公司，向联交所进行申报，买卖规定范围内的联交所上市股票，当日资金流入额＝当日限额－当日余额，当日资金流入包含两部分：当日成交净买额、当日申报但未成交的买单金额	亿元	日
		港股通（沪）成交净买额	当日成交净买额＝买入成交额－卖出成交额	港元	日

续表

标签值	变量名称		变量含义	计量单位	数据维度
	上证综指		2009 年 1 月 5 日至 2018 年 12 月 28 日上证综指每日收盘价指数	点	日
其他及海外市场	国内其他金融市场	深股通当日资金流入	是深港股票市场交易互联互通机制的简称，指深圳证券交易所和香港联合交易所有限公司建立技术连接，使内地和香港投资者可以通过当地证券公司或经纪商买卖规定范围内的对方交易所上市的股票，当日资金流入额 = 当日限额 - 当日余额，当日资金流入包含两部分：当日成交净买额、当日申报但未成交的买单金额	港元	日
		深股通成交净买额	当日成交净买额 = 买入成交额 - 卖出成交额	港元	日
		港股通（深）当日资金流入	是指投资者委托深交所会员，通过深交所证券交易服务公司，向联交所进行申报，买卖规定范围内的联交所上市股票，当日资金流入额 = 当日限额 - 当日余额，当日资金流入包含两部分：当日成交净买额、当日申报但未成交的买单金额	港元	日
		港股通（深）成交净买额	当日成交净买额 = 买入成交额 - 卖出成交额	港元	日
	热点事件		2009 ~ 2019 年对股票市场影响较大的新闻热点事件	数字	不规则

（1）公司经营情况。公司经营情况指标是所确定的 5 个指标体系的核心。上证综指是上证市场所有公司股价的综合反映，而公司股价归根结底取决于公司自身的经营情况。基于财务报表的财务指标是最能反映公司经营情况的，因此该指标体系主要由财务指标特征构成，包括资产负债率、流动比率、净资产收益率、开发支出、每股税后现金股利、股利分配率、主营业务收入、总股本数、在外流通股本数、平均市盈率、平均市净率共计 11 个财务指标。除此之外，还纳入了管理结构方面的前 10 股东占比和董、监、高比例两个维度的数据。

（2）宏观经济因素。宏观经济因素是指宏观经济运行的周期性波动等规律性因素和政府实施的经济政策等政策性因素。这些因素通过影响整个经济体系或市场环境对上证市场股票价格产生影响，属于系统性影响因素，具体包括 GDP 增量、GDP 增长率、城镇固定资产投资额、消费者物价指数（CPI）、工业品出厂价格指数（PPI）、新建房价指数、二手房价指数、制造业采购经理指数、非制造业采购经理指数、M0、M1、M2、Shibor（隔夜）、存款准备金率、新增信贷额、财政收入、税收、海关出口额、海关进口额、外商直接投资额、企业景气指数、企业家信心指数、企业产品价格、消费者信心指数、消费者满意指数、消费者预期指数共计 26 个维度。

（3）上证市场行情。上海证券交易所的一些指标变化在一定程度上不仅反映经济的基本面情况，还能反映投资者及融资者之间的供求关系。相关指标有 IPO 股本数量、首发募集资金、上市公司新增数量、增发家数、增发股数、增发募集资金、配股家数、配股股数、配股募集资金、上市公司数、新增投资者数量、沪股通当日资金流入、沪股通成交净买额、融资余额、融券余额、成交额、成交量、开盘价、日最高点数、日最低点数、MA1（5日）、MA2（10 日）、MA3（20 日）、K（时间周期：9 周）、D（时间周期：9 周）、J（时间周期：9 周）、AR（26 日）、BR（26 日）、DIFF（短期：12日；长期：26 日）、DEA（9 日）、MACD 共计 31 个维度。其中不仅包括上证市场基本交易情况的维度，还有相当一部分投资者较为关注的股票技术指标维度。

（4）其他市场及海外市场情况。2008 年的全球经济危机已经证明当今世界是一个有机整体，国内除上海证券交易所股票市场以外的金融市场以及海外的金融市场都会对本书的研究对象产生一定的影响。故选取了如下其他市场特征：政府债券发行量、金融债券发行量、道琼斯工业指数（收盘价）、恒生股价指数（收盘价）、日经 225 指数（收盘价）、人民币美元汇率、WTI原油期货价格、黄金期货价格、铁矿石期货价格、铁矿石现货价格、铝期货价格、铝现货价格、外汇储备、港股通（沪）当日资金流入、港股通（沪）成交净买额、深股通当日资金流入、深股通成交净买额、港股通（深）当日资金流入、港股通（深）成交净买额共计 19 个维度。

（5）热点事件。在以上 4 个指标体系之外，本书创新性地提出了热点事件这一数据维度。突发的热点事件总会对股票市场走势带来或好或坏的影响，将热点事件维度纳入本书研究所考量的范围内，从而期望能提高模型精度。因此，本书归纳了 2009 年 1 月至 2018 年 12 月这 10 年间发生的各类可能影响上证综指的热点事件 45 个，并对热点事件的性质及影响范围进行分析。对于国家政策或能影响整个经济运行状况的事件，根据正面或负面影响给予 +3和 -3 的赋值，而对某一公司、某一行业或某些行业有影响的时间则给予 +1和 -1 的赋值。

本项目在后续沪深 300 股指期货的实证中同样采用热点赋值的处理方法，只是样本时间范围不一致，具体时间及赋值情况见附录 8。

6.4.2.3　时间维度

时间维度方面，本书选取了 2009 年 1 月 1 日至 2018 年 12 月 31 日这 10 年间的数据，除去周末、法定节假日外，上海证券市场开盘天数共计 2431 天，即有 2431 条数据。原因有以下两点：第一，由于 2008 年全球经济危机影响过大，对中国金融市场也多有波及，为了防止该事件影响上述数据特征对上证综指的解释情况，故从 2009 年开始收集数据。第二，2008 年北京奥运会之后，中国开始更多地被外界所知，经济发展情况也走上了一个新台阶，股票市场与之前相比进入了另一个阶段，市场特征与之前相比有所不同，故舍去 2009 年以前的数据以增强模型解释力。

以上特征数据均来源于各统计网站或数据库，包括雅虎财经、国泰安数据库、choice 数据库、东方财富网、上海银行间同业拆借利率网、中国债券信息网、大智慧股票软件以及英为财情网，具体各数据来源情况见附录 5。

6.4.3　数据预处理

6.4.3.1　数据填充

由于本书的 LSTM 模型是基于 Python3.7.6 中的 Tensorflow2.0 框架实现的，不允许出现缺失值，所以需要对所收集的数据集中的缺失值进行填充。缺失值的产生主要由以下两个原因造成：一是在数据搜集过程中因原始数据不存在或缺失而产生的缺失值；二是由于数据频率不同而造成的数据缺失。

首先，对于在数据收集过程中因原始数据不存在或缺失而产生的缺失值，本书进行前向填充处理。所谓前向填充处理方法，即用缺失数据前一天的相应特征（因在深度学习中，数据的不同维度称之为特征，故在下面将数据维度称为特征）的数值来代替当天的缺失值。市场信息具有一定的时滞性，前一天的数据可能对当天的市场波动性仍有较大影响，采取前向填充可以将数据缺失造成的影响降到最低。在实际操作中，通过 Python 代码找出数据集中所有缺失值并一次性填充，代码如下：

```
data = data. fillna （method = 'ffill'）
```

其次，因数据频率不同而造成的数据缺失包含两种情况：第一，作为标签数据的上证综指是日数据，而特征数据中存在月数据、季度数据、半年度数据以及年数据等频率较低的数据，具体数据频率已在表 6 – 1 中进行了说明。针对该数据的缺失状况，本书采取两种处理方法，一是对于资产负债率等财务指标，由于财务指标在变动时具有跳跃性，不是均匀或平滑地变动到下一个时间段的数值，所以在由低频数据拉伸至日数据时，用与该数据相同的值填充至每一日。对于 M_0 等政策性指标，由于这些指标是由政府部门制定的，也不是平滑变动的，因此同样采用相同值进行填充。二是对于企业景气指数等指数型数据，由于这些指数一般都是取当月数据的均值，每一天都在变动，不是在一段时间内固定不变的值，要与财务指标或政策性指标数据进行区分，所以采用线性插值法进行数据填充。具体指标缺失值是用相同值还是线性插值法进行填充，已列示在书后的附录 2 中。第二，日经 225、道琼斯工业指数、Shibor 等特征数据虽然也是日数据，但由于开盘日期与上证综指并不完全相同，存在数据错位的情况。对于其他市场存在的日期而上证综指并不存在的日期数据，进行丢弃处理；而上证综指存在的日期，其他市场不存在的日期数据，则进行前向填充处理。因开盘日期不同而进行数据处理的特征包括日经 225 指数、恒生股价指数、道琼斯工业指数、人民币美元汇率、现货黄金价格、WTI 原油期货价格、港股通（沪）当日资金流入、港股通（沪）成交净买额、港股通（深）当日资金流入、港股通（深）成交净买额、Shibor 共计 11 个特征数据。

6.4.3.2　标准化处理

在得到了完整的原始数据集之后，需要对所有特征数据进行标准化处理。一是因为本书选取的数据特征较多，有 90 个，各特征数据量纲各不相同，有以亿为单位的，如 GDP 增量等；有在 100 左右的数据，如各指标类特征；还有在 1 以内的百分数，如各财务指标特征。为了消除不同量纲对模型精度的影响，要对各特征数据进行无量纲化处理。二是为了加快深度学习模型运行速度。对于绝对值较大的特征数据，虽然深度学习模型也能从中挖掘出信息，进行参数训练，但训练的速率会大大降低。对原数据进行标准化处理，不仅保留了原数据的所有信息，还能加快模型运行速率，使输出值更快地迭代至收敛。本书选用的数据处理方法为标准化，即由原数据减去均值后的差额再除以其标准差。

标准化公式如下：

$$x' = \frac{x - \text{mean}(x)}{\text{stu}(x)} \qquad (6-8)$$

其中，x 表示原始数据值，mean（x）表示 x 的均值，stu（x）表示 x 的标准差。

最终指标及对应的数据预处理方式清单详见附录 4。

6.4.3.3　数据集整理

在深度学习中，通常将数据分为训练集（training set）、验证集（validation set）和测试集（test set）。训练集用来训练模型参数，验证集用来选出训练结果较好的模型结构，测试集则用来测试验证集选出模型的样本外预测结果。本书采用滚动时间窗的样本外预测能力来检验训练集的模型参数训练结果，在确定了时间步长值 t 之后，即用前 t 天的特征数据来预测后一天的上证综指，保持训练步长不变，滚动预测未来一天的指数值。本书所用数据集包括时间维度上 2009 ~ 2018 年的 2431 条数据，即数据长度为 2431，以及特征维度上所选取的影响上证综指的 90 个特征，所以原始数据集为 2431 × 90 的二维数据集，将按如下步骤进行数据集的重新整理。

第一步：切分，构造新数据集。首先，确定训练步长值 t。在本书的实证研究中，训练步长确定为 1、2、3、5、10、15、20、40、60、120，目的是探究特征变量对上证综指波动率的影响时间。在确定了训练步长后，需要将二维的原始数据切分成三维的数据集。若训练步长为 t，需要将第 1 日至第 t 日的数据特征作为模型输入值，第 t + 1 日作为标签值，共计 t + 1 条数据组成一条新的数据；第 2 条数据为第 2 日至第 t + 1 天的数据加上第 t + 2 的数据。以此类推。新数据由原数据集的 t + 1 日构成，在长度上会相应地减少 t，由原来的 2431 条数据变为切分后的 2431 - t 条数据。经过上述切分后，新的数据集由二维变成了三维，即（2431 - t）×（t + 1）× 90，包括时间、步长及特征 3 个维度。

然后，将切分好的数据集中的每一条数据划分为输入值 x 与标签值 y。本书用前 t 日的上证综指收盘价值预测第 t + 1 的上证综指收盘价，需要在步长的维度上切分出前 t 个数据作为输入数据，第 t + 1 个数据作为标签值。因此，深度学习模型输入数据结构为（2431 - t）× t × 90，标签值数据结构为

$(2431 - t) \times 1 \times 90$。

第二步：乱序处理。为避免数据序列在划分训练集与验证集时对预测结果产生影响，需要在获得新数据集之后对其进行乱序处理。主要基于以下两点原因：第一，数据特征中有相当一部分数据并不是在 2009 年 1 月就存在的，如融资融券业务于 2010 年才上线，相关数据也自 2010 年才开始有；沪港通、深港通数据更是分别仅有 5 年、2 年的数据量。若不考虑此因素，按原数据顺序进行划分，会发生训练集某特征数据为空白，而验证集却存在相关数据的情况，在一定程度上会影响模型精度。第二，中国的股票市场是逐渐走向成熟的，因此理论上，上证综指对于市场上各种信息的反应是逐渐趋于合理的，若按原数据序列划分，可能会出现验证集拟合效果反而好于训练集的情况。

第三步：训练集与验证集的划分。一般深度学习的数据集都是十分庞大的，达到了数十万乃至数百万的量级，因此，在保证了验证集数据量的绝对值足够后，为了使模型参数训练得足够充分，训练集的占比随着整个数据集的增大而不断增大，达到了 90%，甚至 95%。但由于本书所搜集的数据集相对较小，只有 2431 条数据。为了保证验证集数据量足够多，不会因数据量过小而影响到模型精度的检验，本书适当地缩小了训练集的占比，将经上述两个步骤处理过的数据按 8∶1.5∶0.5 的比例进行训练集、验证集与测试集的划分。在保证了验证集与测试集数据量不会影响对模型的评价的同时，尽可能地使训练集足够大，以充分的训练模型参数更好地拟合数据。

6.5 实证研究

6.5.1 模型设计

6.5.1.1 模型调试

本书的深度学习模型通过 Python3.7.6 的代码实现，选用当前工业界应用较多的 Tensorflow2.0 框架，主要基于 Keras 实现。按照设定撰写了 Python 程序代码，基本代码详见附录 3。在具体模型参数调整中代码会做相应的调整。

关于本书所用深度学习模型的各类参数及超参数，调试过程如下。

在模型的初步构建与参数初始化方面，首先建立一个两层的基础模型框架，只有一层隐藏层与输出层，隐藏层为 LSTM 层，输出层为全连接（Dense）层，以此为基础开始进行调试。本书输入的每一条数据的特征量为90，为了保证隐藏层能充分地从输入数据中提取足够多的信息量，避免因神经元个数较少而造成的信息丢失，将隐藏层神经元个数暂定为 128。Batch size 初步定为 32。激活函数不做改动，沿用 Keras 框架中 LSTM 层默认的 tanh 函数。在模型的编译方面，优化器选用当前被广泛应用的 Adam（adaptive moment estimation）优化器，Adam 优化器属于自适应优化算法，能够自动调节学习速率，故不再另外设置学习率。本书的输出值是上证综指收盘价，为具体数值，深度学习模型做的是回归分析，因此模型的损失函数选用均方误差函数（mean square error，MSE）。在准确率的测度方面，选用了平均绝对误差（mean absolute error，MAE）和平均绝对百分误差函数（mean absolute percentage error，MAPE）两个评价指标，这两个指标的数值越小，模型对于数据的拟合效果就越好。此外，迭代次数 epochs 暂定为 1000 次；模型的训练步长 t 暂定为 1，即以前一天的数据来预测未来一天的数据。

基于上述模型结构，在迭代了 1000 个 epochs 后，模型对验证集的损失函数 MSE 最终收敛于 2646.8159。在准确率方面，MAE 值与 MAPE 值分别为1.2791 和 36.2352。从 MAPE 值来看，模型精度未降到理想中的 1 以内。因此，需要对上面所述的超参数进行调试以提高模型精度。

关于神经元个数，在 128 个神经元的基础上，将神经元个数乘以 2 的倍数迭代 1000 个 epochs，分别观察模型表现。不同神经元个数的基础模型验证集结果如表 6 - 2 所示。

表 6 - 2　　　　　　　上证综指 LSTM 模型的神经元个数调试情况

神经元个数	128	256	512
MSE	2646.8159	2682.8541	2937.2341
MAE	36.2352	34.1362	34.9318
MAPE	1.2791	1.2098	1.2434

观察模型的学习曲线后发现，随着神经元个数的上升，模型的收敛速度在加快，三者都在 1000 个 epochs 内达到了收敛状态。从模型的最终表现来

看，当神经元个数从128增加至512时，预测精度的评价指标MAPE值先是从1.2791下降至1.2098，后又上升至1.2434。在神经元个数为256时，模型预测精度达到峰值。本书用搭配了两块1080ti的GPU来运行构建模型的Python代码，计算机运行速度较快，无须过多考虑程序运行时间的问题。所以，本书在进行超参数的调试时只将模型预测精度作为唯一的选择标准。基于表6-2的结果，将神经元个数确定为256。

关于Batch size，自8开始，将Batch size乘以2后迭代1000个epochs。以此类推，来观察模型表现情况。实验结果如表6-3所示。

表6-3　　　　　上证综指LSTM模型的Batch size调试情况

Batch size	8	16	32	64	128
MSE	3237.2445	3477.5469	2646.8159	3206.3587	167954.8419
MAE	36.4875	36.0173	36.2352	33.3893	230.4376
MAPE	1.2872	1.2915	1.2791	1.1667	6.8200

学习曲线显示，模型的收敛速度随着Batch size的增大而减缓。根据表6-3数据显示，当Batch size≤32时，三者的MAE值都在36~36.5以内，MAPE值则在1.28左右，模型的预测精度都处在同一水平。当Batch size=64，反映模型预测准确度的MAE与MAPE值都有一个较为明显的提升，分别达到了33.3893以及1.1667。继续增大Batch size至128，在迭代了1000个epochs后，从学习曲线可以看出，模型仍未处于收敛状态，各项观测值都不理想。Batch size增加至64以上时，模型的收敛速度过慢，不予考虑。而当Batch size=64时，模型在预测精度方面表现最为优异。因此，将Batch size确定为64。

6.5.1.2　敏感性分析

随后，为了确定隐藏层层数，同时调整隐藏层（LSTM层）层数及训练步长，将观测到的模型拟合精度MAPE值列表如表6-4所示。

表6-4　　　　1000次epochs步长×层数模型预测精度（MAPE）

层数步长	1	2	3	4	5	6
1	1.1667	1.2805	1.2995	1.8018	16.8720	16.8730
2	1.2999	1.3342	1.3079	1.2773	1.2582	1.2819
3	1.3181	1.3683	1.3143	59.4683	1.3521	1.3164

续表

层数步长	1	2	3	4	5	6
5	1.2791	<u>1.2318</u>	1.2411	1.2533	2.5744	1.4482
10	<u>1.0622</u>	1.1683	1.1224	15.6652	1.2989	7.7854
15	1.1315	`1.0030`	1.4251	4.6618	17.6153	17.6112
20	<u>1.1206</u>	1.2865	1.3853	15.6229	15.6214	15.6282

注：下划线突出显示各步长和层数对应最小 MAPE 值，阴影部分突出显示全局最小 MAPE 值。

观察各步长×层数组合的 MSE 学习曲线，发现模型在 600 个 epochs 后才逐渐趋于收敛，进行 1000 个 epochs 的迭代后，多数组合从学习曲线来看都已进入收敛状态，各迭代生成的验证集预测精度评估值 MAPE 及 MAE 还处于缓慢下降的状态，下降幅度虽然很低，但从绝对值上看还有下降空间。本书对模型的预测精度要求较高，故考虑增加迭代的 epochs 次数以提高模型精度，将 epochs 增加至 2000。

表 6-5　2000 次 epochs 步长×层数模型预测精度（MAPE）敏感性分析

层数步长	1	2	3	4	5	6
1	1.4497	<u>1.2779</u>	1.4059	1.4373	16.9131	16.9077
2	1.2230	<u>1.0636</u>	1.1348	1.1225	1.1967	16.2221
3	1.0344	<u>1.0047</u>	1.0303	1.0384	1.1423	1.0338
5	1.2103	<u>1.0616</u>	1.0721	1.2274	1.2742	1.2501
10	1.1697	<u>1.1340</u>	1.2203	1.1567	1.2257	1.2233
15	`0.9962`	1.0976	1.0919	1.1944	15.6483	15.6567
20	<u>1.0729</u>	1.1302	1.1182	16.7831	16.7505	16.7707
40	<u>1.1325</u>	1.1671	1.1698	1.2301	16.6328	16.6327
60	<u>1.0476</u>	1.1925	1.2226	15.9624	15.9588	15.9641
120	<u>1.0668</u>	1.2461	1.2458	1.2505	15.9763	16.0332

注：下划线突出显示各步长和层数对应最小 MAPE 值，阴影部分突出显示全局最小 MAPE 值。

epochs 增加至 2000 后，从实验数据及学习曲线表现的结果来看，模型精度要明显高于 epochs ＝ 1000 时的模型，分析每一次迭代的观测值，表示模型精度的 MAPE 及 MAE 值都处于轻微波动状态，不再有下降倾向，因此将 epochs 定格在 2000。对表 6-5 进行敏感性分析，发现如下结论。

（1）隐藏层层数达到 5 层、6 层时，本书所构建的深度学习模型在运用梯度下降法提高模型拟合结果时，较易陷入局部极小值（鞍点）的状态，该局部极小值的 MAPE 值在 16 左右，与最小值相去甚远，这说明网络深度的不断增加并不一定能够改善预测性能，反而导致计算冗余。也就是说，用深度学习进行股票市场的预测时，若数据集较小，一味地增加隐藏层层数并不能提高预测精度，相反可能更容易陷入局部极小值。由表 6 - 5 可以看出，较为合适的隐藏层层数为 4 层及以内。这说明当信息传播速度加快、信息源增加后，虽然影响股票市场波动的因素有所增加，但相应地也伴随了大量的噪声，从而影响投资者从各类信息中获取真正影响股票市场的有效因素，因此，选用深度学习的模型层数及预测步长均不宜过大。

（2）当步长 t ≤ 10 时，LSTM 层为两层的模型精度最高，故考虑在进行 t ≤ 10 的股票市场预测时，选用拥有两层 LSTM 层的深度学习模型；随着步长 t > 10 后，LSTM 层数为 1 时的模型精度要明显高于其他层数。

（3）步长 t = 15 处，模型的 MAPE 值最低，在所有验证集的预测精度中，它是唯一 MAPE 值降到 1 以内的。可以推测，前 15 天所包含的影响未来一天上证综指收盘价信息量是最多的，或者说，15 天再往前的信息包含的噪声过多，会干扰投资者从历史信息中提取真实有用的信息。15 天内的历史数据中有价值的信息与噪声达到了动态平衡。如果步长 t < 15，历史数据中包含的真实有用的信息量可能较少，增加步长导致有价值的信息量的增加带来的收益大于因步长增加而增加的噪声带来的干扰；如果步长 t > 15，历史数据中对投资决策有用的信息可能趋于饱和，增加步长导致的有用信息量增加带来的收益不足以弥补噪声增加带来的损失。

综上所述，本书最终所确定的深度学习模型由输入层、隐藏层、输出层构成，其中，输入层为将 2431 - t（步长）× t × 90 的数据输入至模型中。隐藏层则根据步长的不同而不同，当 t ≤ 10 时，隐藏层由两层 LSTM 层构成，神经元个数为 256，激活函数为 keras 框架默认的 tanh 函数；当 t > 10 时，隐藏层由一层 LSTM 层构成，神经元个数为 256，激活函数为 tanh 函数。输出层为 Dense 层，由于输出值为上证综指每日收盘价的预测值，为了回归分析，故将神经元个数设为 1。其他参数方面，神经元个数为 256，Batch size 为 64，学习速率不另外设置，优化器（optimizer）为 Adam，损失函数为 MSE，测定模型准确度的函数为 MAE 及 MAPE，迭代的 epochs 次数为 2000。

6.5.2　实证结果与比较分析

6.5.2.1　两类波动率预测模型效果比较

图 6 - 3 为 2009 年 1 月 5 日至 2018 年 12 月 28 日上证综指收盘价收益率波动图。由图可以看出，上证综指收益率呈现出较为明显的波动集聚特征。在进行了 Engle 提出的 LM 检验后发现其确实具有 ARCH 效应，即存在条件异方差。因此，本书选用传统的 GARCH 模型对上证综指的波动情况进行拟合并预测，并与深度学习模型预测结果进行对比分析。

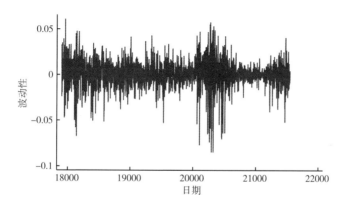

图 6 - 3　2009 ~ 2018 年样本期间的上证综指收益率波动图

关于深度学习模型，在用测试集检验深度学习模型学习成果前，将之前切分出的训练集与验证集进行合并，形成新的训练集，目的在于增加训练集的数据量，以提高模型预测精度。

用 Python 代码设定好上书确定的模型结构，输入整理好的训练集，用训练好的参数来拟合测试集数据，对测试集的上证综指收盘价进行样本外预测，预测结果与经真实值计算出的相关损失函数、准确度判定函数值如表 6 - 6 所示。

由表 6 - 6 可以比较 GARCH 模型与深度学习模型在上证市场对上证综指收盘价预测的 MAPE 值，当步长为 2、15、20 时，深度学习模型的精度都要高于 GARCH 模型（见表 6 - 6 中有阴影部分的数值）。用深度学习预测的最高精度比 GARCH 模型要高出近 0.2 个百分点。结果表明，由于当前信息传播速度加快，各类复杂信息充斥于股票市场，使得市场的波动性有所增加。相比较而言，能够处理海量数据的深度学习模型显然更适合应用于股票市场的预测。

表 6 - 6　　　　LSTM 与 GARCH 模型上证综指预测精度（MAPE）对比

		MSE	MAE	MAPE（%）
深度学习	1	3932. 0922	38. 9982	1. 2897
	2	1495. 6325	<u>27. 0695</u>	<u>0. 9413</u>
	3	3735. 6668	33. 5322	1. 1680
	5	1949. 2740	30. 4004	1. 0685
	10	2538. 4755	33. 7523	1. 1681
	15	1302. 9838	<u>23. 6539</u>	<u>0. 8485</u>
	20	1638. 7874	<u>27. 7397</u>	<u>0. 9966</u>
	40	2445. 1442	32. 0893	1. 0942
	60	2258. 5264	31. 2934	1. 0354
	120	2207. 6075	33. 4149	1. 1502
GARCH		1408. 6199	28. 2922	1. 0588

注：下划线突出显示小于对应 GARH 模型的 MAPE 值。

6.5.2.2　深度学习模型预测效果分析

由表 6 - 6 可以看出，当步长 t≤10 时，深度学习对上证综指的预测精度在步长为 2 时达到了最低，MAE 值降到了 30 以内，MAPE 值也突破到了 1 以内；步长 t > 10 时，MAE 值在步长为 15、20 处降到了 30 以内，MAPE 值也降到了 1 以内。其中，当步长 t = 15 时，MAE 值为 23. 6539，降到了 25 以内，MAPE 值为 0. 8485，降到了 0. 9 以内。投资者在能够获取的历史数据天数较少时，如果无法获取两周以上的数据时，可以使用两天的历史数据来对上证综指进行预测，所能达到的精度相对较高。从实验结果看，已经将绝对误差缩减到 30 以内了。而在股票数据量足够的情况下，选用 15 的步长构建深度学习模型来进行未来一天的上证综指预测是最为合适的，不仅能够获得最大的预测准确度，而且使得预测绝对值误差进入了一个新的量级，达到了 25 以内。

从整体上看，对比表 6 - 5 与表 6 - 6 的结果，由于训练集数据量的扩大，各步长的预测精度都有一定程度的提高。但从各自所处的环境看，各步长的相对表现基本一致，在步长为 15 时都达到了对上证综指预测的最高精度。从信息角度看，前 15 天（3 周）所包含的宏观经济、市场行情等各类信息中所包含的真实信息对投资者来说是最有价值的，可以利用股票市场前 15 天的信息构建深度学习模型，少于 15 天的信息可能包含的真实有效的信息较少，而多于 15 天的信息又可能包含较多的噪声，从而扰乱模型对真实信息的分析。

6.6　结论及启示

本书收集了 2009 年 1 月至 2018 年 12 月上证市场的 90 个特征指标，构建了一种深度 LSTM 神经网络模型对上证综指波动率展开预测，并系统性地将其与传统 GARCH 模型的预测绩效进行对比分析。更进一步，本书对 LSTM 模型预测参数进行了敏感性分析，并主要解决了如下问题。

（1）在特征指标的选取方面，选取的 90 个特征指标是具备经济理论基础的影响因素，各因素之间的具有一定相关性，并非因果联系。此外，本书创新性地引入热点事件指标，积极地突出了深度学习模型在处理大数据以及非结构化数据方面的优越性。

（2）在深度学习模型的构建方面，解决了节点数、隐藏层数量以及步长三大关键参数的确定这一难题。通过采用不同数据进行反复调试，依靠大量试验进行敏感性分析，得出并非不断增加模型深度就能提升模型绩效的合理结论，确定了最恰当的模型参数以最有效捕捉数据非线性特征。

（3）在模型预测绩效的对比方面，通过深度学习模型与传统 GARCH 模型预测绩效对比。结果表明，GARCH 模型对于波动率样本外预测绩效较差，预测精度不如深度学习模型。此外，本书构建的 LSTM 模型不仅提高了波动率预测精度，而且具有稳健的预测效果。

基于以上结论，将大数据与深度学习引入股票市场的预测对于政府相关部门完善证券市场的风险监管制度与预警机制具有一定的启示与落地意义，同时对于证券市场的各参与方之间的相互博弈也具有一定的指导性意义。

本书的不足之处在于未考虑单个特殊指标对模型的影响程度，经济学解释意义较弱，虽然应用深度学习算法改变了金融领域的传统实证研究范式，但却在一定程度上弱化了特殊指标参数的显著性分析，这与运用经济学解释实证模型的初衷有所违背。此外，本书仅是对 LSTM 模型应用于股票市场预测的初步探索，侧重点在于扩大模型的输入数据量以及拓宽数据维度，论证深度学习模型能够从大数据纷繁复杂的信息中提取能够影响股票市场的真实信息，在模型的应用以及实用方面做得还不够。

关于深度学习方法在金融领域的应用，首先，对于股票市场的预测，可以尝试根据深度学习在与文本分析方面的应用相结合，实时提取与分析传统媒体以及新兴自媒体的文本信息，及时将其输入模型，进行滚动预测，最终实现程序自动批处理，并设计相应的程序，自动监测各类信息变化，及时作出预测，缩短滞后时间。其次，在对某个股票或股票指数进行预测时，不再局限于点预测，而是进行区间预测，或是更进一步地作出预测的概率密度曲线，增加用深度学习进行证券市场预测的可靠性与科学性。最后，数据与深度学习在面对如今波动性增大、预测难度大大提升的股票市场时相对于传统计量方法具有更好的适应性，有更为广阔的应用空间，未来势必会成为业界以及学术界研究股票市场的一个重要工具。深度学习模型还处在快速地更新换代过程中，随着模型的优化，本书的研究结论还会向不同的方向及更深的角度演进。

第7章

基于大数据+深度学习的沪深300股指期货价格波动性预测[*]

　　根据研究设计，通过大数据+深度学习的 LSTM 模型实证分析了上证综指、人民币汇率波动性后，本章实证分析期货市场价格波动性，并采取高维度的数据展开，以不断提高预测精度。

　　顺应于人工智能、区块链、云计算、大数据时代金融市场获取信息渠道、交易方式、决策范式的变化，力图把影响股指期货的可能因素与深度学习的具体方法相融合，本章收集 2010~2019 年的沪深 300 股指期货日收盘价和 5 分钟收盘价，以及影响其波动的 5 大类 89 个维度指标，并分别采用维度删减和等间隔采样的方法组合成多个不同维度和不同频率的 LSTM 深度学习模型，对沪深 300 股指期货价格进行预测，并且从空间和时间两个不同角度分析维度和频率对价格波动的影响。研究表明：LSTM 模型可以很好地描绘沪深 300 股指期货多维高频数据的特征；变量维度会对沪深 300 股指期货价格的预测带来间接影响，预测的最高精度出现在近 10~20 个交易日区间；数据频率的影响更为直接，频率越高预测精度越高。研究结论有助于股指期货参与各方分散和化解金融风险。

7.1　引　　言

　　金融时间序列的预测是拥有悠久历史且被学者们持续关注的经典问题。

---

　　* 以本章主要内容撰写的论文《基于多维高频数据和 LSTM 模型的沪深 300 股指期货价格预测》已发表在《重庆理工大学学报》（社会科学）2022 年第 3 期。

方兴未艾的金融科技和量化投资都在寻求有效的预测方法，并将其作为突破口。在人工智能、区块链、云计算、大数据时代背景下，信息的获取、传播与规模达到了前所未有的水平，大数据正潜移默化地改变着金融市场中每位投资者的日常交易方式。早期投资者们获取信息的渠道单一，只能通过证券交易所现场交易，后来可以坐在计算机前观察价格走势，现如今，人们可以随时随地通过移动终端借助大智慧、同花顺、东方财富网、通达信等应用软件实时获取行情信息。重要性日益凸显的金融信息数据正逐渐商品化，催生了大量的金融信息数据公司，以信息数据为底层逻辑的量化投资、智能投顾等新兴的投资手段应运而生并不断扩散。显然，信息获取、交易方式、投资模式的改变意味着股票市场、期货市场乃至整个金融市场的价格波动有新特点、新规律，需要用传统金融市场建模的升级换代方法来刻画这种变化。

与此同时，从神经网络、机器学习发展到深度学习的建模，算法伴随着计算机科学和人工智能的发展而广泛应用在工程领域、语音识别、图形处理和金融市场中。其中，深度学习中的众多具体方法在处理非线性海量数据时的优势明显，拓展了经典金融计量学的理论框架。研究表明：深度学习方法能够有效刻画、恰当拟合和预测人工智能时代金融市场价格波动的新特征。期货市场属于分散风险的金融衍生品市场，其风险远远高于股票市场，对期货市场价格波动的预测、预警更有必要。本书选取沪深 300 股指期货作为样本，采用深度学习的长短期记忆模型，重点放在变量维度、数据频率处理方面，拟解决如何有效提高期货市场价格及波动性预测精度的问题。

7.2 文献综述

7.2.1 文献回顾

金融资产价格与波动率的预测是学术界持续探讨的问题之一。多年以来，国内外学者们从不同角度对金融时间序列的预测与分析开展了相关研究。

在研究对象上，学者们对于金融市场波动性预测研究历史悠久，硕果累累。早期，国外大量学者就对股票市场的估值比率，如股息率、收益率进行了探索（Campbell and Shiller，1988a；Fama and French，1988），也有学者研究了股票市场的短期利率、违约和期限利差（Keim and Stambaugh，1986；

Campbell，1987；Breen et al.，1989）的预测问题，后来，部分学者对金融市场的波动率进行预测（Ghysels et al.，2005；Guo，2006）。国内学者也对金融市场的波动性问题进行了研究，主要集中于股票价格与波动性的预测，其中不乏以股票市场多只股票、个股为对象进行的研究（李斌等，2017；史建楠等，2020），一些文献选取股指作为样本对象（刘晓倩等，2017；沈根祥等，2019），仅有极个别文献研究基金、债券以及外汇（徐杰等，2020；刘胜会，2009；李章晓等，2019）。此外，虽然不少学者从多种角度也对期货市场价格变动及其波动率开展了相关研究，但研究角度主要集中在跨市场行为的信息传导方面（张茂军等，2019；左浩苗等，2012）。相比较而言，对于期货价格与波动率预测的关注度显然低于股票，研究成果甚至不到股票的一半，且大多集中于实物期货的研究（胡波，2018），股指期货的研究成果寥寥无几。但货币市场面临的风险状况远高于股票市场，因此，本书在前人的基础上进行了股指期货市场价格的研究。

在实证方法上，多集中于采用 SVR、ARIMA、GARCH、灰色马尔科夫链等统计方法对金融市场价格波动特征进行的实证研究（高天，2015；于志军和杨善林，2013；陈海明和段进东，2002）。近两年国内才少量出现深度学习方法在该领域的应用（彭燕等，2019；方红等，2019；史建楠等，2020）。总体来讲，对于金融资产波动率描述方法主要有 3 种类型：第一类是传统统计预测模型，依赖于历史收益数据，其中，具有代表性的如广义自回归条件异方差模型（Bollerslev，1986）。也有学者运用马尔科夫链预测（夏莉和黄正洪，2003；邱冬阳和苏理云，2017），但该方法的使用需要满足一定的前提假设。第二类是机器学习算法，举例来讲，有学者以沪深 300 股指期货为样本构建了基于 LASSO 和神经网络的量化交易系统（王宣承，2014），但 LASSO 只能描述变量之间的线性关系，因此需要结合 ANN 模型进行优化，也有学者构建了随机森林算法机器学习预测模型（陈标金和王锋，2019）。第三类是深度学习模型，深度学习的概念来源于机器学习方法中的人工神经网络（Hinton et al.，2006），但传统的 ANN 模型泛化能力差，对于复杂、深层、高级、抽象的特征无法提取（Längkvist et al.，2014），深层机器学习模型又需要人工干预（Arel et al.，2010），在遇到时序上相互依赖的数据特征时无法发挥其学习效率。深度学习的循环神经网络在处理金融时间序列数据方面表现较佳，但一般的 RNN 模型对于时间序列数据的长记忆性问题刻画能力较弱，深度学习的 LSTM 模型就可以很好地解决时间序列的长期依赖问题，在处理非线性问题时也具有明显优势，克服了 RNN 面临的梯度爆炸与梯度消失问题（陈佳等，2019）。上述这些研究为本书提出的 LSTM 模型奠定了理论基础。

在样本数据上，首先是对数据的采样频率进行了梳理。目前，国内部分文献主要采用低频数据进行研究，而且涵盖的时间跨度较长，一些学者选取了长达 5 年、10 年的长期金融市场价格序列进行预测研究（张永安和颜斌斌，2020）。对于时间跨度较长的样本数据，学者们基本都是选取日度行情数据，即低频数据；部分学者既研究了月数据，也研究了日数据（邵振文和侯丹，2018）；也有学者采用分钟数据（魏宇，2010）；一些学者选取了 1 年、3 个月、1 个月、1 天的短中期金融市场价格序列展开研究，主要采用 tick 级别、5 分钟、15 分钟、1 小时等分时金融市场价格数据（姚小强和侯志森，2018），即高频数据。股指期货交易频率极高，交易速度极快，交易量极大（高峰期甚至更大），低频数据并不能准确刻画股指期货日内风险特征。鉴于此，为验证模型的稳健效果，运用深度学习的 LSTM 模型分别对沪深 300 股指期货的日数据和日内高频数据进行研究。通过整理金融市场价格波动的影响因素发现，传统的计量模型难以挖掘复杂的输入特征，往往仅对收盘价、成交量等单一指标进行研究（景楠等，2019），却忽略了很多外因，比如宏观经济政策、经济发展状况、投资者情绪等市场相关因素，通过对这些深层因素的考量会大幅增加发现金融市场隐藏的波动规律的能力（尚玉皇和郑挺国，2016）。

在精度评价上，早期文献普遍认为金融市场是可预测的（Campbell and Shiller，1988），但近年有学者对先前的文献进行了样本外预测，结果发现几十年来研究的模型并不那么稳健，当使用更新的数据时，模型预测的结果产生了变化（Goyal and Welch，2008），由此引发收益可预测性结论虚假的疑虑。通过实证研究，可以确定的是，资产收益是可预测的（Cochrane，2011）。一直以来，不少文献致力于提高资产收益的预测精度，但关于预测精度的具体评价说法不一，有学者将预测精度不高的原因归于因素选取不够充分（谢永建，2019），抑或是认为预测频率升高或降低使得精度有所下降（郭怡然和王秀丽，2019），还有学者将其归咎于预测方法自身存在局限性，无法适应金融市场的结构突变（景楠等，2019）。因此，综合考虑上述原因，从空间和时间不同角度分析因素和频率对预测精度造成的影响，并采用能够适应大规模、高维度及流数据的金融时序数据特征，显著提高预测精度的深度学习方法。目前，国内外大多数学者认可了深度学习在金融时间序列预测上的适用性，但关于模型预测精度的评价指标说法不一，大多数选用的评价指标为均方误差、平均绝对误差、平均绝对百分比误差等。也有少数学者选用了 QLIKE、R^2LOG 对模型预测效果进行评价（魏宇，2010）。本书参考同行研究，沿用均方误差、平均绝对误差、平均绝对百分比误差作为预测精度的评价指标。

7.2.2　简单述评

通过梳理发现，当前文献多集中于运用统计预测方法，如移动平均法、指数平滑法、线性回归法、ARMA 模型、ARCH 模型、GARCH 模型、Monte Carlo 方法、随机波动等对金融时间序列数据进行预测，并伴随着信息获取、交易方式、投资模式的变化仍在不断地迭代更新。相比较而言，深度学习方法虽然面对金融市场的新特点、新规律表现出良好的预测效果，预测精度有所提高，但在金融风险管理领域的应用研究还十分有限，对于金融时序数据的分析与预测能力挖掘得还不够充分。而且，多数文献主要关注股票价格与波动率预测，以股指期货为研究对象进行分析的文献很少。

受限于当时的技术条件，信息获取方式比较单一，已有文献多是运用统计预测方法描述低维度、低频率的金融数据特征，虽然可以预测未来一段时间的大致趋势，但其不仅需要满足诸多前提条件，而且影响因素的选取也十分有限，对于现如今影响期货市场价格的诸多非线性和不确定性因素无所适从，研究结果存在较大误差。因此，本书选取深度学习算法这一新兴手段预测沪深 300 股指期货的价格，一是基于深度学习在处理多维度与高频率数据信息方面所拥有的优势，学习效率与速度、预测精度优于传统预测模型；二是深度学习在处理非线性数据时可以提取更为复杂的特征。

基于以上认识，搭建了目前在处理数据复杂信息时表现优良的 LSTM 模型，对沪深 300 股指期货的价格进行预测，相较于以往研究，本书可能的创新之处包含以下几点内容。

第一，将深度学习中处理时序数据表现出色的 LSTM 模型引入到期货市场进行价格预测，可以对新的决策范式下金融数据呈现的新规律和新特征起到良好的拟合效果。

第二，同时选用多维度与高频率两类样本，从空间和时间两个角度全方位挖掘数据特征。一是采用沪深 300 股指期货日收盘价低频数据，全面考虑造成其价格波动的影响因素，囊括 5 大维度，对应 89 个具体指标，突破了同行的最高水平；二是采用沪深 300 股指期货日内 5 分钟收盘价高频数据，选取 5 大维度中影响更为直接的两个维度，对应 25 个具体指标。将多维度与高频率相结合，预计会对预测精度的提高起到明显效果。

第三，使用维度逐层删减方法组合成多个预测模型，以分析各类型指标对沪深 300 股指期货的预测能力。对多维度数据集划分成高、中、低不同维度数据设计多个模型进行预测；此外，将高频率数据进行不同频率抽样，划分成不同频率的等时间间隔数据，再次对模型做预测，并改变不同的评价指标对模型进行稳健性检验，以保证该模型的适用性和稳健性。

7.3 研究设计

7.3.1 理论模型

根据持有成本模型，股指期货价格和股指现货价格之间的关系式可以使用持有成本描述。通常情况下会将股指看成支付股息的投资资产，定义股指提供收益率为 q 的中间收入，无风险利率为 r，则持有成本 c 就可以表示成：

$$c = r - q \tag{7-1}$$

结合投资资产的定价公式，股指期货的远期价格 F_0 与当前价格 S_0 的关系式为：

$$F_0 = S_0 e^{cT} \tag{7-2}$$

式（7-1）中，从经济学原理来讲，影响无风险利率 r 的往往是经济增长、通货膨胀和物价稳定等诸多宏观经济因素。而股息收益率 q 不仅会和外部整个金融市场的波动性密切关联，如沪深 300 股指期货的自身行情以及关联金融市场的行情状况，也会和内在影响沪深 300 股票指数走势的 300 家上市公司经营状况有关。式（7-2）说明，股指期货价格按持有成本 c 的速度随期限 T 增长。股指期货的价格在期货合约期限 T 内也会受到两方面的影响，从因果效应来看，基于偶发事件或"黑天鹅"事件识别的不确定性冲击可能会引发金融市场的波动，因此，将偶发事件作为一大类别影响因素；从时间成本来看，投资资金在期限 T 内的时间价值与 300 家上市公司的财务管理状况也存在相关性。将式（7－2）中的 S_0 理解为沪深 300 股指的当前价格，则 F_0 就可以理解为沪深 300 股指期货持有 T 时期的远期价格。若 $F_0 < S_0 e^{cT}$，套利者可以通过卖空股指并承约股指期货合约的多头来进行套利；反之，则可以通过买入股指并承约股指期货合约的空头进行套利。

　　基于理论模型并结合笔者的经验分析，综合考虑了和沪深 300 股指期货价格有关的影响因素，根据各因素由内而外的相关性依次将其确定为沪深 300 股指期货的自身行情、影响沪深 300 股指的内在因素、宏观经济形势、关联金融市场和偶发事件 5 个维度，通过选择具体的指标进一步细化这 5 个维度。

7.3.2　LSTM 模型

　　统计预测模型往往仅依赖于历史交易数据，不仅需要满足一定的前提假设，还要受到数据维度和频率的多重限制。机器学习算法对于金融时间序列数据在维度和频率的要求上虽然有所放宽，但是沪深 300 股指期货价格的预测属于一种监督学习的回归，其受到不同因素的影响，面临巨大的不确定性，而深度学习方法对于该类回归任务具有更为明显的优势。沪深 300 股指期货收盘价的时序问题、深度学习模型中的循环神经网络和长短期记忆网络均能够处理，但由于循环神经网络同样面临着梯度消失和梯度爆炸的问题，即无法很好地发现其长期依赖关系，因此引入 LSTM 模型预测沪深 300 股指期货的价格。

　　LSTM 由霍克赖特和施密德胡伯（Hochreiter and Schmidhuber，1997）提出，该模型为传统 RNN 模型的改进形式，将 RNN 模型中单一的记忆模块改变后就克服了有效的历史信息无法长期保存的缺陷，使其在处理时间序列的问题时拥有更强的信息提取能力和学习能力，可以将远距离的上下文信息应用于当前的预测。

　　LSTM 模型的结构见第 6 章图 6－1，在此不再赘述。

　　LSTM 模型的基本单元是记忆模块，包含了记忆单元和控制记忆单元状态的 3 个门结构，分别是遗忘门、输入门和输出门。

　　3 个控制门中，遗忘门通过 sigmoid 函数决定从记忆单元状态中舍去哪些无用的历史信息，确保传到 t 时刻的沪深 300 股指期货历史数据是有用的。

如式（7-3）所示：

$$f_t = \sigma \big[W_f \cdot (h_{t-1}, x_t) + b_f \big] \qquad (7-3)$$

式（7-3）中，f_t 是遗忘门的输出，介于 $0 \sim 1$ 之间；σ 是 sigmoid 函数，公式为 $\sigma(x) = (1 + e^{-x})^{-1}$；$W_f$ 是各个变量的权值，b_f 是截距项；h_{t-1} 是 $(t-1)$ 时刻的输出，x_t 是 t 时刻的输入。输入的时序样本分为低频数据和高频数据两类：低频的输入样本是沪深 300 股指期货的日收盘价，每日收盘价格对应 89 维向量；高频的输入样本是沪深 300 股指期货 5 分钟收盘价，每 5 分钟收盘价格对应 25 维向量。

输入门用于控制新的输入信息，如 t 时刻影响沪深 300 股指期货的 89 维指标数据或 25 维指标数据，进入内部记忆单元，更新细胞状态，公式如下：

$$i_t = \sigma \big[W_i \cdot (h_{t-1}, x_t) + b_i \big] \qquad (7-4)$$

$$\tilde{F}_t = \tanh \big[W_c \cdot (h_{t-1}, x_t) + b_c \big] \qquad (7-5)$$

$$F_t = f_t F_{t-1} + i_t \tilde{F}_t \qquad (7-6)$$

式（7-4）中，i_t 是输入门中 sigmoid 函数的计算结果，介于 $0 \sim 1$，决定需要存储的输入信息；式（7-5）中的 tanh 函数为双曲正切函数，公式为 $\tanh(x) = \dfrac{\sinh(x)}{\cosh(x)} = \dfrac{e^x - e^{-x}}{e^x + e^{-x}}$，通过其创建新的变量，添加进细胞状态，$\tilde{F}_t$ 为 t 时刻输入信息中提取到的要存储记忆的信息；式（7-6）中，F_t 为更新后的细胞状态值，F_{t-1} 为 $(t-1)$ 时刻的细胞状态值。

输出门主要用来决定输出信息，即沪深 300 股指期货的收盘价预测值，控制内部记忆单元输出的信息量。输出门的公式如下：

$$o_t = \sigma \big[W_o \cdot (h_{t-1}, x_t) + b_o \big] \qquad (7-7)$$

$$h_t = o_t \cdot \tanh(F_t) \qquad (7-8)$$

式（7-7）中，o_t 使用 sigmoid 函数计算输出多少信息量；式（7-8）中，h_t 是 t 时刻输出门的输出值，其为短时记忆，维度为隐藏层单元的个数，并非最终的预测变量 y_t。

这样，使用 3 个控制门就完成了一个神经元的内部处理，因此 LSTM 模型可以有效记忆过去的、远距离的数据。训练 LSTM 模型的关键就在于权值 W 和截距项 b 的确定。

在 LSTM 模型构建上，综合金融大数据与互联网交易高并发、多频次、大流量等特征，展开充分、全面的考虑。第一，LSTM 模型解决了循环神经网络会存在的梯度消失和梯度爆炸问题，能够更好地适应沪深 300 股指期货价格非平稳的数据特征；第二，沪深 300 股指期货的价格序列具有长期依赖性，即先前的价格和指标均会对之后的价格产生影响，而具备长短记忆性的 LSTM 模型恰好在处理时间间隔较长或作用效果有延迟的数据上存在明显优势；第三，LSTM 模型可以很好总结非线性期货价格的内在规律，并准确预测未来期货价格变动情况。

大数据时代的到来大大降低了金融数据的获取与存储成本，但数据夹杂着大量噪声，统计预测方法受限于过多的前提条件，已经无法适应更为复杂多变的金融数据结构特征，而 LSTM 模型强大的时序数据处理能力，对于兼备大规模、多维度、高频率等数据特征的金融市场具有高度适用性，大幅提高了预测精度，改进了传统的实证研究方法。此外，LSTM 模型不仅不需要考虑共线性的问题，也不易出现过拟合现象，在处理金融高频数据时的精度远高于经济计量模型。

7.3.3　样本选取

沪深 300 股指期货合约作为我国第一只金融期货，正是推进我国资本市场改革开放与稳定发展的具体体现。沪深 300 股指的编制是沪深两市最具代表性行业，如石油、电力、煤炭等主要行业的 300 只股票通过按市值加权平均而设计的指数，反映了中国证券市场的运行状况。沪深 300 股指交易十分活跃，流动性也比较强，不断影响着期货市场的变动方向。中证 500 股指期货和上证 50 股指期货于 2015 年推出，中证 500 指数在选取样本股时首先剔除了沪深 300 指数成分股，主要反映沪深两市中小市值企业的状况，新加坡交易所推出的新华富时 A50 指数期货，一定程度上会反映上证 50 次日开盘预期，而上证 50 指数主要由金融股组成，行业分布比较集中。因此，样本对象确定为中国金融期货交易所沪深 300 股指期货合约，以保证数据具有足够的流动性。由于股指期货合约的交割日规定比较特殊，相较下月及随后两个季月的合约价格来讲，当月合约价格代表性更强，同时保证了数据的连贯性，因此采用沪深 300 股指期货主力连续合约价格。

侧重于大数据背景下沪深 300 股指期货日收益率序列的价格和日内高频

数据的价格研究，因此，确定样本期间为沪深 300 股指期货正式上市交易以后。数据样本分为低频数据和高频数据两类：考虑到上市首日涨跌幅无法计算，确定低频数据的样本时间区间为 2010 年 4 月 19 日至 2018 年 12 月 28 日，共计 2118 个交易日，收盘价序列记为 F_t，$t = 1$，2，3，…，2118；高频数据样本时间区间为 2019 年 1 月 2 日 9 时 35 分至 12 月 31 日 13 时，共 244 个交易日，由于中国金融期货交易所每个交易日的交易时间为 4 小时，因此以 5 分钟为抽样频率，每日可以计算得到 48 个高频收益率，最终形成的样本量为 $48 \times 244 = 11712$ 个。收盘价序列记为 $F_{t,d}$，$t = 1$，2，3，…，244，$d = 0$，1，2，…，48，$F_{t,0}$ 表示第 t 个交易日的开盘价，$F_{t,48}$ 表示第 t 个交易日的收盘价。数据来源于万德数据库。

基于前人经验，预测结束后输出（$t + 1$）时刻的收盘价预测值 $\hat{F}_{t+1}$，并与真实值 F_{t+1} 进行比较。

7.3.4　指标选择

根据股指期货定价的理论模型，结合 LSTM 模型的特征以及充分释放大数据的核心价值要求，尽量扩大影响因素的选取范围，选用的指标分为沪深 300 股指期货的自身行情因素、影响沪深 300 股指的内在因素、宏观经济形势因素、关联金融市场因素、偶发事件因素 5 大类别。综合深度学习的特性以及数据可得性，本书共选取了 89 个具体指标。

7.3.4.1　沪深 300 股指期货的自身行情因素（27 个）

沪深 300 股指期货反映期货市场自身行情的变动情况，从现实情况出发，将期货市场行情相关指标划分为基本交易指标、市场指标与技术指标 3 个类别。基本交易指标是期货市场上市公司总体状况的一个反映，包括开盘价、最高价、最低价、成交量、成交额、均价、价差、结算价、持仓量、未平仓量和剩余交易日共 11 个指标。需要特别说明的是，为使研究更为充分，设计了剩余交易日指标。期货价格不仅会受到标的资产价格、交易量、未平仓合约数量等的影响，也会随着期货合约交割月份的逼近，逐渐收敛到标的资产的即期价格。事实上，处于交割月份中的期货价格波动更为剧烈，因此，本书创造性地设计剩余交易日这一指标来反映交割过程对期货价格起到的决定性作用。具体做法是查找日持仓量最大的沪深 300 股指期货合约代码，如 2010 年 4 月 19 日日持仓量最大的合约为 IF1006，该合约到期时间为 2010 年 6 月的第三个星期五，则剩余交易时间即为 32 天。统计发现，主力合约的转换与剩余交易日之间的变动存在一定的规律，到期时间临近时，主力合约容易发生转换。市场指标主要反映市场投资者的情绪和参与程度，选取沪深两市的融资余额与融券余额两个指标。技术指标则是反映期货市场价格走势的历史数据，也能一定程度上反映市场的供求状况。本书选取了 K、D、J、OBV、CCI、DIF、DEA、MACD、RSI1（6 日）、RSI2（12 日）、RSI3（24 日）、MA1（5 日）、MA2（10 日）、MA3（20 日）14 个关注度较高的技术指标。

7.3.4.2　影响沪深 300 股指的内在因素（16 个）

从期货交易的自身供求关系来看，沪深 300 股指期货的标的资产为沪深 300 股指，两者的价格变动密切相关，因此，选取沪深 300 股票指数的收盘价作为变量指标。从外部来看，沪深 300 股指期货会受沪深两市大盘涨跌影响，本书借助上证综指和深证成指的收盘价两个指标反映股票市场的一般走势。从内部来看，沪深 300 指数各样本股的价格波动会对股指本身产生影响，进而影响股指期货价格，因此，考虑使用沪深两市发行 300 只股票的上市公司的经营情况衡量沪深 300 股指内在价值，这是影响沪深 300 股指期货的间接因素。在指标选择上，基于财务报表的财务指标是最能反映标的资产估值的，因此该指标体系主要由财务指标构成，包括资产负债率、流动比率、净资产收益率、开发支出、每股税后现金股利、股利分配率、主营业务收入、总股本数、在外流通股本数、平均市盈率、平均市净率共计 11 个财务指标。除财务指标以外，还纳入了管理结构维度数据，包括前 10 股东占比和董、监、高比例两个指标。需要说明的是，手动计算上市公司具体经营情况指标数据时，均求取 300 家上市公司相关指标的算术平均数。

7.3.4.3　宏观经济形势因素（26 个）

均衡价格理论认为股指期货价格取决于市场供求关系，宏观经济形势又会对供求关系产生影响，因此，宏观经济形势因素是影响股指期货价格的重要因素之一。宏观经济形势因素复杂多变，从宏观经济政策的目标出发，考虑多个方面的因素对价格波动可能产生的影响，以保证研究的充分合理性。具体来看，影响沪深 300 股指期货价格的宏观经济因素主要从经济增长、物价稳定和国际收支平衡 3 个方面进行选取：一是衡量经济增长的指标包括 GDP 总量、GDP 增长率、城镇固定资产投资额、外商直接投资额、新增信贷额、制造业采购经理指数、非制造业采购经理指数共 7 个指标；二是度量物价稳定的指标可以直接选取价格指数，包括消费者物价指数、工业品出厂价格指数、新建房价指数、二手房价指数、企业商品价格指数，也可以间接选取影响通货膨胀水平的指标，包括 M0、M1、M2、Shibor（隔夜）、存款准备金率、财政收入、税收，确定 12 个指标；三是另外选用海关出口额和海关进口额两个指标分析国际收支平衡。从总体市场环境调查出发，衡量宏观经济状况可以选用消费者信心指数、消费者满意指数、消费者预期指数、企业景气指数、企业家信心指数 5 个指标，这些宏观经济信息会影响整个金融市场的联合波动，自然也会波及股指期货价格。

7.3.4.4　关联金融市场因素（19 个）

国内的金融市场之间、国内与国外的金融市场之间都存在一定程度上的联动性，关联金融市场因素的具体指标选取主要从国内金融市场和海外金融市场两个角度考虑。国内金融市场主要考虑债券市场和期货市场：第一，债券市场类指标选取政府债券发行量和金融债券发行量。第二，期货市场选用资金量相对充足的国债期货和股指期货收盘价，包括 5 年期国债期货主力连续合约、10 年期国债期货主力连续合约、上证 50 股指期货主力连续合约、中证 500 股指期货主力连续合约，共选用 6 个国内关联金融市场指标。实际操作时，投资者往往会考虑比期货价格变动更为稳定的隐含波动率的变化，因此，海外市场隐含的波动规律也是研究沪深 300 股指期货价格值得挖掘的一个方面。海外金融市场涵盖股票、期货和外汇 3 个市场类型，具体包括：第一，香港恒生指数、日经 225 指数、道琼斯工业指数、COMEX 黄金库存量和 COMEX 白银库存量 5 个股票市场指标；第二，迷你道琼斯指数期货、迷你纳斯达克指数期货、迷你标准普尔指数期货 3 个股指期货市场指标；第三，COMEX 黄金 6 月期货合约、COMEX 黄金期货、NYME 原油期货和 WTI 原油期货 4 个其他期货市场指标；第四，人民币对美元汇率这一外汇市场指标，若无特别说明，各个期货市场指标均选取主力连续合约的收盘价。

7.3.4.5　偶发事件因素（1 个）

基于套利定价模型（arbitrage pricing theory，APT），考虑到期货市场价格会受到突发事件或"黑天鹅"事件带来的不确定性冲击，市场参与者面对不确定性冲击作出的即时反应又会造成期货市场的波动程度加剧，因此，本书创新性地将偶发事件作为一大类别因素指标输入预测模型。本书总结了自 2010 年 4 月至 2018 年 12 月期间发生的可能影响期货市场的网络热点舆论事件 41 个，如"股灾爆发""811 汇改"等公开信息对于期货价格的波动是有明显影响的，故将其归入偶发事件因素这一类别，并根据偶发事件影响程度的大小进行了定量分析。对于国家政策或对整个经济运行状况产生影响的重大事件，基于次强式有效市场假说，在偶发事件当天依赖经验判断正面或负面效应，分别给予 +3 和 −3 的赋值；而对于单个公司、某一领域有相对较小影响的事件则在偶发事件当天分别给予 +1 和 −1 的赋值。在 41 个偶发事件当中，赋值 +1 的事件共有 16 个，赋值 −1 的事件有 14 个，赋值 +3 的事件有 10 个，赋值 −3 的事件是中美贸易摩擦，该事件对金融市场带来了全球性的不利冲击（各事件发生的具体时间及影响详见附录 8）。

7.4　大 数 据 处 理

7.4.1　数据来源及选择

本书所选取的数据均来源于各统计网站或数据库，包括 Wind 数据库、雅虎财经、国泰安数据库、Choice 数据库、东方财富网、上海银行间同业拆借利率网、中国债券信息网、GFIS、大智慧股票软件以及英为财情网，具体各数据来源情况列在附录 6。

LSTM 模型的输出特征选取了中国金融期货交易所公开的 2010 年 4 月 19 日至 2018 年 12 月 28 日近 9 年的沪深 300 股指期货日收盘价以及 2019 年 1 月 2 日至 2019 年 12 月 31 日一年间的沪深 300 股指期货日内 5 分钟的收盘价作为原始数据。

LSTM 模型的输入特征依据输出的日数据对应选取 89 个输入指标，依据输出的 5 分钟高频数据对应选取 25 个输入指标。其中，89 个指标的具体选取详见上一章。此外，基于高频数据的可获得性、输入特征的选取是否合适，从 3 个方面进行分析：其一，影响沪深 300 股指的内在因素对于日内数据的波动影响并不大。一天之内，上市公司的经营状况并不会发生巨大波动，其往往与经理人的长期经营决策相关，此外，公司的管理结构如前 10 股东占比和董、监、高比例在一天之内不会发生多次变化。而且，公司的财务指标的分时数据无法获取。其二，宏观经济因素指标一年内的变动并不明显，一天之内更是微乎其微，其带来的影响主要是长期的。其三，偶发事件发生的具体日期可知，但确切时间点难以界定，且对日内分时价格的影响程度也无法合理判断，因此，在高频数据的指标选取时不予考虑。基于此，高频数据选取的 25 个输入指标主要为日常交易数据、技术指标以及关联金融市场，包括开盘价、最高价、最低价、成交量、成交额、未平仓量、K、D、J、OBV、CCI、DIF、DEA、MACD、RSI－1、RSI－2、RSI－3、MA5、MA10、MA20、WTI 原油期货主力连续合约、COMEX 黄金期货主力连续合约、迷你标普指数期货主力连续合约、迷你道琼斯指数期货主力连续合约、迷你纳斯达克指数期货主力连续合约。其中，技术指标均由手动计算获得。

7.4.2 横纵向数据的递阶处理

7.4.2.1 多维度数据

多维度数据分别从 5 大类别的影响因素出发，共选取了 89 个具体指标，数据信息量极大丰富。为比较数据维度的不同是否会对模型预测结果的准确程度造成影响，进而分析不同类别的影响因素描述沪深 300 股指期货价格的波动特征时所表现出的优劣差异，使用逐层剥离的方法将日数据的数据维度进行不同程度的减少，设计成多个不同维度的数据，分别构建 9 种沪深 300 股指期货预测模型，从而对 LSTM 模型的泛化能力进行检验，以便做进一步的比较分析。

本书将影响因素的 5 个类别逐类依次进行删减，针对不同维度的预测变量构建出 9 种 LSTM 预测模型：模型 1 的预测变量选取的是全部 89 个指标，包括自身行情、股指本身、宏观经济、关联市场及偶发事件 5 大类影响因素；模型 2 的预测变量去除影响沪深 300 股指的内在因素，保留 74 个指标，包括自身行情、宏观经济、关联市场及偶发事件 4 大类影响因素；模型 3 的预测变量去除关联金融市场因素，保留 70 个指标，包括自身行情、股指本身、宏观经济及偶发事件 4 大类影响因素；模型 4 的预测变量去除宏观经济形势因素指标，保留 63 个指标，包括自身行情、股指本身、关联市场及偶发事件 4 大类影响因素；模型 5 的预测变量去除影响沪深 300 股指的内在因素和关联金融市场因素两个类别，保留 55 个指标，包括自身行情、宏观经济及偶发事件 3 大类影响因素；模型 6 的预测变量去除影响沪深 300 股指的内在因素和宏观经济形势因素两个类别，保留 48 个指标，包括自身行情、关联市场及偶发事件 3 大类影响因素；模型 7 的预测变量去除宏观经济形势因素和关联金融市场因素两个类别，保留 44 个指标，包括自身行情、股指本身及偶发事件 3 大类影响因素；模型 8 的预测变量去除 3 大类别的影响因素，仅保留 29 个指标，包括自身行情以及偶发事件因素两大类；模型 9 的预测变量仅剩余 15 个指标，包括自身行情中的基本交易指标和偶发事件因素。各模型包含的指标类别详如表 7 - 1 所示。

表 7 - 1　　　　　　　不同维度对应的 9 种沪深 300 股指期货预测模型

名称	数据维度	包含的指标类别				
模型 1	89	自身行情	股指本身	宏观经济	关联市场	偶发事件
模型 2	74	自身行情	—	宏观经济	关联市场	偶发事件
模型 3	70	自身行情	股指本身	宏观经济	—	偶发事件
模型 4	63	自身行情	股指本身	—	关联市场	偶发事件
模型 5	55	自身行情	—	宏观经济	—	偶发事件
模型 6	48	自身行情	—	—	关联市场	偶发事件
模型 7	44	自身行情	股指本身	—	—	偶发事件
模型 8	29	自身行情	—	—	—	偶发事件
模型 9	15	基本交易	—	—	—	偶发事件

7.4.2.2　高频率数据

由于影响沪深 300 股指的内在因素、宏观经济形势因素日内变动微乎其微，偶发事件因素具体发生的时间点难以界定，且对于日内高频价格的影响程度也很难判断，因此在高频数据的指标选取时不予考虑。高频率数据选用的 25 个指标属于自身行情和关联市场两个类别影响因素。对于沪深 300 股指期货日内 5 分钟高频数据进行等间隔抽样，设计成 5 分钟、10 分钟、15 分钟、20 分钟、30 分钟、1 小时多种不同频率的分时数据，分别输入预测模型，再次比较数据频率的不同是否会对 LSTM 模型预测精度产生影响。为便于下一步的比较分析，各个不同频率分时数据的样本个数如表 7-2 所示。最高的 5 分钟抽样频率的数据见附录 7。

表 7-2 沪深 300 股指期货不同频率分时数据的样本个数

项目	5 分钟	10 分钟	15 分钟	20 分钟	30 分钟	1 小时
样本个数	11712	5856	3904	2928	1952	976

7.5 实证研究

7.5.1 实证过程

7.5.1.1 LSTM 模型搭建及预测思路

根据深度学习 LSTM 模型搭建和训练的要求，实证研究部分运用 Tensorflow2.0 开源平台，采用 Python3.7 编写程序，使用 Keras 搭建网络结构。通过大量实验反复调试超参数，本书确定的深度学习模型结构由输入层、LSTM 隐藏层、输出层组成。

为减少人为因素的干扰，尽可能模拟现实的投资过程，采取滑动时间窗的样本外预测法，具体方法是。

（1）将训练的时间步长设为 t，将前 t 个样本的预测变量输入模型作为第一个估计样本，分别对 9 个模型的参数估计，在此基础上获得第（t+1）个样本的预测值。

（2）保持时间步长 t 不变，将 t 向后平移 1 个步长，即将第 2 个样本到第（t+1）个样本作为第二个估计样本，重新估计上述 9 个模型的参数，并获得第（t+2）时刻的预测值。

（3）同理重复上述步骤，从而获得未来 l 个预测值，其中，l 为预测集的个数。

7.5.1.2 LSTM 模型网络参数的确定

LSTM 模型的损失函数使用均方误差，训练过程选 Adam 优化器进行优化。LSTM 模型的超参数设置为训练时间步长 t、批处理大小 batch size，训练次数 epochs、隐藏层神经元个数 n。通过反复训练，最终确定的最优模型超参数取值范围或取值分别为：多维度数据的训练时间步长 t 在 1 ~ 120，高频率数据的训练时间步长 t 在 1 ~ 60，批处理大小 batch size 为 64，多维度数据的训练次数 epochs 为 2000 次，高频率数据的训练次数 epochs 为 1000 次，隐藏层神经元个数 n 均为 256 个，激活函数均为 tanh 函数。另外，为达到较好的拟合效果，使用多维度和高频率两类数据输入模型，经过多次训练确定 LSTM 隐藏层数。对于多维度的日数据，在训练时间步长 t < 15 时，隐藏层选用两层 LSTM 模型；在训练时间步长 t ≥ 15 时，隐藏层选用 1 层 LSTM 模型；对于高频率数据，均选用两层 LSTM 模型。

7.5.1.3　LSTM 模型预测精度的评价

为便于和同类研究的模型预测效果比较，选取常用的 3 个指标评价 LSTM 模型的预测精度，分别为均方误差、平均绝对百分比误差、平均绝对误差。这 3 个定量评价指标的数值越小，则 LSTM 模型的预测值与真实值偏离程度越低，即模型预测效果越理想。

按照设定撰写了 Python 程序代码，程序的代码与上证综指波动性预测基本一致，详见附录 3。在具体模型参数调整中，代码会做相应的调整。

7.5.2　多维数据实证结果与分析

7.5.2.1　预测结果

本节使用 LSTM 模型分别对 89、74、70、63、55、48、44、29、15 维变量的 2118 条日数据进行拟合。现有研究大多为追求更高的精度构建各种 LSTM 复合模型，注重各模型之间的比较，预测效果的确在不断更新（张永安和颜斌斌，2020）。与以往研究不同的是，针对不同维度的影响因素构建 9 种 LSTM 预测模型，并分别选择步长为 1、2、3、5、10、15、20、40、60、120 个交易日构造训练数据，输入 LSTM 模型进行训练，分析训练时间步长对 LSTM 模型预测效果的影响，为了进一步比较不同维度的预测变量对模型预测效果的影响，将训练时间步长为 10 ~ 20 之间细化至每一个交易日，共形成 9 × 18 = 162 次不同的估计，然后预测未来一个交易日的收盘价，同时计算不同模型的预测精度，进而对比分析因素维度对模型预测效果产生的影响。模型的预测结果如表 7-3 所示。

表 7-3 不同维度×步长对应的 9 种模型预测精度比较

步长	模型 1 89 维	模型 2 74 维	模型 3 70 维	模型 4 63 维	模型 5 55 维	模型 6 48 维	模型 7 44 维	模型 8 29 维	模型 9 15 维
1	1.3369	1.3312	1.5674	1.3188	1.4507	1.3760	1.6475	1.6255	1.5049
2	1.1583	1.2706	1.2717	1.2860	1.1743	1.3117	1.2074	1.3463	1.2792
3	1.0591	1.4849	1.2445	1.1408	1.1290	1.2949	1.2849	1.2189	1.4468
5	1.1780	1.2817	1.2095	1.1561	1.1588	1.2025	1.1745	1.3081	1.3597
10	1.0335	1.3136	1.0323	1.2824	1.1312	1.0044	1.3004	1.1143	1.4207
11	0.9924	1.0224	1.3093	1.2468	1.2675	1.0995	1.2357	1.1455	1.4779
12	1.1081	1.1912	1.0739	1.1143	1.0483	1.0286	1.1373	1.0862	1.4139
13	1.0779	<u>0.9656</u>	1.1083	1.2867	1.1403	0.9512	1.2717	1.3232	1.2886
14	1.1535	1.3001	1.1994	1.1808	1.2242	1.2462	1.3521	1.1542	1.3151
15	1.0651	1.1353	1.1262	1.1084	1.2483	0.9834	1.0822	1.0605	1.2072
16	1.1671	1.1319	1.0818	1.1040	<u>1.0065</u>	1.0706	1.2876	1.2831	<u>1.0707</u>
17	<u>0.9338</u>	1.0453	1.2848	1.1324	1.0346	<u>0.8497</u>	1.1458	1.0528	1.3370
18	1.1705	1.0466	1.0859	1.0957	1.5708	1.1471	1.2222	1.2073	1.2393
19	1.2105	1.2258	<u>1.0152</u>	1.2990	1.0950	0.9932	<u>1.0787</u>	1.0375	1.3137
20	1.0559	1.2071	1.1230	<u>0.9985</u>	1.1833	1.1285	1.1552	<u>0.9517</u>	1.3406
40	1.3422	1.1253	1.1501	1.1402	1.3010	1.0580	1.3620	1.2671	1.4865
60	1.1129	1.4346	1.1535	1.0654	1.1486	1.3348	1.3197	1.2257	1.4711
120	1.3779	1.1963	1.2475	1.2330	1.2719	1.2569	1.2657	1.2379	1.4925

注：下划线突出显示各维度的最小 MAPE 值，阴影部分突出显示全局最小 MAPE 值。

从预测精度的结果来看，模型 1～模型 9 的平均绝对百分比误差值均在 1.0 左右，表现出良好的预测效果。整体来看，不同维度的变量之间存在的多重共线性问题，并不会对模型的预测精度造成较大影响，反而考虑的影响因素越全面，如模型 1 有 89 个特征变量，当训练时间步长为 17 个交易日时，MAPE 值达到了最小，低至 0.9338。模型 2 有 74 维特征变量，仅仅是对影响沪深 300 股指的内在因素指标直接进行删减，当训练时间步长为 13 个交易日时，预测的 MAPE 达到最小，但最小值反而高于模型 1，MAPE 值为 0.9656。观察模型 6 的预测结果可以发现，当删除影响沪深 300 股指的内在因素指标和宏观经济形势指标时，相对于模型 1 得到更高的预测精度，达到全局最小值，这可能是数据集自身属性对预测效果产生的影响，有待进一步验证。维度删减最多的模型 9 仅有 15 维特征变量，当训练时间步长为 16 个交易日时，出现 MAPE 最小值 1.0707，但显然模型 1 的预测精度要高于模型 9。由表 7 - 3 还可以看出，预测精度最小值集中在步长 10 ~ 20 个交易日之间，说明半个月到一个月的历史交易日数据参考价值是最大的。

7.5.2.2 预测效果对比图

为了更为直观地展示所构建的 9 种模型的预测效果，选取各模型 MAPE 值最小的训练时间步长进行了 106 个交易日的预测值与真实值的比较，并进行可视化，预测结果如图 7 - 1 ~ 图 7 - 9 所示。

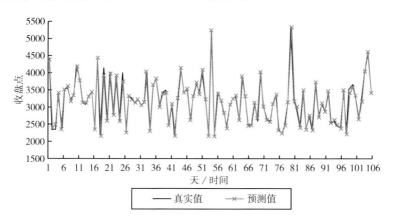

图 7 - 1 89 维变量 LSTM 模型的上证综指预测结果

由图 7 - 1 ~ 图 7 - 9 可以看出，LSTM 对于 9 个模型的预测结果均表现良好，预测值与真实值的吻合程度极高，在实际的日收盘价波动较小的地方，预测值与真实值更为接近，而实际的日收盘价波动较大的地方，预测值与真实值相对而言有所偏离。这和同行们使用深度学习预测期货和股票价格得出的结论是相符的（陈俊华等，2018；宋刚等，2019）。但整体来看，LSTM 模型对于不同维度的特征变量均获得了优良的预测效果。同时，可以看出，LSTM 模型的泛化能力也极强，具有较高的适用性。

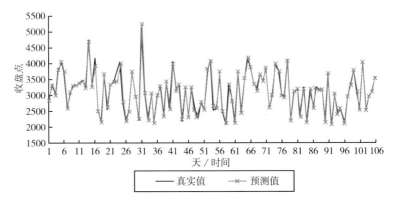

图7-2 74维变量LSTM模型的沪深300股指期货预测结果

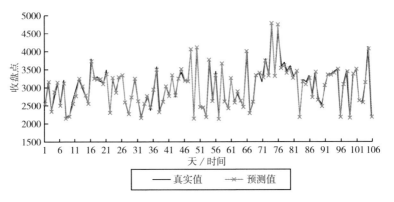

图7-3 70维变量LSTM模型的沪深300股指期货预测结果

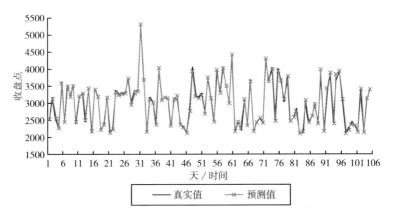

图7-4 63维变量LSTM模型的沪深300股指期货预测结果

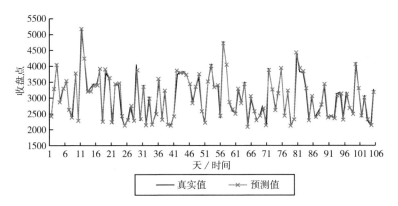

图 7 - 5 55 维变量 LSTM 模型的沪深 300 股指期货预测结果

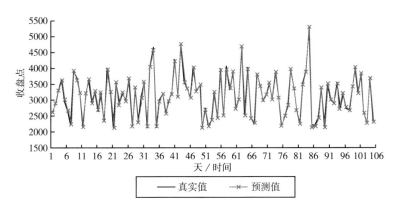

图 7 - 6 48 维变量 LSTM 模型的沪深 300 股指期货预测结果

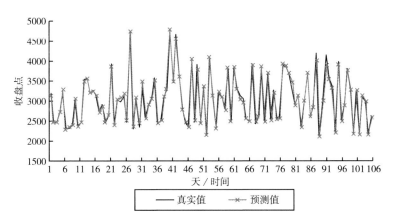

图 7 - 7 44 维变量 LSTM 模型的沪深 300 股指期货预测结果

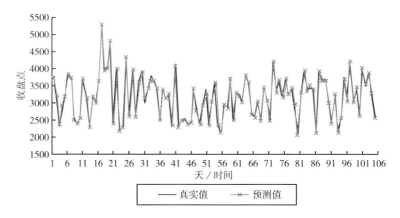

图 7 - 8　29 维变量 LSTM 模型的沪深 300 股指期货预测结果

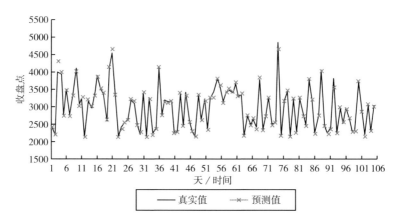

图 7 - 9　15 维变量 LSTM 模型的沪深 300 股指期货预测结果

7.5.2.3　结果解读

根据表 7 - 3 的预测结果，可以从多个角度进行解读。

（1）从因素维度来看，因素纳入的多少对沪深 300 股指期货的日收盘价预测产生了间接影响，但影响并不明显。依赖短期数据预测时，影响因素维度越多，预测精度越高，基本面分析和技术分析相结合对提高 LSTM 模型的预测精度确实有效；依赖中长期数据预测时，因素维度的作用有所减弱。

对表 7 - 3 进行分析可知，第一，使用短期数据，即在训练时间步长处于 10 个交易日内时，模型 1 即 89 维的预测效果显著优于另外 8 个模型，该模型全面考虑了 5 大类别的影响因素。通过计算训练时间为步长 1～5 的 MAPE 平均值可以发现，模型 1 的预测效果是最好的，MAPE 均值为 1.1831，模型 4 次之。结果表明，短期数据支撑预测时纳入的影响因素越全面，模型的预测效果越精准。说明将基本分析与技术分析相结合用于期货价格波动预测是比较有效的，基本分析会提高期货价格的预测效果，这进一步验证了部分学者预测国债期货价格时的研究结论（陈标金和王锋，2019）。影响沪深 300 股指的内在因素、宏观经济形势因素、关联金融市场因素同沪深 300 股指期货价格在近 5 个交易日之内存在一定的关联性，虽然这些因素对于价格的影响存在滞后期，但大数据时代的到来使投资者获取各方面信息的时效性明显增强，应对更为及时，滞后效果的反映等待期也并不超过 5 个交易日，各个方面的影响因素均会在 5 日内反映完全。

第二，使用中期数据即达到 1 个月的历史数据时，通过计算训练时间为步长 10 ~ 20 个交易日之间的 MAPE 平均值发现，除模型 9 以外，其他模型预测效果均出现明显提升，相对较好的预测效果集中在模型 1 和模型 6，这说明投资者考虑各方面的影响因素与考虑沪深 300 股指期货自身行情、关联市场以及偶发事件 3 类因素得到的预测效果是差不多的，甚至后者表现更优，因素维度的作用不再像短期数据那么明显。这和实际交易情况也是相符的——历史数据信息充足时，可以只考虑自身的交易行情与关联市场的行情指标，不需要考虑过多的庞杂因素，考虑过多反而可能由于信息冗杂而对预测效果产生不利影响。现有少数研究认为特征提取与 LSTM 结合使用或许会获取更好的预测效果（陈佳等，2019）。模型 9 仅考虑了基本交易信息和偶发事件因素，虽然基本交易信息一定程度上可以反映出价格波动情况，但想达到精准预测是远远不够的，还是需要将沪深 300 股指期货自身行情中的技术指标和关联金融市场行情等方面的因素考虑进去。这样考虑有两点原因：一是技术指标的计算本身就存在特定的周期性，周期往往在 10 日左右，因此，对技术指标的忽视就直接损失了其在中期数据预测时的有效性；二是从耦合效应角度来看，半个月甚至一个月内关联金融市场行情已经完全反映到股指期货价格的变动上，过久的历史数据反而会带来负效应，因为同股指期货价格的关联性在之后会出现明显下降。

第三，使用长期数据即在训练时间窗口逐渐拉长至 120 个交易日即半年时，除了模型 4 的预测精度出现了轻微提升，其他模型的预测精度均有下降，这说明宏观经济形势会对期货价格产生持续性的影响。但太老的历史数据，无论是哪个类别的指标，对于分析期货价格波动规律都将不再起显著作用，因为交易信息是具有时效性的。模型9的预测结果表现是最差的，说明使用长期数据预测时仅仅考虑期货市场的基本交易行情时是远远不够的，因为这一数据蕴含的信息量过少，数据深度不够，使用深度学习无法有效挖掘到数据特征。

（2）从模型的训练时间步长来看，考虑近10～20个交易日的历史数据达到的预测效果最为理想。

分析表7－3可知，预测结果的MAPE最小值均出现在10～20个交易日内。使用短期数据即训练时间步长在10个交易日以内时，预测结果的MAPE值较大，说明LSTM神经网络处理短期数据时的表现略逊色于中长期数据；使用长期数据即训练时间步长超过20个交易日时，各个模型的预测效果整体来看均出现了显著下降，只有模型4出现了轻微提升。预测效果虽然受损，但并未出现严重偏离，只是存在信息冗余现象。这和经济计量方法得出的结论是一致的。一般来讲，数据越多，预测的精度会越高，但太老的历史数据对于预测未来价格的波动性可能不太相干，一个折中的办法是采用最近90～180天内的日收盘价数据（Hull，2003）。使用中期数据时，深度学习模型拟合历史数据的时间范围甚至可以拉近至更短，使用最近10～20交易日的数据预测精度是最高的。这与先前部分学者使用神经网络预测股指的价量数据得出的结论基本一致（尚玉皇和郑挺国，2018）。当训练时间步长为17时，模型1和模型6的预测精度提升得更为明显，此时模型6的预测效果达到全局最优。同样符合预期和期货市场的实际投资情况，沪深300股指期货合约的交割日期在每个月第三周的周五，能够对近3周的历史数据最为有效这一结论做出合理解释。这一结论带来的启示是投资者作出科学的投资决策时并不需要分析过久的数据信息，近半个月到近一个月的数据对于分析是最为有效的，一个月以外的数据对预测起到的作用已经不够明显，带来的边际效用反而减小甚至为负，参考价值不大，完全可以不予考虑。

（3）整体来看，模型1～模型9的预测精度均在1.0左右波动，总体表现稳定。比较模型1和模型9在各训练时间步长的表现，模型1的预测精度要明显高于模型9，证实了深度学习模型在处理多维度存在共线性问题时具有海量数据优势，维度的增加会使得模型的预测效果带来一定程度的提升，但提升的程度相对有限，变量指标的纳入需要有一个合适的度。LSTM模型确实具有长短记忆性，对于短期数据信息和长期数据信息均可以适用，但效果有略微差别，同样需要考虑一个合适的时间区间，而中期历史数据信息最有用。

7.5.3　高频数据实证结果与分析

7.5.3.1　预测结果

由于影响沪深 300 股指的内在因素、宏观经济形势因素等具体指标日内分时数据无法获取，而且其在一个交易日内基本没有变化，偶发事件因素对于日内高频数据带来的波动也无法具体体现，因此，在高频数据的指标选取时不予考虑。而技术指标的短期特征比较明显，因此，日内高频数据的因素纳入以技术指标为主，基本交易指标和关联市场指标为辅，共纳入 25 个具体指标。本节使用 2019 年 1 月 2 日至 12 月 31 日的沪深 300 股指期货 5 分钟高频数据，将其进行等时间间隔抽样成不同频率的数据，分别选择步长为 1、2、3、6、12、18、24、30、36、42、60 个时间间隔构造训练数据，输入 LSTM 模型进行训练，分析训练时间步长对 LSTM 模型预测效果的影响，然后预测下一个时间间隔的收盘价，模型的预测结果如表 7 - 4 所示。步长的设计与数据采样频率相关，对于 5 分钟的数据而言，不同步长分别对应的时间窗口就是 5 分钟、10 分钟、15 分钟、半小时、一小时、一个半小时、两小时、两个半小时、三个小时、三个半小时、五个小时。

表 7 - 4　　　　　　　不同频率 × 步长对应的模型预测精度比较

步长	5 分钟	10 分钟	15 分钟	20 分钟	30 分钟	1 小时
1	0.1719	0.2328	0.3064	0.3473	0.5212	0.7268
2	0.1485	0.2203	0.2648	0.3759	0.4022	0.4846
3	0.1499	0.2038	0.2534	0.3337	0.3909	0.5824
6	0.1483	0.2244	0.2802	0.3218	0.4266	0.5631
12	0.1545	0.2175	0.2559	0.2800	0.4150	0.5528
18	0.1417	0.1968	0.2618	0.3011	0.3935	0.5158
24	0.1382	0.1866	0.2221	0.2571	0.3641	0.4937
30	0.1390	0.2119	0.2656	0.3043	0.3817	0.5246
36	0.1620	0.2222	0.2501	0.2753	0.3580	0.4902
42	0.1463	0.1894	0.2500	0.3545	0.3551	0.4819
60	0.1537	0.2038	0.2674	0.3072	0.6189	3.9921

注：下划线突出显示各频率的最小 MAPE 值，阴影部分突出显示全局最小 MAPE 值。

从预测精度的结果来看，对于不同频率的数据，模型平均绝对百分比误差值存在数量级差别，但相对日数据预测精度明显更高。对于5分钟数据来说，其MAPE值均在0.15左右，最小值为0.1382；10分钟数据的MAPE值为0.2左右，最小值为0.1866；15分钟数据的MAPE值为0.25左右，最小值为0.2221；20分钟数据的MAPE值为0.3左右，最小值为0.2571；30分钟数据的MAPE值为0.4左右，最小值为0.3641；1小时数据的MAPE值为0.6左右，最小值为0.4937。不同频率数据模型预测精度MAPE最小值均出现在训练时间步长为24个时间的间隔区间。

7.5.3.2　预测效果对比图

同样，为了更为直观地展示不同频率的数据输入LSTM模型时的预测效果，类比日数据进行了60个步长的预测值与真实值的比较，并进行数据的可视化，预测结果如图7-10～图7-15所示。

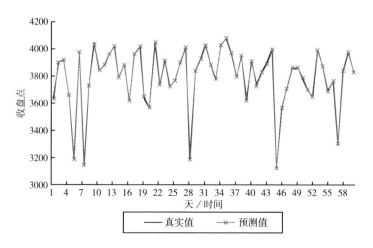

图7-10　5分钟数据LSTM模型的沪深300股指期货预测结果

图7-10～图7-15进行了不同频率数据LSTM模型的预测效果比较，尤其是通过对比数据量和变量维度个数相近的图7-8和图7-13可以看出，高频数据的预测效果是明显优于低频数据的。

7.5.3.3　结果解读

根据表7-4的预测结果，可以从多个角度进行解读。

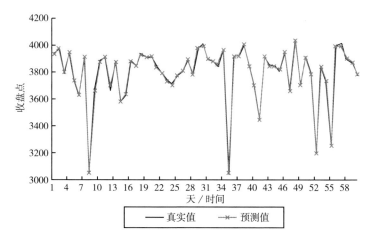

图 7 - 11　10 分钟数据 LSTM 模型的沪深 300 股指期货预测结果

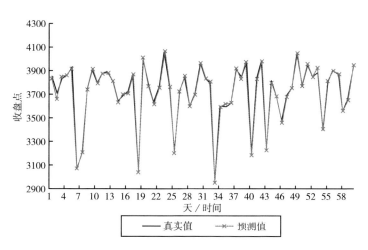

图 7 - 12　15 分钟数据 LSTM 模型的沪深 300 股指期货预测结果

（1）从数据频率来看，数据频率的不同对模型的预测效果产生了直接影响。由表 7 - 4 可以看出，数据频率越高，预测精度越高。本书所构建的 LSTM 模型对于 5 分钟的高频交易数据的预测精度在 0.15 左右，间隔为 10 分钟的交易数据预测精度在 0.2 左右，间隔为 15 分钟的交易数据预测精度在 0.25 左右，间隔为 20 分钟的预测精度在 0.3 左右，间隔为 30 分钟的预测精度在 0.4 左右，间隔 1 小时的预测精度在 0.6 左右上下浮动，相比较而言波动程度略大，可能是由于数据量过小导致模型预测不够准确，也有部分原因

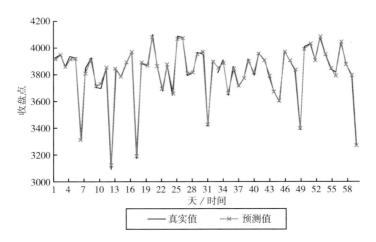

图 7 – 13　20 分钟数据 LSTM 模型的沪深 300 股指期货预测结果

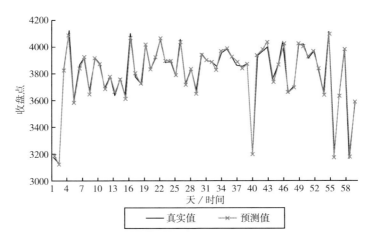

图 7 – 14　30 分钟数据 LSTM 模型的沪深 300 股指期货预测结果

是时间间隔过宽而损失了交易数据中大量的有效信息。由此可见，数据的深度与模型的预测能力存在明显关联，数据频率越高，LSTM 模型对数据的挖掘更深，能够提取的有用信息就越多。因此，可以得出结论，高频数据信息对于期货市场的价格预测更为有效，而且作用程度十分明显。其中可能的原因也有交易信息本身存在时效性，况且股指期货是 T＋0 交易机制，交易速度快、日内交易量大、交易频率比较高，频率较低的数据信息无法及时反映市场行情的变化。这与现有研究认为短周期涨幅预测效果优于长周期的结论保

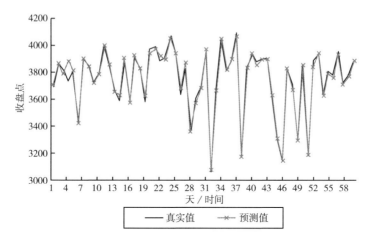

图7-15 1小时数据LSTM模型的沪深300股指期货预测结果

持一致（Silva et al.，2014）。在早期，也有国外学者得出与之相吻合的研究结论，证实了5分钟股指期货高频数据的预测效果要优于10分钟（Stoll and Whaley，1990）。

（2）从模型的训练时间步长来看，考虑近24个训练时间步长的历史数据达到的预测效果最为理想。由表7-4可以看出，无论是高频数据的数据频率如何，模型均在24个训练时间步长时表现出最佳的预测效果。对于5分钟的高频数据来说，投资者应考虑两个小时内或是接近两个小时（即半个交易日）的交易情况，半个交易日以外的数据对于当前的预测效果并不理想；对于间隔为10分钟的数据，投资者应参考近一个交易日的数据，这样信息的有用程度达到最大化，因此，前一交易日的海外市场信息也会产生影响；对于间隔为15分钟的数据，投资者考虑近一个半交易日的市场信息最为有效；对于间隔半小时的数据，投资者应考虑近3天的交易信息；对于间隔1小时的数据，近6天的数据为有效信息，而不同频率的数据如果参考的时间范围过小或过大，预测的准确程度均会大大降低。尤其是间隔为1小时的数据，倘若考虑3个月之久的历史信息反而会使得模型的预测效果呈断崖式下降，这或许是因为每个交易日沪深300股指期货的合约有4份，合约月份为当月、下月及随后两个季月，因此交易周期为一个季度，选取当季的信息预测是更为有效的。

（3）总体来看，对于不同频率的数据，一方面，高频数据相较于日交易数据，维度对模型的预测作用相对较弱，主要是由于数据信息量不同导致预测结果有明显差异，频率越高，数据信息量越大，模型的预测精度越高；频率越低，数据信息量越小，模型的预测精度越低，这也是深度学习模型对于海量数据处理的优越性的具体体现。另一方面，将表7－3与表7－4结合起来分析，可以得出模型预测效果的差异并不仅仅是因为数据量，时间间隔为30分钟的收盘价数据与近10年的日收盘价数据同为2000左右的样本个数，选用表7－4中30分钟的预测结果与表7－3中模型8的预测结果进行对比时，特征变量同为25维左右，MAPE值的数量级也存在显著差别。30分钟的数据预测MAPE值均在0.4上下浮动，而日收盘价数据预测MAPE值在1.0上下浮动，这足以见得频率对模型预测效果产生了影响，因为高频部分影响因素的选取均为自身市场行情及关联市场行情，排除了不同类别因素的性质对预测结果带来的影响。此外，由于30分钟数据和日数据的数据量差距并不大，也可以排除仅是由于LSTM模型自身特征发挥作用的原因。结果表明，30分钟的数据频率高于日收盘价数据，因此其模型的预测精度得到了大幅度提高。

7.5.4 稳健性检验

为了提升实证结果的可靠程度，增强结果分析的说服力，本书通过替换预测模型的评价指标，对LSTM模型预测结果的稳健性进行检验。

7.5.4.1 不同维度的预测变量稳健性分析

通过比较表7－5和表7－6可以发现，本书所构建的9种模型预测结果较为稳健。使用短期数据预测时，模型纳入的因素维度越多，预测精度越高。对于不同模型，预测结果最优良的表现仍基本集中在训练时间步长为10～20个交易日之间，模型1和模型9的MSE最小值虽然出现了偏移，但是整体在步长10～20之间仍相对较小。总体来讲，各模型的预测效果在历史数据区间为3周左右时表现最佳，模型6的预测精度此时相较其他模型达到最高，说明由表7－3得出的结论具有可靠性，即纳入的因素并非越全面越好，参考的历史数据也并非越久越好，各因素的信息时效性是很强的。同时，9种模型的预测结果再次证明了该模型具有较强的泛化能力和适用性。

表7-5 不同维度×步长的预测变量均方误差对比

步长	模型1	模型2	模型3	模型4	模型5	模型6	模型7	模型8	模型9
1	4003.2	3598.5	5559.9	2749.5	3867.5	3917.5	5659.9	8835.4	4003.7
2	2885.3	4025.2	4604.1	2976.5	2798.2	4588.0	3712.2	3042.9	2572.9
3	2206.1	4045.6	3721.1	3137.7	2430.8	2813.2	3438.5	2783.6	5610.8
5	3823.3	3978.5	2519.6	2177.4	2507.9	2152.9	3027.5	3261.6	3622.9
10	1975.9	2476.5	2705.4	2862.9	3206.5	2164.6	5965.1	2938.3	3528.9
11	3053.9	3128.0	3414.9	3074.7	4013.3	3404.4	3035.4	2542.3	4463.6
12	3022.1	4014.4	2529.2	2661.9	2591.4	1762.2	3411.4	2828.1	3872.3
13	2163.1	2354.9	2660.5	3666.4	2864.0	1772.3	3846.1	4499.9	3010.3
14	3551.0	3777.4	2458.7	3249.6	3201.6	2339.0	4129.3	3014.5	4848.0
15	1901.5	2587.6	3195.2	2172.2	2691.7	1579.4	2025.6	2228.1	3196.0
16	2411.9	2715.7	2972.5	2150.4	1836.7	2263.0	4706.6	3076.2	3212.6
17	2345.1	3019.0	4534.8	2428.5	2256.7	1344.7	2415.8	2077.4	5476.4
18	3254.1	2542.5	2209.6	1881.2	8057.4	2017.7	4533.3	3296.6	3042.4
19	3276.5	3340.7	2138.3	3388.1	2295.5	2556.0	2906.3	2413.4	3701.2
20	2232.5	3187.3	3056.0	2003.8	2769.0	2348.4	3067.2	2156.6	3959.8
40	3526.8	2658.5	4698.4	3044.9	3353.2	2065.8	4896.8	2812.1	3850.6
60	1852.6	4212.3	3774.0	2110.5	3291.1	4248.9	4677.2	2240.6	4180.2
120	5512.1	3554.3	3345.7	3480.8	3941.3	3297.5	3608.9	3813.1	5202.2

注：下划线突出显示各维度的最小MSE值，阴影部分突出显示全局最小MSE值。

表7-6 不同维度×步长的预测变量平均绝对误差对比

步长	模型1	模型2	模型3	模型4	模型5	模型6	模型7	模型8	模型9
1	42.640	42.315	48.062	38.981	45.847	42.383	51.843	53.317	45.031
2	35.798	40.331	40.238	38.549	35.930	42.477	39.255	42.215	37.858
3	33.393	45.754	39.358	36.758	34.328	38.984	39.526	36.866	45.405
5	37.228	41.111	37.497	34.537	36.316	34.739	37.066	41.333	43.390
10	32.821	39.010	32.054	39.456	34.889	31.269	42.874	34.346	42.837
11	30.916	33.663	41.375	38.696	40.930	34.440	38.018	35.937	45.876
12	34.449	38.338	34.252	36.039	32.880	31.004	36.846	34.073	44.017
13	33.480	30.222	34.609	42.282	36.033	29.314	40.400	41.493	38.750
14	36.485	41.668	35.972	36.666	38.673	36.287	43.612	38.664	40.805

步长	模型 1	模型 2	模型 3	模型 4	模型 5	模型 6	模型 7	模型 8	模型 9
15	31.211	35.223	36.521	34.830	37.472	28.970	33.323	33.759	38.099
16	35.297	35.544	35.240	34.028	30.979	32.516	41.061	41.235	34.101
17	29.510	33.651	42.446	33.960	32.026	26.489	35.644	32.697	42.118
18	36.603	32.534	32.254	33.013	50.523	34.416	39.680	37.940	39.726
19	37.240	38.848	31.221	41.935	33.875	32.802	34.222	32.780	41.700
20	32.172	39.506	33.627	30.520	37.673	34.593	35.632	30.375	42.120
40	42.338	33.850	37.067	36.194	41.430	32.513	43.483	39.471	46.301
60	33.133	45.891	38.261	32.678	35.698	42.131	42.484	34.617	45.947
120	45.543	38.449	38.676	38.625	41.306	39.486	39.004	40.167	48.661

注：下划线突出显示各维度的最小 MAE 值，阴影部分突出显示全局最小 MAE 值。

7.5.4.2 不同频率的样本数据稳健性分析

通过比较表 7-7 和表 7-8 可以发现，采用不同频率的数据得出的预测结果在一定程度上同样具有稳健性。对于同一训练步长，随着频率的降低，模型的预测效果逐渐降低，这说明频率越高预测效果越好的结论是相当可靠的，因为高频数据隐含的信息更为丰富，与深度学习模型的匹配度极高，证实了其具有较强的挖掘深层信息的能力。再者，对于采样间隔为 5 分钟、10 分钟、15 分钟、20 分钟的数据，预测效果最好的均在训练时间步长为 24 的位置，说明表 7-4 得出的结论是较为合理的，对于 30 分钟和 1 小时的样本数据，预测效果的表现并不稳定，这在极大程度上是由于原始数据集过小，而深度学习模型对于海量数据才具有稳定的预测效果。这与类似研究的结论基本一致（陈卫华，2018）。

表 7-7　　　　　　　不同频率×步长的样本数据均方误差对比

步长	5 分钟	10 分钟	15 分钟	20 分钟	30 分钟	1 小时
1	83.2973	153.6696	254.2707	318.5714	933.9528	1623.0917
2	66.4662	137.4618	187.4028	391.2961	383.5998	602.9193
3	64.9629	110.0599	158.3051	315.0261	352.9824	835.3042
6	61.0939	156.4886	216.2004	326.3059	542.3011	741.2725
12	71.5118	126.9657	179.3907	217.2839	483.0230	746.8341

续表

步长	5 分钟	10 分钟	15 分钟	20 分钟	30 分钟	1 小时
18	63. 2805	113. 6087	243. 3594	229. 2227	384. 8460	608. 9007
24	58. 1659	90. 4264	123. 9374	184. 2284	351. 7613	638. 2102
30	63. 6138	136. 8479	179. 2902	256. 6916	320. 2513	639. 3163
36	79. 8535	176. 4316	162. 7790	204. 1920	367. 6059	542. 9782
42	67. 2718	93. 4616	228. 7681	326. 9200	309. 9968	575. 5537
60	73. 9150	135. 9015	235. 9773	255. 3236	1626. 2740	39171. 7007

注：下划线突出显示各频率的最小 MSE 值，阴影部分突出显示全局最小 MSE 值。

表 7 - 8　　　　　　　不同频率 × 步长的样本数据平均绝对误差对比

步长	5 分钟	10 分钟	15 分钟	20 分钟	30 分钟	1 小时
1	6. 4156	8. 6558	11. 4084	12. 6698	20. 0223	27. 2251
2	5. 5334	8. 2248	9. 8998	13. 8804	14. 8703	18. 0247
3	5. 5735	7. 6212	9. 4953	12. 4721	14. 5138	21. 9536
6	5. 5693	8. 3787	10. 3638	12. 1075	16. 0313	21. 0868
12	5. 7903	8. 1095	9. 5169	10. 5398	15. 5251	20. 6805
18	5. 2778	7. 3668	9. 8509	11. 2010	14. 7521	19. 4181
24	5. 1758	6. 9865	8. 3126	9. 6031	13. 5730	18. 7722
30	5. 1853	7. 9039	9. 9147	11. 5168	14. 2515	19. 6980
36	6. 0620	8. 3023	9. 2582	10. 2170	13. 4753	18. 3445
42	5. 4550	7. 0157	9. 3727	13. 1042	13. 2626	18. 1142
60	5. 7492	7. 6314	10. 0096	11. 6280	23. 9419	147. 3123

注：下划线突出显示各频率的最小 MAE 值，阴影部分突出显示全局最小 MAE 值。

7.6　结论及启示

　　金融行业大数据与人工智能的深度融合正成为防范和化解金融风险的新利器。本书结合大数据和深度学习两者的优势，利用沪深 300 股指期货自正式上市以来不同频率的交易数据，通过构建 LSTM 模型，重点研究了人工智能时代沪深 300 股指期货价格的新波动特征，进行科学有效的预测，并且结合实际情况筛选出 89 个预测变量，全面涵盖沪深 300 股指期货的自身行情、影响沪深 300 股指的内在因素、宏观经济形势、关联金融市场行情及偶发事件因素 5 大类别，层层渗透，逐步深入对沪深 300 股指期货价格的波动集聚特征进行挖掘，从变量维度和数据频率两个方面探究影响股指期货价格预测精度的深层原因，得出了以下主要结论。

第一，运用多维高频数据与 LSTM 模型的有机融合建立金融预测模型，可以很好地刻画、拟合和预测沪深 300 股指期货价格波动的新特征，变量维度和数据频率均会对 LSTM 模型的预测精度产生影响。

第二，因素的纳入会对沪深 300 股指期货价格的预测产生间接影响。使用短期数据预测时，变量维度越多，预测精度越高；使用中长期数据预测时，变量维度的影响减弱，此时，并非纳入的因素越全面，预测精度就越高。

第三，数据频率的差别会对沪深 300 股指期货价格的预测产生直接影响。数据频率越高，预测精度就越高。高频数据信息包含的信息更为丰富，而频率越低，损失的有用信息越多，因此，深度学习对于高频数据中隐藏的深层信息可以进行提取，预测结果也因此表现得更为优良。

第四，变量维度的增加会对 LSTM 模型的预测精度带来一定程度的提升，但变量指标纳入量需要有一个合适的度，数据频率的提高对 LSTM 模型的预测精度的提升效果十分明显。

第五，LSTM 模型的预测精度也会受到训练时间窗口大小的影响。对于低频的日交易数据，考虑近 10～20 个交易日的数据信息已经可以作出准确预测；对于高频的分时交易数据，需要针对不同时间间隔数据损失的信息程度调整分析的时间范围。

基于实证研究结论，对沪深 300 股指期货市场参与各方得到如下启示。

就期货交易所和监管部门而言，精准预测沪深 300 股指期货的波动特征有助于科学把握投资者的资金流向，进而对整个期货市场进行宏观调控，完善交易所的组织架构和市场交易规则，遏制倒填日期等违规交易行为，也可以构建能够衡量中国经济发展状况并具有 3 周左右周期性的指数指标，为投资者设置跟踪交易规则带来便利。

就金融期货产品的设计而言，股指期货的标的资产在对波动性比较大或者退市的股票做定期样本清理时，可以将频率提高到半个月至一个月清理一次，使股指期货的流通性进一步增强。在设计交割月份时，要综合考虑标的公司经营状况、宏观经济形势等多个类别的影响因素，具体到第一交割通知日和最后交割日之间的时长是否可以考虑延长至一个周左右，缩小投机者的套利空间。国内股指期货合约的设计也可以引进迷你合约吸引小额度投资者，并适当缩小头寸限额，防止投机者给期货市场造成不利影响。

就套期保值者及投资者而言，考虑资金的时间价值和机会成本对于期货收益率的测算极其重要，而收益率的测算本质上就是期货价格的预测。全面考虑各方面因素、精准预测股指期货价格能够有助于其决定合适的买卖时机，为套期保值行为作出具体指导，达到优化资产配置、规避风险的目的。

需要指出的是，本书研究沪深 300 股指期货价格的波动特征，虽然充分发挥了深度学习智能算法处理非线性、非平稳、大容量时序数据方面的优势，也引入偶发事件这一具有非结构化特征的大数据源，但异构可变的数据在实际量化处理时仍带有主观性和经验判断，因此，深度学习在处理非结构化数据方面的优势并未完全体现。此外，虽然预测方法相对经济计量方法有所拓展，但其在客观上存在经典计量模型处理共线性海量数据时的局限性，数据的统计口径和智能算法也存在一定差别，因此，沪深 300 股指期货价格的预测效果并未和经典计量模型进行过比较分析。相应地，这些不足也为金融市场价格预测问题提供了后续的研究思路。其一，待大数据的获取与生成的应用支撑得到保证后，可进一步将文本挖掘技术应用到偶发事件因素的指标选取与量化上，运用推特、Facebook、微博等网络文本作为挖掘语料进行词频计算，构建投资者情感指数、经济政策变化指数等其他情绪指标纳入偶发事件因素这一类别。其二，经典计量模型的局限性可以使用主成分分析、因子分析、LASSO 等变量提取方法做数据压缩处理，以克服经济计量方法和多维度数据之间无法兼容的矛盾，便于深度学习方法和经济计量方法的预测效果做进一步的对比分析。

第8章

基于高频数据和 EN–LSTM 模型的
黄金期货短期波动率预测*

在运用大数据＋深度学习的 LSTM 模型实证分析了上证综指、人民币汇率、沪深 300 股指期货价格波动性后，本章选择黄金期货展开实证分析，并在数据频率上采用高频数据，将 LSTM 模型优化升级为弹性网＋LSTM 模型，以进一步提高波动性预测精度。

以上海黄金期货 1 分钟高频交易数据为例，运用滚动时间窗口的样本外预测和具有变量选择和长短期记忆特性的 EN–LSTM 模型，全面对比了不同数据频率的短期波动率预测模型对波动率的刻画和预测能力。实证研究表明：EN–LSTM 模型可以很好地描绘上海黄金期货高频数据的波动特征，数据频率会对上海黄金期货短期波动率的预测带来显著影响，1 分钟的数据频率预测精度明显高于更为低频的数据。研究结论有助于黄金期货市场参与各方分散和化解金融风险。

8.1 引　　言

黄金期货价格的预测是需要持续攻克并长期困扰金融学界、实务人士与监管部门的经典难题。黄金期货的价格波动往往与股票、债券等金融资产的价格波动之间存在负相关关系，黄金期货市场并非一个有效性市场，而近些

＊ 以本章主要内容撰写的论文《基于高频数据和 EN–LSTM 模型的黄金期货短期波动率预测》将发表在期刊《运筹与管理》上。

年季俊伟等（2019）的研究发现我国的黄金期货市场弱势有效，彰显了其特殊的地位和作用。而在国际经济环境日趋复杂、经济全球化遭遇逆流的大背景下，加之新冠疫情广泛且深远的巨大冲击，我国期货市场的不稳定性和不确定性明显增加。再者，信息传播模式的转变造成期货市场波动加剧，我国金融系统运行的脆弱性逐渐显露，因此，尝试总结资产价格变幻莫测的波动规律，完善金融创新体系，加速互联网、大数据、人工智能等前沿领域与金融市场的深度融合，进而动态、审慎地测度金融风险，有效防范"黑天鹅"引发资本市场的风云突变，为投资者建设一个更加高效规范、开放有序的高标准市场体系尤为重要。

8.2　文献回顾

目前，关于期货市场的研究主要集中在黄金期货市场的有效性（季俊伟等，2019）、国内外市场的关联性（王聪和焦瑾璞，2019）、黄金期货价格的波动特征（温博慧等，2010）及影响因素（王灏，2019）、期货市场的量价关系（华仁海和仲伟俊，2003）、价格发现功能（闫杰等，2016）、流动性（惠晓峰等，2020）等方面，相对而言，学者们对于黄金期货市场价格及波动率预测方面的关注较少。而期货交易是零和博弈，对于黄金期货价格波动特征的把握具有一定的现实意义。况且在新兴数据时代下，已有各种经典的经济计量方法，如提出的广义自回归条件异方差模型（Bollerslev，1986），更适用于静态和长期的分析方法，对黄金期货价格的非线性、非平稳新特征的解释力略显苍白，当面临"黑天鹅"事件的突发冲击时，先天不足便展露无遗。因此，有必要寻求一种前沿方法以适应不确定性陡增的黄金期货市场特征，精准实时地预测期货价格波动规律，科学地规避金融风险，以拓宽黄金期货价格波动原因的经济理论框架。

近年来，越来越多的学者开始关注金融高频时间序列的量化投资领域（贺毅岳等，2020）、投资组合策略（朱鹏飞等，2020）的问题，从实证角度来看，准确预测高频金融时序数据问题的关键就是如何能更好地拟合数据分布特征的智能模型，动态追踪价格变动趋势。不少学者对该问题展开了探索。在尾部风险的测度层面，部分学者为提高波动率的预测精度，考虑已实现和修正 CPR 跳跃检验、好坏波动和符号跳跃建立 HAR 类波动预测模型（陈声利等，2018）。也有学者将关注视角放在数据信息价值层面，建立样本外动态 VaR 滚动预测模型，挖掘出高频交易数据中蕴含的更有价值的信息（陈王等，2020），当然，考虑引入外部冲击信息后的 HAR－RV－CJN 模型（朱学红等，2018）和 DSGE 模型（Christiano et al.，2014）也可以实现预测精度的明显提升。伴随着计算机技术的成熟和人工智能方法的兴起，无论是针对宏观经济变量的低频数据（何强和董志勇，2020），抑或是微观经济变量的高频数据（景楠等，2020），机器学习和深度学习等智能方法在金融时序数据上的优异表现在近些年正逐步被学术界所接受。基于此，本书考虑在前人的基础上将机器学习和深度学习两者有机结合，搭建一个弹性网（elastic net，EN）和长短期记忆网络的神经网络模型（EN－LSTM）进行黄金期货高频波动率的预测，以期达到更精准的预测效果。

由于宏观经济信息和黄金期货高频数据两者数据很难匹配（魏瑾瑞等，2014），现有的研究中考虑的因素往往是稍显单薄的基本交易指标（柳向东和李文健，2018），而一些文献虽将研究视角集中在影响高频数据下市场跳价的主要因素问题（Ban et al.，2014），但尚未有学者运用多个技术指标进行黄金期货高频波动率的预测，本书试图弥补这个不足。相较于以往文献，本书的贡献主要有两点：其一是本书力图提高黄金期货高频波动率的预测精度，应用机器学习中的弹性网这一前沿方法筛选出有效因子，构建出新的特征变量，结合深度学习中能够处理金融时间序列长短期依赖性问题的 LSTM 模型进行预测，结果表现良好，为波动率预测提供了一种新方法，拓展了人工智能方法在金融领域的应用；其二是结合使用不同频率的交易数据进行比较，结果表明，数据频率的增加令预测效果的提升得更为明显。

8.3　研究设计

8.3.1　理论模型

8.3.1.1　持有成本理论

考虑到黄金期货的价格波动特征，可以借助持有成本模型进行研究。该理论模型可以较好地研究黄金期货市场与黄金现货市场之间的交易行为。基于黄金市场完美的假设前提，根据持有成本模型，设黄金期货的价格为 F，黄金现货价格为 S，现货持有期为 t，现货持有成本以 C_t 表示，则黄金期现货市场之间的关系就可以表示为：

$$F = P + C_t \qquad\qquad (8 - 1)$$

假设期初，$F - P = C_t$，即黄金的期现货价格之差等于持有成本，此时如出现新的利多信息，基于黄金期货市场的参与者多于黄金现货市场，信息反应速度也将优于后者，则黄金期货市场价格随将迅速上涨。相较之下，黄金现货市场的信息反应速度不及期货，短期内黄金现货价格保持不变，就会导致出现 $F - P > C_t$ 的情况，黄金期货市场的参与者会做空黄金期货合约，购入黄金现货储存，待空头黄金期货合约到期交割时，黄金实物交割完毕以后，直接赚取差额。由于黄金期货市场的卖方较多，就会造成黄金期货价格呈现下跌趋势；反之，利空消息的出现会导致黄金期货市场上期货合约需求量的增加，进而黄金期货价格呈现上涨趋势。在如今信息传播如此迅速的时代，黄金期货的价格波动经历持仓量等交易信息的扩散将会更为剧烈。

8.3.1.2　均衡价格理论

均衡价格理论也是讨论黄金期货价格形成、把握黄金期货价格波动周期性必须考虑的理论模型之一。基于理性人假设且市场是完全竞争的，均衡价格是市场买卖双方能够掌握足够信息的状况下，通过竞争促使价格回归至均衡点水平。当黄金期货交易价格高于均衡点时，黄金期货合约的供给量大于需求量，导致黄金期货价格出现下跌趋势；反之，当黄金期货交易价格低于均衡点时，黄金期货合约的需求量大于供给量，黄金期货价格随之出现上涨趋势。最终，黄金期货价格为均衡价格水平。

进一步地，均衡价格理论分为供求价格理论和预期价格理论。供求价格理论认为，黄金期货是由黄金实物供求关系决定的一种动态均衡，黄金供需之间的相互作用会影响黄金期货合约实现均衡价格，但其很快就会被新一轮的供给与需求所打破，形成新的均衡价格。预期价格理论的不同在于，其认为黄金期货的价格是由市场交易者对未来供给与需求的预期决定，预期期货合约供应量的增加或者需求量的减少将会带来黄金期货合约价格的下降，而且下降趋势是无尽的。在黄金期货市场上，当期货合约供不应求时，交易者预期黄金未来的现货价格会上涨，则会导致即期的黄金现货价格高于即期的黄金期货价格，而未来的黄金现货价格也会高于未来的黄金期货价格，因此造成黄金期货价格的倒挂；反之，当黄金期货合约供过于求，则会产生黄金期货出现溢价现象。

8.3.1.3　蛛网模型理论

蛛网模型理论适用于生产调整周期比较久或者生产与价格存在周期性规律的产品，因此黄金期货价格的波动规律确有必要参考这一理论模型，尤其是笔者主要针对的是高频数据的研究。基于蛛网模型理论，黄金价格波动会对下一周期的产量产生影响，且由此会引发产量和价格相对于均衡价格的往复变化。假设供给弹性为 E_s，需求弹性为 E_d，根据供需弹性关系的不同，黄金的价量关系会呈现 3 种情况。

（1）当 $E_s > E_d$ 时，蛛网为发散型蛛网，黄金价格和产量的波动逐步加剧，且远离均衡点。

（2）当 $E_s = E_d$ 时，蛛网为封闭型蛛网，黄金价格和产量的波动一直循环，此时既无法恢复均衡，也不会远离均衡点。

（3）当 $E_s < E_d$ 时，蛛网为收敛型蛛网，黄金价格和产量的波动逐步减弱，最终实现均衡水平。

蛛网模型理论是现货市场价格的运行机制理论模型，其约束条件没有相应的期货价格。引入黄金期货市场后，原先的蛛网模型就改为现货—期货价格模型，约束条件也变为不仅存在黄金期货价格，下期的黄金产量也取决于黄金期货价格，消费者结合黄金期货价格和黄金现货价格的综合判断进行黄金的供给与消费，进而黄金期货市场引导黄金现货市场形成均衡价格。

8.3.1.4　噪声交易理论

传统金融学理论认为，市场交易者并不在意噪声信息在资产价格形成过程中起到的作用，交易者主要根据基础资产价值有关的信息进行交易。如诸多学者（Friedman，1953；Fama，1965；Samuelson，1965）认为，非理性交易者会同理性套利者进行抗衡，虽然噪声交易者一时会哄抬股票市价致其高于基础价值，但理性套利者会卖空股票压制市价，使其接近基础价值，即低价买回股票进行对冲，赚取差价。长期来看，最终噪声交易者将会被理性套利者驱逐出金融市场，市场价格一时出现的偏差也会被市场迅速纠正，这就是市场选择理论。

而另有一些学者（Long et al.，1990）持不同观点，噪声交易者会依据虚假信息判断金融资产的价格，当噪声交易者在金融市场中占据主导地位时，会得到虚假的基础价值。对于短线交易普遍存在的状况，金融市场的交易往往聚集在某些噪声信息上，导致市场价格与基础机制出现偏移，一定程度上会降低市场有效性，也可能会伴随着噪声交易者风险。行为金融学理论认为，噪声交易者导致理性套利者的套利风险显著增加，因此会使理性投资者望而却步或顺势搭车，选择不与噪声交易者做抗衡。如此一来会造成金融市场公平性丧失，形成噪声交易的逆向选择。

8.3.2 弹性网络 EN 模型

EN 模型同 LASSO、岭函数之间存在一定相似之处，均是在传统的线性回归模型中引入惩罚项进行变量选择，以防止过拟合，而它们之间的区别在于惩罚项的形式有所差别。一方面，考虑到弹性网络在共线性条件下对 LASSO 起主导作用，而且可用于任何连续的损失函数的分类问题；另一方面，期货市场的各种技术指标数不胜数，倘若不对技术指标进行优化筛选，得出的预测结果极大可能存在偏差。延续以往研究（姜富伟等，2021；王宣承，2014）中 LASSO 和岭函数等机器学习方法在金融领域中的运用，笔者选取该模型作为预测变量的选择模型。

弹性网络模型是一种新的正则化和变量选择方法，通过一系列数据检验与模拟研究，结果证实，弹性网往往优于 LASSO，尤其鼓励分组效应。通常情况下，在变量数多于样本数时，学者们会十分关注模型的简约问题，而弹性网络模型无论是在模型的预测准确度还是解释力方面的优势都更为突出。弹性网络模型本质上仍为带有惩罚约束项的最小二乘法，其参数估计值为：

$$\hat{\beta}_{EN} = \arg\min_{\beta} \beta^T \left(\frac{X^T X + \lambda_2 I}{1 + \lambda_2} \right) \beta - 2y^T X \beta + \lambda_1 \, |\beta|_1 \qquad (8-2)$$

式（8-2）中，λ_1、λ_2 均为惩罚因子，用来调节惩罚项的权重。

比较式（8-3）中 LASSO 的参数估计值：

$$\hat{\beta}_{LASSO} = \arg\min_{\beta} \beta^T (X^T X) \beta - 2y^T X \beta + \lambda_1 \, |\beta|_1 \qquad (8-3)$$

由式（8-3）可知：

$$\frac{X^TX + \lambda_2 I}{1 + \lambda_2} = (1 - \gamma) \hat{\sum} + \gamma I \tag{8-4}$$

式（8 – 4）中，$\hat{\sum} = X^TX$，$\gamma = \dfrac{\lambda_2}{1 + \lambda_2}$，且结合式（8 – 2）同式（8 – 3）的比较可以看出，由于 EN 是相关矩阵根据 γ 进行了缩放，因此 EN 相较于 LASSO 更为稳定，且预测精度相对更高。

8.3.3　长短期记忆 LSTM 模型

统计预测模型往往仅依赖于历史交易数据，不仅需要满足一定的前提假设，还要受到数据维度和频率的多重限制。机器学习算法对于金融时间序列数据在维度和频率的要求上虽然有所放宽，但是黄金期货波动率的预测属于一种监督学习的回归，其受到不同因素的影响面临巨大不确定性，而深度学习方法对于该类回归任务具有更为明显的优势。黄金期货收益率的时序问题、深度学习模型中的循环神经网络和长短期记忆网络均能够处理，但由于循环神经网络同样面临着梯度消失和梯度爆炸的问题，即无法很好地发现其长期依赖关系，因此引入 LSTM 模型来预测黄金期货的收益率。

LSTM 模型为传统 RNN 模型的改进形式——将 RNN 模型中单一的记忆模块改变后就克服了有效的历史信息无法长期保存的缺陷，使其在处理时间序列的问题时拥有更强的信息提取能力和学习能力，可以将远距离的上下文信息应用于当前的预测。

LSTM 模型的基本单元是记忆模块，包含了记忆单元和控制记忆单元状态的 3 个门结构：遗忘门、输入门和输出门。

LSTM 模型的结构如第 6 章的图 6 – 1 所示，在此不再赘述。

在 LSTM 模型的 3 个控制门中，遗忘门通过 sigmoid 函数决定从记忆单元状态中舍去那些无用的历史信息，确保传到 t 时刻的黄金期货历史数据是有用的。如式（8 – 5）所示：

$$f_t = \sigma\left[W_f \cdot (h_{t-1}, x_t) + b_f\right] \tag{8-5}$$

式（8 – 5）中，f_t 是遗忘门的输出，介于 0 ~ 1；σ 是 sigmoid 函数，公式为 $\sigma(x) = (1 + e^{-x})^{-1}$；$W_f$ 为各个变量的权值；b_f 为截距项；h_{t-1} 是（t – 1）时刻的输出；x_t 是 t 时刻的输入。输入的时序样本是黄金期货 1 分钟的高频

收益率，而每分钟的收益率对应 20 维向量。

输入门用于控制新的输入信息，如 t 时刻影响黄金期货的 20 维指标数据进入内部记忆单元，更新细胞状态，公式如下：

$$i_t = \sigma [W_i \cdot (h_{t-1} , x_t) + b_i] \qquad (8-6)$$

$$\tilde{F}_t = \tanh [W_c \cdot (h_{t-1} , x_t) + b_c] \qquad (8-7)$$

$$F_t = f_t F_{t-1} + i_t \tilde{F}_t \qquad (8-8)$$

式（8 – 6）中，i_t 是输入门中 sigmoid 函数的计算结果，介于 0 ~ 1，决定需要存储的输入信息；式（8 – 7）中的 tanh 函数为双曲正切函数，公式为 $\tanh(x) = \dfrac{\sinh(x)}{\cosh(x)} = \dfrac{e^x - e^{-x}}{e^x + e^{-x}}$，通过其创建新的变量，添加进细胞状态，$\tilde{F}_t$ 为 t 时刻输入信息中提取到的要存储记忆的信息；式（8 – 8）中，F_t 为更新后的细胞状态值，F_{t-1} 为（t – 1）时刻的细胞状态值。

输出门主要用来决定输出信息，即黄金期货的收益率预测值，控制内部记忆单元输出的信息量。输出门的公式如下：

$$o_t = \sigma [W_o \cdot (h_{t-1} , x_t) + b_o] \qquad (8-9)$$

$$h_t = o_t \cdot \tanh (F_t) \qquad (8-10)$$

式（8 – 9）中，o_t 使用 sigmoid 函数计算输出多少信息量；式（8 – 10）中，h_t 是 t 时刻输出门的输出值，其为短时记忆，维度为隐藏层单元的个数，并非最终的预测变量 y_t。需要注意的是，最终输出的预测变量 y_t（收益率预测值）在第 6 章的图 6 – 1 中并未显示。

这样，使用 3 个控制门就完成了一个神经元的内部处理，因此 LSTM 模型可以有效记忆过去的、远距离的数据。训练 LSTM 模型的关键就在于权值 W 和截距项 b 的确定。

在 LSTM 模型构建上，综合金融大数据与互联网交易高并发、多频次、大流量等特征，展开了充分、全面的考虑。第一，LSTM 模型解决了循环神经网络存在的梯度消失和梯度爆炸问题，能够更好地适应黄金期货收益率非平稳的数据特征；第二，黄金期货的收益率序列具有长期依赖性，即先前的收益率和指标均会对之后的收益率产生影响，而具备长短记忆性的 LSTM 模型恰好在处理时间间隔较长或作用效果有延迟的数据上存在明显优势；第三，LSTM 模型可以很好地总结非线性期货收益率波动的内在规律，并准确预测未来期货收益率的变动情况。

　　大数据时代的到来大大降低了金融数据的获取与存储成本，但大数据中夹杂着大量噪声，统计预测方法受限于过多的前提条件，已经无法适应更为复杂多变的金融数据结构特征，而 LSTM 模型强大的时序数据处理能力，对于兼备大规模、多维度、高频率等数据特征的金融市场具有高度适用性，大幅提高了预测精度，改进了传统的实证研究方法。此外，LSTM 模型不仅不需要考虑共线性的问题，也不易出现过拟合现象，在处理金融高频数据时的精度远高于经济计量模型。

8.4　数据处理

8.4.1　数据描述

　　黄金期货市场的高频数据来源于同花顺数据库。侧重于大数据背景下黄金期货日内高频数据的波动率研究，结合考虑新冠疫情对我国金融市场的影响，因此确定的样本期间为近两年。黄金兼具商品属性、货币属性和金融属性，是一种相对特殊的商品，自上海期货交易所推出黄金期货合约以来，其一直受到业界人士和科研工作者的广泛关注。部分学者（Wang et al.，2019）通过对国际黄金期货市场进行实证研究发现，黄金的金融属性变得格外重要。我国黄金期货市场相较国外仍然是新兴市场，仍有许多值得探索、开发的价值，因此，样本对象确定为上海期货交易所黄金期货标准连续主力合约，以保证数据具有足够的流动性。数据样本为 1 分钟的收盘价数据：样本时间区间为 2019 年 1 月 2 日 9 时 1 分至 2020 年 12 月 31 日 15 时，共 543 个交易日。由于上海期货交易所每个交易日的日盘交易时间为 4 个小时，加上夜盘的 5 小时 30 分，因此以 1 分钟为抽样频率，每日可以计算得 555 个高频收益率，去除夜盘交易暂停的时间，最终形成的样本量为 245865 个样本。收盘价序列记为 $C_{t,d}$，其中 t = 1，2，3，…，543，d = 0，1，2，…，555，$C_{t,0}$ 表示第 t 个交易日的开盘价，$C_{t,555}$ 表示第 t 个交易日的收盘价。

　　基于前人经验，比较不同文献中期货市场价格波动测度方法，为提高实证结果的准确性，笔者认为，上海黄金期货市场的价格波动率的测度采用基于收盘价的收益率更具有合理性。

定义第 t 日的 1 分钟高频收益率 $R_{t,d}$ 公式如下：

$$R_{t,d} = 100(\ln C_{t,d} - \ln C_{t,d-1}) \tag{8-11}$$

其中，t = 1，2，…，244，d = 1，2，…，48。

将 t 日的输出值构造成收益率的计算形式，预测结束后使用归一化处理公式计算（t + 1）日的收盘价预测值 $\hat{C}_{t+1}$，并与真实值 C_{t+1} 进行比较。

8.4.2　指数构建

由于影响 1 分钟高频黄金期货数据的内在因素、宏观经济形势因素对于日内高频价格的影响程度也很难判断，实时获取比较困难，因此在指标选取时不予考虑。另考虑到样本数据的可得性和完整性，借鉴杨潇等（2017）相关文献建立的指标体系，本书选取两类指标作为黄金期货市场的特征指标变量：一类是基本交易指标，具体包括开盘价、最高价、最低价、成交量、成交额、持仓量 6 项指标作为特征指标；另一类是主要技术指标，具体包括 K、D、J、OBV、CCI、DIF、DEA、MACD、RSI1（6 日）、RSI2（12 日）、RSI3（24 日）、MA1（5 日）、MA2（10 日）、MA3（20 日）共 14 项指标作为特征指标。详细指标数据信息如表 8 - 1 所示。

表 8 - 1　　　　　　　中国沪市黄金期货波动率预测指标一览表

序号	指标类型		指标名称	指标含义	指标个数
1	基本交易指标		收盘价	当天的最后一笔成交价	1
2			最高价	1 分钟内期货合约最高的一笔成交价	1
3			最低价	1 分钟内期货合约最低的一笔成交价	1
4			成交量	每分钟成功买入卖出的量	1
5			成交额	每分钟成功买入卖出的金额数	1
6			持仓量	提示多空实力变化的未平仓期货合约数量	1
7~9	主要技术指标	反趋向	KDJ	随机指标，反映价格的波动趋势	3
10		量价	OBV	能量潮，从成交价变动和成交量增减关系推测市场气氛	1
11		反趋向	CCI	顺势指标，测算成交价是否超出常态分布范围	1
12		趋向	MACD	指数平滑异同平均线，将 12 日的移动平均线与 26 日的指数移动平均线求差而得，通过两线走势找到买卖点	1

序号	指标类型		指标名称	指标含义	指标个数
13	主要技术指标	趋向	DIF	差离值，MACD 的核心部分，快慢速平滑移动平均线之差	1
14		趋向	DEA	异同平均数，MACD 的一条曲线，DIF 的 9 日平滑移动平均值	1
15~17		震荡	RSI	相对强弱指标，采用数字计算的方法比较买卖双方的力量	3
18~20		趋向	MA	移动平均线，计算周期内的收盘价并平均，反映价格走势	3

8.4.3 数据预处理

8.4.3.1 归一化处理

由于输入变量指标的量纲、数量级存在很大差异，对于 EN – LSTM 模型训练速度与预测精度存在很大程度的干扰，而且还会导致权重偏移。为消除不同量纲对模型预测效果的影响，将输入的各个指标数据进行无量纲化调整。因此，在 EN – LSTM 模型训练之前，对完整的输入数据集进行归一化处理。

归一化公式如下：

$$x_t' = \frac{x_t - \min(x_t)}{\max(x_t) - \min(x_t)} \qquad (8-12)$$

式（8 – 12）中，x_t 表示黄金期货 20 个指标的原始数据值，$\max(x_t)$ 表示 x_t 的最大值，$\min(x_t)$ 表示 x_t 的最小值。

8.4.3.2 不同频率处理

本书 1 分钟高频数据选用的 20 个指标属于基本交易指标和主要技术指标两个类别的影响因素。笔者为方便比较数据频率的不同是否会对 EN – LSTM 模型的预测精度产生影响，对上海黄金期货日内 1 分钟高频数据进行等间隔抽样，使用 Python 编写程序，抽离成 1 分钟、3 分钟、5 分钟、10 分钟、15

分钟、20 分钟、30 分钟、60 分钟多种不同频率的分时数据，分别将其输入预测模型，共产生 8 个模型，进而验证改变数据频率是否能够提升 EN － LSTM 模型预测精度。为便于下一步的比较分析，各个不同频率分时数据的样本个数如表 8 － 2 所示。

表 8 － 2　　　　　　　沪市黄金期货模型不同频率分时数据的样本个数

项目	模型 1	模型 2	模型 3	模型 4	模型 5	模型 6	模型 7	模型 8
时间间隔	1 分钟	3 分钟	5 分钟	10 分钟	15 分钟	20 分钟	30 分钟	60 分钟
样本个数	245865	81955	49173	24365	16391	11518	7974	3544

8.5　实证研究

8.5.1　实证过程

8.5.1.1　模型搭建

本书借鉴部分学者（Wang et al.，2018）的前沿做法，搭建了一种新的变量选择模型和长短期记忆网络的集成预测 EN － LSTM 模型，用于精确预测上海黄金期货市场价格波动率。其融合了基本的时间序列模型、机器学习模型和深度学习模型的优点于一体。具体来讲，搭建的该模型首先是使用弹性网络模型对数据进行变量收缩，通过变量选择和正则化降低过拟合，并捕捉变量数据中的线性关系，然后运用深度的 LSTM 模型学习变量数据间的非线性关系。

（1）时间序列模型。假设上海黄金期货的变量数据每个记录时间间隔为 σ_t，则本部分的时间序列模型可以表示为：

$$y_t = f(y_{t-\sigma_t}, y_{t-2\sigma_t}, \cdots) + \varepsilon_t \qquad (8-13)$$

式（8 － 13）中，Y_t 是 t 时刻的上海黄金期货收盘价的收益率，ε_t 是 t 时刻的扰动项，f(·) 是连接 t 时刻之前的收益率到现在 t 时刻的收益率的函数，σ_t 是每两次记录之间的时间间隔。根据本书的样本选取数据，σ_t 即为 1、3、5、10、15、20、30、60。

对于 1 分钟的高频数据，可以将式（8 - 13）简写为：

$$y_t = f(y_{t-1}, y_{t-2}, \cdots) + \varepsilon_t \qquad (8-14)$$

一般来讲，在式（8 - 13）中，随着时间间隔的减小，样本数据之间的相关性则会增强，即 1 分钟的高频数据之间相较于 1 小时间隔的样本数据之间联系更为密切。考虑到这点，可以将式（8 - 14）进一步改写为一个完备的基础预测模型：

$$y_t = y_{t-1} + \varepsilon_t \qquad (8-15)$$

（2）变量选择模型。由于上海黄金期货市场的高频数据复杂，包含的变量之间存在多重共线性关系，计算量十分庞大，传统的量化投资模型已经达不到理想效果，通过阅读前沿的方法原理，本书使用一种弹性网络的机器学习方法。该方法兼具 LASSO 和岭回归两种方法的优势，不仅可以解决变量间的多重共线性问题，还可以通过对变量系数进行压缩，通过减小变量的复杂性降低计算量。弹性网络的目标损失函数为：

$$\min_w \frac{1}{2n} \| Xw - y \|_2^2 + \alpha\rho \| w \|_1 + \frac{\alpha(1-\rho)}{2} \| w \|_2^2 \qquad (8-16)$$

可以看出，弹性网络同时使用了 L1 和 L2 两个正则化，式（8 - 16）惩罚项中 α 为学习率，ρ 为 l1_ratio，用来控制 L1 和 L2 惩罚项的凸组合。

笔者通过训练模型，针对不同频率数据的特点确定学习率 α 为 0.001，设定批处理大小 batch size 为 64，初始化变量，经过 40000 次迭代，最终利用 EN 模型确定各变量系数，从而得到 8 个模型，各模型系数采用 $\beta_1 \sim \beta_{20}$ 来表示。

模型 1：

$$\begin{aligned} y_1 = &1.6365X_1 - 2.7670X_2 - 2.9816X_3 - 3.0549X_4 - 0.9699X_5 + 2.8495X_6 \\ &- 4.4956X_7 - 1.4541X_8 - 4.4369X_9 + 1.5572X_{10} - 3.7656X_{11} \\ &+ 3.9402X_{12} + 0.2644X_{13} + 1.6587X_{14} - 4.3889X_{15} + 1.8694X_{16} \\ &+ 0.2661X_{17} + 1.8675X_{18} - 2.0935X_{19} - 1.1978X_{20} + b \end{aligned}$$

模型 1 中，b = 13.574，Loss 值为 0.00203。

并由此得到模型 1 的 Loss 曲线如图 8 - 1 所示。

为简化表达，各个弹性网络模型的变量系数及 loss 值详如表 8 - 3 所示。

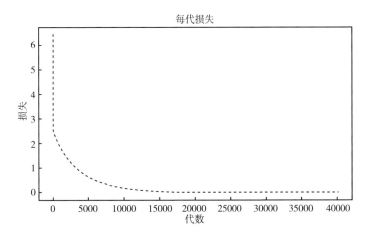

图8–1　EN–LSTM模型1损失函数收敛曲线

表8–3　　　　　　　　　　各弹性网络模型变量的回归系数

变量系数	模型1	模型2	模型3	模型4	模型5	模型6	模型7	模型8
β_1	1.6365	1.6000	– 0.3386	0.1567	– 4.5596	– 2.7902	– 3.5543	– 0.2829
β_2	– 2.7670	– 2.0961	3.0054	– 4.4492	– 1.0060	– 0.7011	– 2.3624	– 2.1520
β_3	– 2.9816	4.9801	– 1.1502	1.9099	– 1.2448	– 3.8768	2.1357	– 3.5036
β_4	– 3.0549	– 1.1196	– 0.4632	– 4.2194	1.5407	3.3035	– 1.6071	4.1666
β_5	– 0.9699	– 3.6459	– 1.8007	0.8093	– 1.8380	– 0.6502	3.5214	0.7935
β_6	2.8495	– 3.0842	2.9527	4.7172	4.6202	4.3389	– 0.4432	– 1.2908
β_7	4.4956	3.5975	3.2408	2.2114	– 1.3805	4.9781	2.2667	– 1.6107
β_8	– 1.4541	– 1.8696	1.5219	3.7936	– 3.3184	4.1434	– 0.0055	– 0.6649
β_9	– 4.4369	2.6430	3.9640	4.2066	3.6806	– 4.5394	– 0.1680	5.2747
β_{10}	1.5572	1.4303	1.6378	– 1.2093	2.8796	3.2154	– 3.6515	– 3.6283
β_{11}	– 3.7656	4.0337	1.3262	– 3.5162	1.3167	4.7208	– 1.8062	– 0.7730
β_{12}	3.9402	0.6232	3.9065	3.7139	4.0123	– 2.1098	2.2162	– 1.6697
β_{13}	0.2644	3.6147	– 1.6337	3.8837	0.7947	– 2.3381	– 4.0508	– 0.8147
β_{14}	1.6587	2.8519	4.0974	1.2512	1.8722	– 1.6353	– 1.5428	– 0.7298
β_{15}	– 4.3889	1.2573	1.9580	0.1923	2.3607	0.0225	2.8335	5.3859
β_{16}	1.8694	3.3784	3.2677	0.8704	– 1.9827	– 2.5527	4.7471	– 3.2023

续表

变量系数	模型1	模型2	模型3	模型4	模型5	模型6	模型7	模型8
β_{17}	0.2661	2.4406	3.0146	2.1116	0.4807	1.4113	-1.3874	-1.8768
β_{18}	1.8675	-1.9858	3.9429	3.7083	-3.7180	-3.6590	0.8191	2.6809
β_{19}	-2.0935	-3.0999	-3.3290	-0.4132	-3.8075	2.6152	-3.7869	-4.8057
β_{20}	-1.1978	-1.3338	3.7868	3.1639	2.4185	-4.3168	-1.8845	-1.4558
b	13.5740	-2.3643	14.1750	20.8790	19.6260	15.8600	3.6329	-32.9450
loss	0.00203	0.00094	0.00089	0.00088	0.00087	0.00091	0.00094	0.00099

根据表8-3中通过EN模型进行变量系数缩放后的各变量再次输入LSTM预测模型。

（3）预测模型。根据深度学习LSTM模型搭建和训练的要求，实证研究部分运用Tensorflow2.0开源平台，采用Python3.7编写程序，使用Keras搭建网络结构。通过大量实验反复调试超参数，本书确定的深度学习模型结构由输入层、LSTM隐藏层、Dense全连接层和输出层组成。

8.5.1.2 预测思路

本书基于时序模型的理论基础，首先运用弹性网络EN模型对20维输入变量进行缩放，其次将缩放选择后的变量输入LSTM预测模型进行训练，最终输出上海黄金期货的高频收益率。本书借鉴苏阿尔迪等（Suardi et al.，2011）的做法，再依据收益率，使用差分绝对值作为上海黄金期货短期波动率变动的代理变量。

在预测阶段，为减少人为因素的干扰，尽可能模拟现实的投资过程，采取滑动时间窗的样本外预测法，本书设定的样本外预测时间区间为2021年1月4日9点16分至11点30分，11点31分至15点；2021年1月4日21点1分至1月5日的2点。具体预测方法是：

（1）将训练的时间步长设为t，将前t个样本的预测变量输入模型作为第一个估计样本，分别对9个模型的参数估计，在此基础上获得第（t+1）个样本的预测值。

（2）保持时间步长t不变，将t向后平移1个步长，即将第2个样本到第（t+1）个样本作为第二个估计样本，重新估计上述9个模型的参数，并获得第（t + 2）时刻的预测值。

（3）同理重复上述步骤，从而获得未来 l 个预测值，其中 l 为预测集的个数。

8.5.1.3　参数确定

LSTM 模型的损失函数使用均方误差，训练过程使用 Adam 优化器进行优化。LSTM 模型的超参数设置为训练时间步长 t、批处理大小 batch size，训练次数 epochs、隐藏层神经元个数 n。通过反复训练，最终确定的最优模型超参数取值范围或取值分别为：样本数据的训练时间步长 t 在 1 ~ 60，具体为 1、3、5、10、15、20、40、60，为方便对不同频率的 8 个模型进行预测精度的比较分析，故而将训练步长做上述调试；批处理大小 batch size 为 128；训练次数 epochs 为 5000 次；LSTM 隐藏层神经元个数 n 为 64 个；两层 Dense 全连接层神经元个数 n 分别为 32 个和 1 个；激活函数均为 tanh 函数。另外，为达到较好的拟合效果，使用样本数据输入模型多次训练确定 LSTM 隐藏层数，最终选用 1 层 LSTM 模型。

8.5.1.4　精度评价

为便于和同类研究的模型预测效果比较，选取常用的 3 个损失函数评价 EN - LSTM 模型的预测精度，这 3 个损失函数分别为均方误差、平均绝对百分比误差、平均绝对误差。这 3 个定量评价指标的数值越小，则 EN - LSTM 模型的预测值与真实值偏离程度越低，即模型预测效果越理想。此外，为进一步考察 EN - LSTM 模型对上海黄金期货波动率样本外预测的精度提升所作出的贡献，笔者选择 LSTM 模型作为基准模型，以比较 EN - LSTM 模型对基准模型，即 LSTM 模型预测精度的改进效果。

8.5.2　实证结果

8.5.2.1　预测结果

本节使用 2019 年 1 月 2 日 9 时 1 分至 2020 年 12 月 31 日 15 时的上海黄金期货 1 分钟高频数据，将其进行等时间间隔抽样成不同频率的数据，分别选择步长为 1、3、5、10、15、20、40、60 个时间间隔构造训练数据，输入 8

个 EN – LSTM 模型进行训练，分析训练时间步长对 EN – LSTM 模型预测效果的影响，然后预测下一个时间间隔的收盘价，各个 EN – LSTM 模型的预测结果如表 8 – 4 所示。步长的设计与数据采样频率相关，对于 1 分钟的数据而言，不同步长分别对应的时间窗口就是 1 分钟、3 分钟、5 分钟、10 分钟、15 分钟、20 分钟、40 分钟、60 分钟。

表 8 – 4　　　　不同频率×步长对应的 EN – LSTM 模型预测精度比较

| 步长 | 模型 1 | 模型 2 | 模型 3 | 模型 4 | 模型 5 | 模型 6 | 模型 7 | 模型 8 |
	1 分钟	3 分钟	5 分钟	10 分钟	15 分钟	20 分钟	30 分钟	60 分钟
1	0.6781	2.9090	2.1606	3.5111	5.5681	3.3010	4.8910	5.1745
3	0.6691	2.9464	2.1493	3.5326	4.7221	3.2455	4.4379	4.5998
5	0.6738	2.9214	2.0637	3.2881	4.8394	3.3944	4.7241	4.8470
10	0.6711	2.8799	2.0314	3.4081	4.5844	3.3375	4.9325	4.6373
15	0.6540	2.8502	2.0793	3.4709	5.2188	3.3234	4.9892	4.4862
20	0.6882	2.9801	2.0792	3.5068	4.8813	3.3074	4.9388	5.2480
40	0.6650	2.9225	2.0621	3.3394	4.9189	3.2453	5.3652	4.6768
60	0.6605	2.9860	2.0390	3.4779	4.6946	3.3708	5.4126	3.9790

注：下划线突出显示各频率的最小 MAPE 值，阴影部分突出显示全局最小 MAPE 值。

从预测精度的结果来看，对于不同频率样本数据构建的 8 个模型的模型平均绝对百分比误差值存在数量级差别，但相对以往研究中的低频数据预测精度明显更高。对于模型 1 的 1 分钟间隔数据，MAPE 值均在 0.67 左右，最小值为 0.6540；模型 2 的 3 分钟间隔数据 MAPE 值为 2.92 左右，最小值为 2.8502；模型 3 的 5 分钟间隔数据 MAPE 值为 2.08 左右，最小值为 2.0314；模型 4 的 10 分钟间隔数据 MAPE 值为 3.44 左右，最小值为 3.2881；模型 5 的 15 分钟间隔数据 MAPE 值为 4.92 左右，最小值为 4.5844；模型 6 的 20 分钟间隔数据 MAPE 值为 3.32 左右，最小值为 3.2453；模型 7 的 30 分钟间隔数据 MAPE 值为 4.96 左右，最小值为 4.4379；模型 8 的 60 分钟时间隔数据 MAPE 值为 4.71 左右，最小值为 3.9790。

根据表 8 – 4 的预测精度评价结果可以看出，模型 1 的预测精度最高，且最优值出现在步长为 15 时，因此，本书依据模型 1 步长 15 的输出预测收益率，同基准模型 LSTM 模型的输出预测值和真实收益率进行了比较，绘制不同模型样本外预测上海黄金期货收益率的效果，如图 8 – 2 所示。

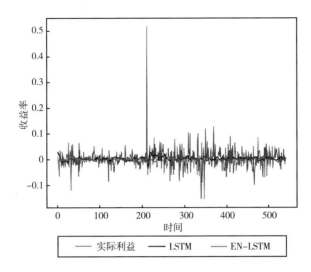

图 8 – 2　MAPE 最高的 EN – LSTM 模型和基准模型预测效果对比

图 8 – 2 展示了本书构建的 EN – LSTM 模型和 LSTM 模型样本外预测上海黄金期货分时收益率的效果，图中的 3 条曲线分别是 2021 年 1 月 4 日的黄金期货分钟收益率真实值、LSTM 模型预测值和 EN – LSTM 模型的预测值。可以看出，本书所构建的两个预测模型对于上海黄金期货收益率的波动趋势和涨跌方向均进行了准确的预测。相较之下，LSTM 模型对于峰顶和谷底的刻画能力要优于 EN – LSTM 模型，这或许是由于弹性网络模型对于变量数远远小于样本量的样本数据的预测，并不十分占据优势。但整体来看，EN – LSTM 模型预测的准确性和涨跌方向要高于 LSTM 模型，该结论和史建楠等（2019）实证得到的股票价格预测结果大体一致。

8.5.2.2　结果分析

根据表 8 – 4 的预测结果，可以从多个角度进行结果分析。

（1）从数据频率来看，数据频率的不同对模型的预测效果产生了一定影响。由表 8 – 4 可以看出，对于 EN – LSTM 模型来讲，数据频率的增强可以带来预测精度的提高，因为蕴含更为丰富的价格波动信息，但也出现模型 2（3 分钟）的预测精度低于模型 3（5 分钟）、模型 4（10 分钟）和模型 5（15 分钟）低于模型 6（20 分钟）的情况。本书所构建的 EN – LSTM 模型对于 1 分钟的高频交易数据的预测精度在 0.67 左右，间隔为 3 分钟的交易数据预测精度在 2.92 左右，间隔为 5 分钟的交易数据预测精度在 2.08 左右，间隔为 10

分钟的交易数据预测精度在 3.44 左右，间隔为 15 分钟的交易数据预测精度在 4.93 左右，20 分钟间隔的预测精度在 3.32 左右，间隔为 30 分钟的预测精度在 4.96 左右，间隔 1 小时的预测精度在 4.71 左右上下浮动，相较而言，频率的影响程度略大，可能是由于数据量减小导致模型预测精度有所下降，也有部分原因是时间间隔过宽损失了高频交易数据中大量的有效信息。由此可见，数据的深度与模型的预测能力存在明显关联，数据频率会影响 EN－LSTM 模型对数据的刻画能力，1 分钟数据能够提取的有用信息最多。因此可以得出结论，高频数据信息对于上海黄金期货市场的收益率预测更为有效，这与现有研究认为短周期涨幅预测效果优于长周期的结论保持一致（Silva et al.，2014）。早期也有国外学者得出相吻合的研究结论，证实利用 5 分钟的股指期货高频数据预测效果要优于 10 分钟（Stoll and Whaley，1990）。但相对之前笔者研究的沪深 300 股指期货来说，其作用程度有限。这可能由于其与交易信息本身的时效性存在关联，黄金期货是 T＋0 交易制度，交易速度快、日内交易量大、交易频率比较高，频率较低的数据信息无法及时反映市场行情的变化，但错误地破坏交易数据在时间上的连续性使得数据的有效信息削弱，大量的噪声信息被当作有效信息提取，反而造成预测精度的下降，因此出现模型 2（3 分钟）的预测精度反而低于模型 3（5 分钟）、模型 4（10 分钟）和模型 5（15 分钟）低于模型 6（20 分钟）的特殊状况。

（2）从模型的训练时间步长来看，模型 1 和模型 2 在考虑近 15 个训练时间步长的历史数据达到的预测效果最为理想，随着数据频率的降低，模型 3～模型 5 最高预测精度的最优训练滚动窗口开始缩小，当数据频率进一步降低时，数据的有用信息更加缺失，因此需要继续调整滚动窗口，使得提取的有用信息能够达到高频数据同等的富足水平。由表 8－4 可以看出，对于 1 分钟的高频数据，投资者应当考虑近 15 分钟的交易情况，滚动时间窗口大小不会带来预测精度的显著提高，说明 15 分钟内蕴含的黄金期货短期交易信息已经足够投资者作出投资判断，而更为久远的交易信息对操作频繁的投资者来讲参考价值不大。对于 3 分钟、5 分钟、10 分钟的高频数据，投资者应考虑 45 分钟内或是 50 分钟左右的交易情况，一个小时以外的交易数据对于当前的预测效果并不会得到显著的提升；对于间隔为 15 分钟甚至频率更低的数据，投资者应参考的数据略微久远，当信息的有用程度达到最大化时，才能弥补数据频率降低带来的信息缺失的影响，而不同频率的数据如果参考的时间范围过小或过大，均使预测的准确程度会大大降低。尤其是间隔为一小时的数据，倘若考虑的数据时间太近，则会大大影响预测结果的准确性。因为上海黄金期货市场的交易流动性更强，选取短期的信息预测更为有效，且本书选取的预测变量多为交易指标和技术指标，更适合做短期预测。

（3）总体来看，对于不同频率的数据：

第一，关于预测性能，EN - LSTM 模型对于上海黄金期货高频交易数据的波动性刻画能力较强，由图 8 - 2 可以看出，虽然 LSTM 模型预测收益率的波动特征更为明显，但却存在一定滞后性，而 EN - LSTM 模型却能够达到事先预警的效果。

第二，关于数据频率，1 分钟数据相较于 1 小时交易数据建立的 EN - LSTM 模型，数据频率对模型预测的作用相当明显，这主要由于数据信息量不同导致预测结果有明显差异，频率越高，数据信息量越大，模型的预测精度越高；频率越低，数据信息量越小，模型的预测精度越低。这也是机器学习模型和深度学习模型对于海量数据处理具有优越性的具体体现。

第三，关于预测精度，结合表 8 - 3 与图 8 - 2 进行比较分析，可以得出模型预测效果的差异并不仅仅是因为数据量，时间间隔为 5 分钟的收益率数据量比时间间隔为 3 分钟的收益率数据量少 32782 个，样本数量差异将近两倍，预测精度却有增无减，说明 3 分钟的黄金期货交易数据不适用于短期投资者作出决策，同理，15 分钟及以上的交易数据也不是投资者最合适的选择。结果表明，1 分钟的 EN - LSTM 模型预测精度最高，数据频率的增加对模型的预测精度的提高产生了影响。

8.5.2.3　结果比较

样本外预测效果的评价标准为 MAPE、MAE、MSE，本书采用收益率的标准差作为上海黄金期货短期波动率变动的代理变量。短期日内 5 分钟波动率变动的计算方法为：

$$RV_t = \sqrt{\frac{\sum_{i=1}^{n}(V_t - \bar{V})^2}{n - 1}} \tag{8-17}$$

式（8 - 17）中，V_t 为 t 时刻的收益率，$\bar{V}$ 为 t 时刻后 5 分钟的收益率均值。

此外，笔者还利用基准模型的预测结果分别计算相对指标 rMAPE、rMAE 和 rMSE，进而分析 EN - LSTM 模型在改进基准模型预测精度方面的贡献程度。基于相同样本数据条件，相对指标的计算方法如下：

$$rMAPE = \frac{MAPE_{EN-LSTM}}{MAPE_{LSTM}} \qquad (8-18)$$

$$rMAE = \frac{MAE_{EN-LSTM}}{MAE_{LSTM}} \qquad (8-19)$$

$$rMSE = \frac{MSE_{EN-LSTM}}{MSE_{LSTM}} \qquad (8-20)$$

表8-5汇总了EN-LSTM模型和LSTM模型的预测精度评价结果。

表8-5　不同频率对应的EN-LSTM与LSTM模型预测精度评价结果

频率	模型	MAPE	MAE	MSE	rMAPE	rMAE	rMSE
1分钟	LSTM	0.6561	0.0024	0.0024	—	—	—
	EN-LSTM	0.6540	0.0024	0.0024	0.9968	1.0000	1.0000
3分钟	LSTM	2.8003	0.0093	0.0093	—	—	—
	EN-LSTM	2.8502	0.0095	0.0095	1.0178	1.0215	1.0215
5分钟	LSTM	1.9924	0.0142	0.0142	—	—	—
	EN-LSTM	2.0314	0.0144	0.0144	1.0196	1.0141	1.0141
10分钟	LSTM	3.3211	0.0196	0.0196	—	—	—
	EN-LSTM	3.2881	0.0195	0.0195	0.9901	0.9949	0.9949
15分钟	LSTM	4.6524	0.0234	0.0234	—	—	—
	EN-LSTM	4.5844	0.0231	0.0231	0.9854	0.9872	0.9872
20分钟	LSTM	3.2504	0.0200	0.0200	—	—	—
	EN-LSTM	3.2453	0.0199	0.0199	0.9984	0.9950	0.9950
30分钟	LSTM	4.7021	0.0241	0.0241	—	—	—
	EN-LSTM	4.4379	0.0229	0.0229	0.9438	0.9502	0.9502
60分钟	LSTM	4.0497	0.0258	0.0258	—	—	—
	EN-LSTM	3.9790	0.0253	0.0253	0.9825	0.9806	0.9806

　　总体而言，各个不同频率的样本数据EN-LSTM模型样本外预测精度基本优于基准的LSTM模型。对上海黄金期货来讲，基于1分钟高频数据的预测模型，特别是EN-LSTM模型具有最为出色的日内波动率预测能力。结果证实，高频数据蕴含更为丰富的市场波动特征；基于3分钟和5分钟高频数据时，加入弹性网络模型的处理并未对基准LSTM模型的预测精度有显著提

升，造成 EN - LSTM 模型预测精度没有提升的原因可能是样本量远远大于变量数，因此，弹性网络的变量选择不起作用，甚至起到抑制作用。在数据频率高于 5 分钟时，EN - LSTM 模型均得到显著提升，尤其以 30 分钟的数据频率为代表的 EN - LSTM 模型预测精度提升最为明显。结果表明，引入弹性网络模型进行变量选择可以在一定程度上改进传统的 LSTM 模型样本外预测效果，变量的筛选缩放能够为短期黄金期货波动率预测提供有效信息。

此外，就不同频率的样本数据而言，基于 1 分钟频率的 EN - LSTM 模型和 LSTM 模型样本外预测效果均表现良好，说明数据频率的提高对未来的短期资产价格波动率预测精度确实具有一定贡献。伴随数据频率的降低，EN - LSTM 模型和 LSTM 模型的预测精度均有所下降，这是由于高频数据当中显然蕴含了更多的黄金期货市场信息，但也并非数据频率越高越好，如 5 分钟的模型预测精度就高于 3 分钟，20 分钟的模型预测精度反而高于 15 分钟，60 分钟的模型预测精度高于 30 分钟，因此，高频数据意味着获取更为丰富的信息，这固然重要，但也需要考虑模型从数据中分解出趋势信息时，数据频率是否能够刻画实际的市场波动趋势特征。

基于此，本书再次对 1 分钟的样本数据进行了样本外波动率预测，获得了不同模型的 5 分钟波动率预测值，绘制如图 8 - 3 所示的 EN - LSTM 模型和 LSTM 模型的样本外预测 5 分钟波动率的预测值与真实值对比。

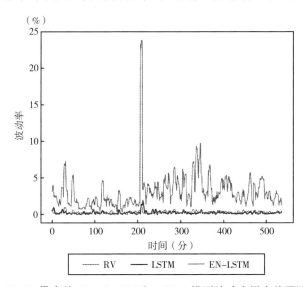

图 8 - 3　MAPE 最高的 EN - LSTM 和 LSTM 模型波动率样本外预测效果对比

图 8 - 3 所示的 EN - LSTM 模型和 LSTM 模型样本外 5 分钟波动率预测的效果，3 条曲线分别为真实日内波动率、LSTM 模型的样本外波动率预测值和 EN - LSTM 模型的样本外波动率预测值。值得注意的是，在黄金期货波动率大幅震荡阶段，LSTM 模型的预测结果滞后性比 EN - LSTM 模型滞后性严重，EN - LSTM 模型对提取的趋势变化信号更为敏感。图 8 - 3 表明，EN - LSTM 模型对高频波动率的刻画能力和预测速度要优于 LSTM 模型，预测效果相对较好。

结合表 8 - 5 和图 8 - 3 做进一步分析，可以得到如下结论。

（1）总体来看，EN - LSTM 模型对高频波动率的预测精度高于 LSTM 模型，能够从短期的金融时间序列数据中分解出更有效的趋势信息。当预测不太成熟或波动更为频繁的金融市场时，EN - LSTM 模型的反应将更为迅速，能够达到金融市场风险预警的效果。

（2）两个模型之间可以相互验证，证实了前面 1 分钟数据频率预测精度最高的结论，对于 1 分钟的数据和高于 10 分钟的样本数据，EN - LSTM 模型的预测效果均表现更佳，因此也说明 EN - LSTM 模型除了有效性之外，还具有较强的稳健性，对于量化投资的实际应用具有一定参考价值。

8.6 结论及启示

现如今，中国正在加速大数据和人工智能产业的发展进程，考察高频数据的频率对短期黄金期货波动率的影响仍是一项值得关注的课题：一方面，本书构建的 EN - LSTM 模型可以拓展深度学习模型的新设定形式，有助于发现短期黄金期货价格波动新特征；另一方面，基于高频数据，利用 EN - LSTM 模型能够更为准确地实现短期资产价格波动率的实时预测，无论是对于市场参与者优化投资策略，还是对于监管部门调整相关政策，均具有一定的参考价值。

本书在传统的金融时间序列预测模型（深度学习的 LSTM 模型）基础上，充分利用弹性网络，结合 LASSO 和岭回归两者的优势，构建了一种适用于金融时间序列数据的短期波动率预测模型，即 EN - LSTM 模型，并基于上海黄金期货高频数据的信息进行经验研究，得出了以下结论。

第一，相较于传统的长短期记忆 LSTM 模型，改进的 EN - LSTM 模型对短期波动率波动具有良好的预测效果。通过数据验证，特别地，1 分钟高频数据建立的 EN－LSTM 模型预测效果最好。

第二，通过比较不同频率样本数据搭建出的 8 个预测模型发现，并非数据频率越高，EN－LSTM 模型的预测精度就越高，3 分钟和 15 分钟的模型预测精度反而分别比 5 分钟、20 分钟模型预测精度要低得多，这与开展实证研究前的预想大相径庭。

第三，EN－LSTM 模型对高于 5 分钟频率的样本数据进行波动率样本外预测具有更为优异的表现，说明其能够识别出短期资产价格收益率波动的时变长期成分，而长期成分的适用性主要来源于变量个数相对样本量的多少。

基于实证研究结论，本书对上海黄金期货市场参与各方的启示如下：

就上海期货交易所而言，关于黄金期货市场的保证金制度、限仓制度、涨跌停板制度、强行平仓制度、风险警示制度等方面的风险管理进一步得以及时完善。此外，从交易结算的角度可以对交易风险加强实时控制。例如，单就保证金制度来看，保证金的设置需要根据黄金期货合约的持仓量、上市运行的不同阶段以及一段时间的累计涨跌幅等参数制定收取标准，而对波动率预测精度的提高可以使得保证金的设置更为合理化。

就期货经纪公司而言，实时预测黄金期货波动率，加强市场风险识别、风险测度和风险应对措施的管理工作，一方面可以提高期货交易的服务水平，加快发展，及时改变传统的盈利模式；另一方面能够监督内部管理，防范、遏制内部公司职员违规操作，使得期货公司管理构架和交易业务更为规范化。

就黄金期货交易者而言，由于黄金期货市场参与者行业领域宽泛，信息来源比较广泛，参与者需要根据当时的市场综合信息及时作出判断，黄金期货价格的波动直接反映参与者收集到的所有有效信息。因此，对上海黄金期货市场期货交易的交易数据做到实时分析具有相当的必要性，其使得黄金期货交易者的交易策略更为科学化。

需要指出的是，木书研究黄金期货价格的短期波动特征，虽然利用改进的 EN－LSTM 模型得到了预测精度的提升，但并未对低频数据高维变量进行验证，因此，模型的适用性和可靠性欠缺一定的说服力。另外，本书预测变量的选择仅仅考虑交易数据和技术指标，对于宏观基本面的分析有所忽略，同时，也未将 EN－LSTM 模型在大数据和多维变量方面的优势充分发挥出来。相应地，以上这些不足也为后续金融市场价格预测问题的研究提供了新的思路。

第9章

基于多维高频数据和 LSTM 模型的沪深 300 股指期货极端风险预警

　　本章在沪深 300 股指期货市场的波动性预测的基础上展开极端风险预警研究。采用 LSTM 模型，融合影响股指期货的多维可能因素和深度学习方法，对沪深 300 股指期货的收盘价格进行预测，并构建了极端风险预警的 VaR 指标，实现了较为实用的股指期货市场极端风险预警模型。基于多维高频数据的 LSTM 可以很好地预测沪深 300 股指期货的价格，融合 VaR 指标的极端风险预警模型可以较好地预警准确率。研究方法和结论对于参与金融市场各方都具备一定的风险预警价值。

9.1　引　　言

　　股票市场的预测一直是具备深刻研究意义的。基于对于股票市场行情的预测，机构投资者和一般投资人可以制订量化投资策略，从而最大化投资收益，监管机构也可以利用预测结果进行极端风险预警。预测股票市场的难度主要在于其不稳定性、波动性高、影响因素维度巨大的特点。影响股票市场的主客观因素非常多，能够收集到的数据存在大量噪声。宏观的经济形势、突然的"黑天鹅"事件、其他相关市场的走势、上市公司的盈利运营状况及其本身的特征，甚至是投资人本身的心理因素都是影响股票市场的重要因素。总的来讲，股票市场不稳定、影响因素多，导致对其进行可靠的预测非常困难。

　　然而，大量实证研究表明，随着技术和理论知识的进步，利用先进的现代方法，股票市场的预测渐渐变得有可能。

尤其在现如今的大数据时代中，人们获取信息的方式、信息的传播速度与传播量都达到了巨大的规模。人们获取信息的维度和频率也有显著提升。相比于早期股票市场参与者只能在证券交易所现场交易，现今的人们可以通过计算机，利用大智慧、同花顺等网络平台获取实时、高频、多维的重要行情信息（邱冬阳等，2022），而研究者也能够通过这些多维度、高频率的信息获得手段改进预测模型，从而提高预测精度和可靠性。在各种各样的预测方法中，机器学习是比较被推崇的方法。

股票市场风险预警同样是重要的研究问题。我国股市遭遇的波动往往规模大、时间长、影响大。股市的暴涨暴跌，包括熔断机制都会引发市场的交易停盘恐慌，不仅会因此导致交易主体遭受损失，也会使其他市场参与者，甚至是整体的社会经济造成损失。金融市场极端风险是指市场的投资主体和金融市场管理者们没有预期到突然发生、超出一般人的想象、冲击极大、破坏性极强的事件（刘湘云等，2016）。如何规范股票市场以及其他金融市场参与者的交易行为，对市场中的极端风险进行预测和管理，针对这些问题的讨论，对于我国金融市场的良性发展具有重大意义。

对于股票市场的精准预测可以为风险预警提供重要的参考，并为量化市场风险提供实证性依据。可以说，基于大维度、高频率数据模型的预测结果作出的风险预警具有很高的实用价值。

本书采用沪深股指 300 股指期货作为样本，在采用深度学习的长短期记忆模型与高频、多维度数据的基础上，利用风险价值 VaR 划分大涨大跌点，建立了基于深度学习预测结果的股指期货市场极端风险预警系统。

9.2　研究设计

9.2.1　理论基础

风险价值（VaR）是衡量投资损失风险的指标，即在给定条件下，一组投资在给定概率下可能的损失值。本书采用谢海滨等（2011）的观点，利用风险价值度量指标 VaR 来定义大涨大跌。

设股指期货市场的日收益率为 R_t，VAR(α) 和 VAR(β) 分别为上下分位点，则以此来定义股指期货市场的大涨和大跌点。

定义大涨为：

$$R_t > VaR(\alpha)$$

定义大跌为：

$$R_t < VaR(\beta)$$

其中，日收益率的计算为：

$$R_t = \frac{P_t - P_{t-1}}{P_{t-1}}$$

其中，P_t 为股指期货在第 t 天的收盘价。

如前所述，股指期货市场的大幅波动，无论是极端的大涨还是大跌都意味着极端风险，而引入风险价值 VaR 则是利用这一指标量化了大涨和大跌的具体阈值。本书将采用 GARCH(1，1) 模型来计算风险价值 VaR 的值，详细阐述请参考实证过程。

9.2.2　模型方法

计算 VaR 值的基础是股指期货收益率波动水平，对波动率的测算选用深度学习 LSTM 模型。如前所述，LSTM 是长短记忆期模型，是循环神经网络的特殊形式。LSTM 相比 RNN 的优势主要在于 LSTM 能够解决训练过程中梯度消失与梯度爆炸的问题。自从 Hochreiter and Schmidhuber（1997）提出该模型后，有许多相关研究对此进行了改善，使得 LSTM 模型在很多场景下都有广泛的用途和优异的表现。

有关 LSTM 模型的介绍与前述章节一样，在此就不再赘述。

笔者利用 LSTM 模型预测在不同时刻 t 的股指期货收益率，然后将预测值和大涨大跌点进行比较，如果该预测点落在大涨大跌的阈值之外，则将该点定义为大涨或大跌点，并发出极端风险预警。此前的研究大多设置一组大涨大跌阈值范围，分别由 VaR（95%）和 VaR（5%）计算得出。笔者则将 1 组阈值增加为 3 组，共 6 个阈值，分别对应 VaR（99%）和 VaR（1%）、VaR（95%）和 VaR（5%）、VaR（90%）和 VaR（10%）。

这样的定义方式可以给出多组或宽松或严格的大涨大跌判断指标，满足不同场景、不同使用人员的个性化定制化需求。例如，对于接受风险能力较低的投资人，该模型可以利用最严格的阈值组 VaR（99%）和 VaR（1%）发出预警；而对于风险接受能力比较高的投资人，该模型则可以利用较为宽松的 R_t 阈值组发出预警。甚至，对于某些特定的投资人，其接受大涨和大跌风险的意愿可能不是对称的。例如，他们对极端大涨的风险容忍度较高，则该模型可以选用不对称的预警阈值组——对于大涨采用较为宽松的阈值，而对于大跌点的判断则选择更为严格的阈值。

9.2.3　样本选择

沪深 300 股指期货是我国的第一支金融期货。沪深 300 股指选择了规模大、流动性好的股票，其市场覆盖率高，具有良好的市场代表性。沪深 300 股指的编制是沪深两市最具代表性行业，如石油、电力、煤炭等主要行业的 300 只股票，通过按市值加权平均而设计的指数，反映了中国证券市场的运行状况。沪深 300 股指交易十分活跃，流动性也比较强，不断影响着期货市场的变动方向。可以说，沪深 300 股指期货的价格可以很好地代表中国的整体金融市场，得出的研究结论也具备相当的理论与实用价值的。

具体的样本选择与第 7 章完全一样。为了保证本章的可读性，在此描述如下：沪深 300 股指期货于 2010 年 4 月 16 日在中国金融期货交易所推出，由于其上市首日的涨幅跌幅无法计算，所以笔者由 2010 年 4 月 19 日开始取样，截止日期设置为 2018 年 12 月 28 日，共 2118 个交易日。此为低频率数据的样本区间（低频数据为日度、周度与月度数据）。由于数据可获取性的原因，笔者将高频数据的样本时间区间设定为 2019 年 1 月 2 日 9 时 35 分，截至 2019 年 12 月 31 日 13 时，共 244 个交易日，以 5 分钟为抽样频率，每日可以得到 48 个高频数据，最终样本量为 11712 个样本。

9.2.4　指标选择

股指期货市场极端风险预警研究是基于前期的多维高频数据 LSTM 沪深 300 股指期货价格预测研究的，因此，根据研究设计，指标选择与第 7 章完全一样。具体选取了 89 个相关指标，分别包含了沪深 300 股指期货的自身行情因素、影响沪深 300 股指的内在因素、宏观经济形势因素、关联金融市场因素、偶发事件因素 5 大类别的影响因素共 89 项具体指标。

9.3   实证研究

9.3.1   数据来源

（1）预测模型的输出变量为沪深 300 股指期货的日收益率，按照低频和高频分别选取了沪深 300 股指期货日收盘价与日内 5 分钟收盘价作为原始数据。其中，日收盘价的样本区间为 2010 年 4 月 19 日至 2018 年 12 月 28 日，日内 5 分钟收盘价区间为 2019 年 1 月 2 日至 2019 年 12 月 31 日。数据均来源于中国金融期货交易所的公开数据。

（2）预测模型的输入变量，即影响我国股指期货金融市场的影响因素为上面提到的包含 5 大方面的、共 89 项具体指标。其中，这 89 项指标都作为输入变量用于训练预测沪深 300 股指期货日收盘价的 LSTM 模型。而对于高频数据（沪深 300 股指期货日内 5 分钟收盘价）而言，只从 89 项具体指标中选取了对日内波动影响较大的 25 项指标。

对于高频模型除去大多变量的理由有三点：第一，前面提到的影响沪深 300 股指的内在因素的波动对于股指市场的日内波动影响不大。例如，上市公司的具体经营状况和公司的高层管理结构在一天之内往往不会大幅改变。即使发生了日内的大幅改变，其影响也往往不会在日内体现出来。第二，前面提到的宏观经济影响因素同样难以对股指期货的日内波动产生影响。宏观经济因素本身的波动往往是较为平稳的，通常以年为单位发生变化。第三，"黑天鹅"事件带来的影响同样往往不会体现在股指市场的日内波动上。市场的参与者需要时间获取相关信息来处理突发事件，并基于自身处境对此作出反应。第四，上面提到的沪深 300 股指内在因素、宏观经济因素、"黑天鹅"事件因素的数据频率往往是以日或更大的时间段为单位，这导致获取高频的这类数据往往非常困难。例如，以日为单位界定"黑天鹅"事件的发生事件非常简单且自然，然而，确定其确切的发生时间点，即以 5 分钟为单位则十分困难。高频数据选取的 25 项指标详见第7 章。

9.3.2　实证过程

9.3.2.1　基于风险价值 VaR 的大涨大跌点构建

如上面提到的，本书将沪深 300 股指期货的日收益率作为 LSTM 模型的预测对象，并基于预测结果发出预警。这一部分的数据处理，建模和可视化均由 R 语言编码实现。大量实证研究表明，GARCH(1, 1) 模型能很好地刻画金融市场的异方差特征，所以，使用这个模型来计算风险价值 VaR 的值。

首先，笔者根据沪深 300 股指期货日收盘价计算了沪深 300 股指期货的日收益率，具体计算方法详见研究设计部分。沪深 300 股指期货日收益率随时间变化的折线图如图 9 - 1 所示。

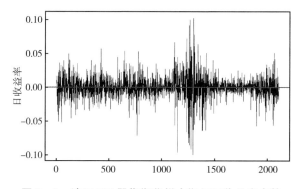

图 9 - 1　沪深 300 股指期货样本期间日收益率走势

为了计算沪深 300 股指期货每日收益率的风险价值 VaR，首先需要确保该时间序列数据是稳定的。采用 Dickey-Fuller 检验（原假设为时间序列不稳定）得出的 p - value 小于 0.01，所以，拒绝原假设，可以由此认定沪深 300 股指期货日收益率时间序列是平稳的。

接下来，笔者采用了 Box-Jenkins 方法并利用 ARIMA 模型来寻找该时间序列的最佳拟合模型，以此来计算每日对应的风险价值 VaR。该方法用 3 步来确定最佳拟合模型，这 3 步分别为识别、估计拟合、诊断审查。

在 R 环境下用简单代码实现了上述 3 个步骤。根据识别结果显示，ARI-MA(2, 0, 2)（二阶 autoregressive-moving average 模型）是最恰当的模型。根据估计结果，模型描述的沪深 300 股指期货日收益率时间数列过程为：

$$r_t = 0.1333r_{t-1} - 0.9446\,r_{t-2} - 0.1339\,\varepsilon_{t-1} + 0.9060\,\varepsilon_{t-2}$$

ARIMA 是一种线性建模拟合时间序列的方法。该模型的优点和缺点都在于它的简洁性。简洁的线性拟合让它的解释性很强，但同时也导致它的预测精度不高。对该模型的残差进行 Ljung-Box 检验，发现 p-value = 0.346。因此，不能拒绝原假设。这表示该预测模型的残差很像白噪声，该模型没有成功地捕捉到时间序列的模式。

ARIMA 模型的缺点在于它不能反映时间序列最近的变化，不适合拟合时间序列的波动性。为了更好地描述时间序列的波动性，可以使用 GARCH 模型。在 R 环境中用简单代码实现 GARCH（1，1）模型建模，根据 R 输出，alpha1 及 beta1 均和 0 有显著区别（p-value 非常小，均小于 0.001），因此，假设残差存在和时间相关的波动是合理的。

风险价值 VaR 是基于当前状况的、衡量风险损失的统计学指标。它估计一笔投资在当前时间段和市场变动状况下可能会产生多大的损失。一个 VaR 指标包含 3 个组成部分：时间段、置信水平和损失数量。假如说沪深 300 股指期货的 VaR 在 2019 年 12 月 12 日的 95% 为 A 元，那么在 95% 的置信水平下，就可以说其在这天的投资最大损失不会超过 A 元。在本书的研究中，VaR 指标的时间段选取应该与 LSTM 预测模型的输出数据保持一致。而确定该时间段的 VaR 指标首先需要确定该时间段原数据的分布情况，这就需要使用自回归条件异方差模型了。经过 R 编程可视化发现，股指期货日收益率的分布相较于正态分布，更接近于学生 t 分布，于是采用 t 分布来确定置信区间的分位点。

建立 VaR 大涨大跌点后的沪深 300 股指期货日收益率的散点分布图如图 9-2 所示。

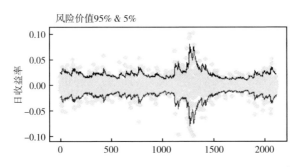

图 9-2　基于 VaR 值的沪深 300 股指期货日收益率的散点图

9.3.2.2　LSTM 数据处理

（1）对于缺失数据直接删除，或利用常用方法补齐。其中，删除的数据大部分为沪深 300 股指期货收盘价缺失的情况。沪深 300 股指期货只在法定节假日外和周一至周五进行交易，所以，将其他日期对应的数据行进行删除。高频数据交易时间之外的时间也将对应数据行进行删除。同样，因为国内与国外的期货金融市场交易日不完全重合，直接将这些不重合时间的数据也进行删除。

在数据删除后，日频率的数据保留了 2118 个样本，而 5 分钟高频率数据则保留了 11712 个样本。

需要补齐的数据分两类：第一类为由于沪深 300 股指期货日高频数据取样区间很大，存在一些上市初期和上市之前的技术指标缺失。对于这种情况，直接将对应指标替换为 0。第二类为其他指标的少量缺失，使用向前或者向后填充的方法进行补齐。例如，在关联金融市场的信息缺失时，使用向前填充，利用前一天的数据来进行填充。其中，遭遇连续缺失时即使用前或后的最近非缺失值填充。运用 Python 的"ffill"和"bfill"方法实现了上述补充。

（2）对输入数据进行标准化处理。标准化处理是训练机器学习模型时常见的数据处理方式。该处理方式主要是统一所有输入数据的量纲，从而避免量纲不同导致的干扰，同时也能提高 Python 训练程序运行的速度。

（3）最后，由于 89 个具体输入数据指标频率各不相同，利用不同的方法，针对不同数据，将所有输入指标转换为符合输出指标的频率。转换标准为：对于波动性不强的、变化不平滑的、具有跳跃性的，使用向后补齐；反之，使用线性插值。

①月度数据。对于宏观经济形势因素，由于其在一个月内的变化波动不明显，且多数与政府政策相关，不存在平滑变化，直接采用向后填充法进行补齐。对于一些主观性较强的、波动性较高的指标，如消费者物价指数、消费者信心指数等，则采用线性插值法进行补齐。

②季度数据。对于资产负债率、主营业务收入等财务指标，由于其计算方式常常是以季度为单位，我们认为其具备跳跃性的特征，所以直接采用向后补齐的方法。同样，如 GDP 总量、GDP 增长率这种宏观经济指标，也采用向后补齐的方法。对于开发支出，由于沪深 300 股指期货的成分股公司流动性均较强，所以采用线性插值补齐法。

③半年度和年度数据。同样，对于净资产收益率这类长线指标，使用向前填充法。前10股东占比以及董、监、高比例变动也多在一年内变动不大，也使用向前填充法。

④不定期数据。此处有两种情况：第一，中国人民银行不定期调整存款准备金率，其变化具备跳跃性，所以向前填充；第二，"黑天鹅"事件发生与否不确定，并且持续时间较短，所以只在其发生当天进行人工赋值，在其他日期都填充0。

9.3.3 实证结果

9.3.3.1 预测结果

本书利用 google colab 在线 ide，采用 Python3.7 编写程序，利用 tensorflow、keras 等模组实现了 LSTM 模型的构建与训练。通过实验试错调整参数与模型结构，在权衡模型的解释度和预测精确度的角度下确定了最终的整体模型。该模型较为简单，包含输入层、LSTM 隐藏层和输出层。

本书将原始数据按照95%和5%的比例分为了训练集（Train）和测试集（Validation）。训练集用来训练模型，测试集用来测试模型的预测精度。同时，使用平均绝对误差作为衡量模型精准度的标准。

使用 Python 训练该 LSTM 模型的训练过程（使用数据组为沪深300股指期货日收盘价及对应的89个输入指标）如图9-3和图9-4所示。点表示训

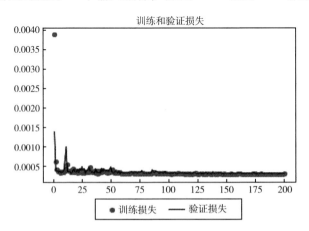

图9-3 样本期间沪深300股指期货预测结果图示1

练集的平均绝对误差和损失函数值，折线代表对应的测试集情况。可以发现，随着训练步数增加，训练集和测试集的 MAE 和 Loss 都渐渐下降，并最终趋于平稳且数值较低。这表示该模型不存在明显的过度拟合现象，且拟合精度较高。

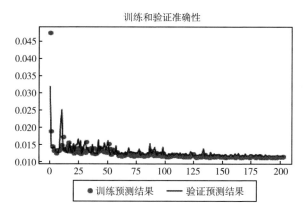

图 9 - 4　样本期间沪深 300 股指期货预测结果图示 2

9.3.3.2　预警演示

基于 LSTM 预测的沪深 300 股指期货市场极端风险预警系统的一个简单展示，如图 9 - 5 所示。

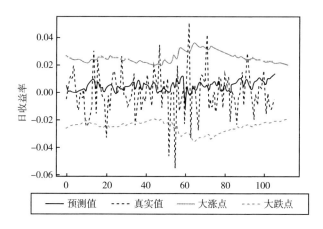

图 9 - 5　样本期间沪深 300 股指期货市场极端风险的预警图示

9.4 结论及启示

9.4.1 结论

随着改革开放的不断深化,中国国内金融市场得到了长足的发展和成长。金融市场的极端风险预警研究对市场的所有参与者都具有重大的意义。同时,随着大数据和人工智能技术的不断发展变革,大数据时代已经到来。利用大数据和人工智能技术是研究金融市场极端风险预警的突破口与进步点。在如今的时代,人们获取和处理信息的能力得到了爆炸性的增长。将大数据和机器学习技术融入金融风险预警研究符合当下人们的行为特征,具有重大意义和实用价值。

本书利用风险价值 VaR 和简单的时间序列分析方法,建立了以大涨大跌阈值为核心的沪深 300 股指收益率极端风险预警标准。利用高达 89 维、涵盖 5 大方面的对沪深 300 股指期货影响因素,对于该期货市场的波动性特征进行了深入的挖掘,构建了具备较高解释度和准确性的预测模型。将预测模型和预警标准结合,构建了具备实用性的沪深 300 股极端风险预警体系,在预测值超过大涨大跌阈值点时发出及时预警。

9.4.2 启示

基于本书的理论基础和实证研究结果,得到了对沪深 300 股指市场各方参与者的启示:对于监管部门而言,对于沪深 300 股指市场的精准预测和极端风险预警有助于其把控市场的整体形势,掌握投资人资金流动方向,通过出台相关政策对整体市场进行宏观调控。在预警发出时做好充分准备,提前策划解决方案以控制损失。

对于投资者而言,无论是预测还是极端风险预警都具有非凡的价值。显而易见,投资者作出投资决策的依据是他们对于期货产品的预测。基于大数据和深度学习模型的预测结果更加准确,有助于投资者处理繁杂的市场信号,从而最大化投资收益。而金融市场的收益和风险如影随形,往往收益最大化时也是风险最极端时。可靠的风险预警能够帮助投资人更好地优化资产结构,最大程度上规避风险。

9.4.3　讨论

尽管本书提出的基于大数据和深度学习的预警体系充分符合现实世界中人们的表现，先预测再预警的结构也具备充分的实用价值。但是，在现实中，由于数据的可得性、计算机的算力、数据的噪声等问题，能够在较短的时间内完成数据的获取—模型的训练与预测—预警信号的发出是比较理想的情况，而在现实中建立该体系还是具备一定的难度。

值得一提的是，尽管有难度，本书研究仍然具有相当大的价值。原因在于，如上所示，实现本书提出的金融市场极端风险预警体系的难度主要在于硬件难度，随着计算机技术和网络技术的飞速进步，如今看来的难题往往很快就能得到解决。

需要指出的是，作为一个黑箱模型，LSTM 这类神经网络模型相较于经典计量经济模型都有解释度较低的问题。尽管本书提出的模型结构比较简单，且在深度学习模型中具备较高的解释度，但其解释度和经典模型是没有可比性的。高解释度的模型能够带来更有价值的启示。如何克服这一缺陷，则融合黑箱模型的高预测精准性与经典模型的高解释度是该领域继续研究的重点问题。

第 10 章

防范中国金融市场过度
波动的对策建议

前述章节梳理了大数据时代金融市场随机波动特征及相关理论，重点介绍了与之匹配的深度学习中的 LSTM 模型以及实现 LSTM 模型的主要方式——Python，并运用 LSTM 模型实证预测了上证综指、人民币兑美元汇率、沪深 300 股指期货、中国黄金主力期货的市场波动性，其预测精度较高，也能在沪深 300 股指期货市场波动中起到预警效果。本章以理论研究、实证分析得出的结论为依据，有针对性地提出化解股市自身带来的、其他金融市场波动联动性带来的中国股票市场急剧波动的对策措施，以期防范中国股票市场过度波动，有助于中国股票市场健康、平稳发展。

10.1 理顺实体经济与金融市场的良性互动关系

10.1.1 坚持金融服务实体经济的原则

实体经济是国民经济的命脉，实体经济的发展主体是广大大中小企业，大中小企业的蓬勃发展离不开稳定的现金流和相关政策环境的支持，其日常经营活动、筹资活动、投资活动都需要在金融市场取得所需的资金。因此，金融是实体经济的血液，在大数据信息传递便捷的时代下，只有通过活跃的金融市场环境才能有效地激励，促进金融市场上的资源进行合理的配置，才可以对实体经济起到良性的支持和激励，才可以促进实体经济的蓬勃发展，才可以为实体经济的发展保驾护航。

第一，在大数据时代，金融服务实体经济更加要有效发挥金融资源配置的中介功能，依靠大数据分析对大、中、小企业资源进行合理配置，为大、中、小企业提供更好的金融服务，降低金融资源的流通成本，发挥金融的媒介功能和提高资源配置效率，金融市场的波动以为实体经济的发展提供更好的服务为导向，促进实体经济的蓬勃发展。

第二，稳步推进金融供给侧结构性改革与扩大金融开放。坚持独立自主的金融发展道路，结合大数据时代下的金融资源分析，依据国情，从实际出发，进行金融的供给侧结构性改革，稳步推进金融市场开放，通过区域试点总结经验后再逐步展开，做到以点扩面、层层递推，以此保证实体经济的顺利发展。

第三，结合实体经济发展需求进行金融服务创新，大数据下的数字产业化就是实体经济发展的必要趋势，金融市场提供的金融服务要结合当前实体经济发展的需要进行相应的创新，打造全产业链的金融服务，稳步推进实体经济的稳健发展。

第四，探索当前金融服务领域的薄弱地带，采取针对性的措施进行试点改革，进一步缓解中小企业融资费高、融资难，进一步解决中小企业金融风险管理工具欠缺等问题，保障实体经济发展主体的活力，从而服务好实体经济。大数据时代下信息传递更加便捷，金融市场都是围绕实体经济的发展进行合理的波动，实现金融市场与实体经济同步发展。

10.1.2　坚持大数据率先应用于实体经济

随着移动互联网时代的迅猛发展，大数据率先应用于实体经济是发展的必然趋势。大数据与实体经济融合指的是利用大数据分析能力形成的数字智能来推动实体经济的变革与发展。大数据率先应用于实体经济，具体分析其实就是两个方面的内容，一方面是利用数字技术提升传统产业生产效率的产业数字化；另一方面是以海量数据为核心生产要素形成农业、制造业、服务业等的数字产业化。

第一，应用大数据来对企业所需海量数据进行生产、采集、存储、加工、分析，通过大规模的数据分析来为企业提供更加细致、高质量的海量信息，充分的信息源可以为企业进行生产经营的决策提供更多具有建设性的意见，企业可以通过海量数据对当前的生产、运营计划进行调整，进一步降低企业经营成本，提高企业的效率，实体经济发展变得可以预测，从而金融市场与实体经济协同发展。第二，利用大数据实现传统产业的自动化转型，采用机器设备自动化生产、包装和预测代替传统的劳动力操作，在降低企业人工生产成本的同时还可以通过大规模的快速自动化生产提高企业的生产效率。第三，将大数据应用到企业的生产运营管理中，通过大数据实现企业有效的组织管理，降低企业内部各组织之间信息传递的成本，实施高效的管理模式，有效缓解公司内部组织管理问题。第四，建立健全大数据产业生态系统，在该生态系统中，政府、龙头企业和各大中小企业都是其中的主体，各行业、各部门之间以共享的数据资源为基础进行沟通协作，形成完善的融合机制。大数据优先运用于实体经济，大中小企业可以提高产业的生产效率，并通过大数据海量信息分析市场发展前景，进行有效的生产运营活动，实现实体经济发展的可预测性，金融市场的稳定性增强、波动性减弱，从而实现金融市场的适当波动。

大数据率先应用于实体经济，对实体经济的深度学习，可以为金融市场的量化交易提供坚实的信息来源，结合实体经济的实体发展状况为金融市场交易提供数学模型进行模拟训练和理性预测，提高整个市场的交易效率，有效预防不合理的过度波动。

10.1.3 坚持大数据＋深度学习与实体经济＋金融市场有效融合

智能金融的核心是大数据和算法，金融市场是为了给广大大中小企业合理分配资源而存在的，大中小企业是推动实体经济发展的主体。因此，无论是大数据还是金融市场，都是为了更好地服务实体经济而衍生的，大数据与实体经济深度融合，促进金融市场服务的创新与发展。

第一，金融市场通过大数据和算法为实体经济发展方向提供合理预期，并随着实体经济进行有效波动。大数据具有数据体量大、数据类型繁多、价值密度低、处理速度快的特点，通过产业数字化分析可以使得企业的业务决策更加具有前瞻性，企业战略的制定过程也会更加理性化，进一步实现生产资源优化分配，还可以依据市场的变化迅速地调整企业的业务策略，降低库存积压的风险。金融市场依据实体经济发展过程中所需的创新而提供服务，使得符合条件的经济主体享有便利的金融服务，同时也保障金融市场的合理波动。第二，实体经济通过大数据和算法来获得金融市场对发展的支持。在金融市场与实体经济之间搭建大数据桥梁，实现实时的实体经济发展趋势、需求状况的同步传递，金融市场各部门通过大数据桥梁迅速地分析物质、精神产品和服务的生产、流通环节信息，主动地进行资源的协调、分配，保证实体经济融资的便利性，保障实体经济的融资规模需求，降低实体经济的融资成本，提高实体经济的融资结构质量，实现金融市场波动以实体经济为导向。第三，通过大数据，金融市场内部实现相互预测预期。金融市场内部利用大数据信息传递便捷、信息量大的特点可以快速地搭建内部信息共享平台，实现货币市场、资本市场等金融服务市场的相互可预测性，实现金融市场内部的同频共振。第四，通过大数据对金融市场服务实体经济后的结果进行分析、评价，实现大数据时代的金融监管。金融服务实体经济最根本的目的就是要引导资金进入实体经济中，但是并不是仅仅只是简单地将资金引入实体经济中就成功了，资金引入是否到位及引入的质量都是非常重要的。建立金融服务实体经济评价监督管理体系，及时地对实体经济发展所需的融资需求等金融服务是否到位及质量水平进行评价更加有利于金融市场创新、高效地服务于实体经济，还可以有效地规范金融市场秩序，营造良好的金融生态环境。

通过大数据有效地贯穿金融市场服务实体经济的全过程，实现实体经济与金融市场的互相可预测性及金融市场内部的可预测性。依托大数据体量大、数据类型繁多、价值密度低、处理速度快的特点可以有效地实现实体经济整体发展大势和各大中小企业的实际需求，提高金融市场服务的效率，促进协同发展。

10.2　推进人工智能在金融交易中的应用场景

我国一直在加快金融科技的布局，金融科技对我国银行、证券、保险等金融业的投资管理、产品运营、风险管理等方面都将产生重大影响。前述章节运用大数据＋深度学习的方式对上证综指、人民币汇率、股指期货、黄金期货等的波动性进行预测，在此基础上助力提出防范化解金融市场的过度波动。同时，在理顺实体经济与金融市场的良性互动关系的基础上，通过推进人工智能、区块链、云计算、大数据前沿技术在金融交易中的应用场景，实现科技服务于业务，在积极推进金融科技助力金融行业提质增效的同时，以期防范中国股票市场过度波动。

10.2.1　智能化投资管理

在大数据、人工智能、区块链、云计算等技术的驱动下，金融业的投资管理正向移动化、线上化、智能化的方向转变，在投资管理领域创新业务模式的同时，有效地提升效率。智能投顾、智能投研、量化投资等体现了金融科技在投资管理领域的应用，在提高金融服务易得性、加快投资管理效率的同时，进一步探究应用金融科技服务投资管理领域的可能性场景。

第一，深入探索智能投顾在投资顾问领域的应用。智能投顾在大数据的基础上，结合人工智能的算法技术、机器学习等技术，根据历史经验和市场信息来预测格波动趋势，以此来构建符合客户风险收益的投资组合。首先，应对传统投顾服务受限于服务成本、针对高净值人士提供的问题，基于大数据、人工智能等技术的智能投顾可以降低边际服务成本，同时提供更长线、更科学、更专业、更精准的服务，使得投资者进行理性而专业的发展，进而使得交易行为更加稳定，减少市场的波动性。其次，智能投顾基于模型算法，针对市场上模型同质化严重导致的同涨同跌现象，未来需要进一步优化模型算法，满足个性化、差异化需求，避免一致性下跌等波动现象出现。最后，智能投顾所倡导的长期投资、资产配置智能化等理念的扩展，对投资者的受教育程度存在要求。同时，智能投顾是一个绝佳的投资者教育切入点，利用自身费用低廉、易于普及的特点，促使投资者接受这一产品，实际上也是帮助客户养成了理性投资的理念，通过理性的交易行为降低金融市场的波动性。

第二，持续推进智能投研在投资研究领域的应用。智能投研是在金融数据的基础上，通过深度学习、自然语音处理等人工智能算法，对数据、时间等信息进行自动分析处理，为金融机构投研人员提供帮助。随着互联网的快速发展及普及，投研业务面临数据渠道过多、数据量过大、数据真假难辨等问题，传统的投研传统模式主要依赖于财富顾问个人研究水平，研究结果差异性较大，历史复现程度不高，研究规模不经济。引入机器学习、知识图谱等技术能够减轻大量基础的投研信息收集工作，通过结构化、模型化的处理方式，有效利用大量原始数据。目前，智能投研主要应用于证券公司、基金公司等专业投资机构，之后也逐步向银行、保险、个人等进一步拓展，后续通过不断优化升级将为投研人员提供有效的波动性衡量及风险分析工具，为市场输出优质的科技实力与专业的投研能力，提高金融市场的稳定性。

第三，合理引导和优化、量化交易在投资交易领域的运用。在投资交易领域，投资策略的选择与研究人员的投资经历及个人特质相关，在"羊群效应"下，容易造成投资失误。量化投资则是一种以历史数据为基础、以模型为核心、以程序化交易为手段的交易方式。通过合理运用量化交易，将通过全面地、系统性地扫描捕捉错误估值带来的投资机会，使得产品能够有效定价，使资本在市场的分配更为合理，从而提高了金融市场的有效性，进一步降低了市场的波动率。目前，量化投资在我国的发展时间较短、规模较小，随着量化投资的不断发展，将有利于培育和壮大机构投资者。故在金融交易中以合理的方式引导和优化、量化投资，将更有效地进行资源配置、助力防范金融市场的过度波动。

10.2.2　高效化支付清算

金融科技的新技术发展对金融交易中的支付清算产生重要影响，包括支付工具、交易模式、清结算流程等。人工智能、大数据、云计算、区块链等金融科技关键技术使得支付服务效率显著提高，满足社会公众对多元化金融服务的要求。与此同时，基于金融科技的数字人民币以及跨境金融的创新将进一步推动金融科技在金融交易中的支付运用，助力金融交易中的风险防范。

第一，尝试在金融交易中运用数字人民币，助力金融监管和防范金融风险。数字人民币是金融科技的热点应用领域，数字人民币试点不断扩大，试点的金融机构也逐渐从银行向非银行金融机构扩展。一方面，数字人民币以其支付即结算、智能合同等技术优势，不断完善金融基础设施，提高支付效率，推进数字人民币在金融交易中的使用，更好地服务于实体企业的产业金融需求、金融机构的转型升级需求、广大消费者的个人金融需求。另一方面，数字人民币的可追溯性使央行可以监控交易双方的姓名、金额等完整信息，在金融交易中运用数字人民币，有助于提升我国金融监管效率，助力追踪市场中的资金流向以及识别市场中的不正当操作，防范不正当操作引起的市场异常波动。

第二，金融科技赋能跨境金融，助力涉外通道畅通发展。随着 QDII、QFII、沪港通、深港通等制度的不断完善，我国金融开放的节奏逐步加快。推进大数据、区块链等技术的运用，充分利用现有跨境金融数据，提高跨境金融交易的支付效率，助力技术与业务充分融合，通过智能化的技术使得涉外投资通道更加顺畅，为国内投资者拓宽全球资产配置渠道的同时，使金融监管提质增效，有效应对金融市场的波动。此外，金融科技所带来的高效支付清算与"一带一路"建设的融合将带来巨大的发展机遇，与"一带一路"共建国家通过加强金融科技交流和金融合作，促进货币流通和资金融通。高效化的支付清算将促进与"一带一路"共建国家的交流合作，提升投资效率，使投资更精准，并有助于投资风险的预警与管理。

10.2.3　深度嵌入风险管理

随着金融科技在银行、证券、保险等细分领域的广泛运用，风险管理也面临不同的需求，推进金融科技关键技术深度嵌入风险管理的应用场景，为金融交易中有效的风险管理奠定基础，助力风险预警智能化。

第一，挖掘市场交易异常信息，进行有效的预警防范。利用大数据+深度学习的数据收集、模型构建、训练迭代等，对金融市场交易中的异常行为进行检测，进而预防市场操纵，并提前进行风险预警，做到及时定位异常、跟踪波动、防范和化解风险。

第二，快速识别信贷关联风险，提升风险管理能力。推进大数据在银行对企业贷款的风险评估、实时欺诈交易识别以及反洗钱方面的分析，基于大数据对客户偿还能力及违约风险进行量化评估，从而对客户信贷信息的抓取实现贷前、贷中以及贷后的风险检测及预警。

第三，深度融合新技术，加速风险管理智能化升级。金融机构面对不同行业领域客户时，人工智能、大数据、云计算、区块链等技术在风险管控的运用也持续深入。面向采矿业、种植业、畜牧业等领域的客户，金融机构依托人工智能、图像识别、大数据等金融科技以及卫星遥感技术等实现产业链的精准风险识别和控制。面向小微企业等普惠性客户时，利用大数据、云计算、人工智能等新技术加强企业信用信息的整合与共享，叠加多维征信信息——从基本信息到金融交易信息，精准刻画客户画像，构建风控模型，实现更便捷、高效、低成本的风险管理。

10.3　合理运用量化交易机制

随着智能科技与经济的发展，深度学习也在各行各业中得到应用，尤其是在量化交易相关的领域中。市场受投资者行为的影响，往往会产生剧烈的波动，但人工智能自动交易可以避免情绪交易行为的发生，从而使得资本市场将更充分地发挥其在资本流通和信息传递中的作用。因此，利用深度学习算法能够避免在市场极度狂热或悲观的情况下作出非理性的投资决策，从而提高整个市场的交易效率。在深度学习中的各种方法里，深度学习的 LSTM 模型可以很好地解决时间序列的长期依赖问题，在处理非线性问题时也具有明显优势，这也就为第 7 章和第 8 章提出的 LSTM 模型的量化运用奠定了理论基础。

10.3.1　合理运用以深度学习为基础的量化交易机制

第一，国内量化投资和量化交易还处于发展的初步阶段，应该大力培养这个市场。普及量化交易将风险控制、最优化交易和有效定价等有价值的理念和技术手段传播给更多的个人和机构投资者，简单化和优化具体量化交易操作，让人工智能、深度学习算法在经济社会中更为普及，鼓励金融机构从业人员、广大投资者、金融公司管理者都参与到量化交易的市场中来，使量化交易大众化，各行业参与者都能了解和接受，同时，结合我国经济市场的实际情况进行合理应用和广泛推广。

第二，全面提高量化交易在金融产品应用中所占的比例。随着近年来金融科技的快速发展，信息技术与金融业务的融合不断加深，国际同业普遍通过量化交易提升自身做市交易能力，我们国内各个金融机构也应该加快布局速度，加快自身量化交易能力建设，提高发行基金中量化交易操作所占的比例，提升同业竞争力，尤其是在加强深度学习算法在量化投资中的应用。除了研究个股投资策略和设计合理的投资组合，还需使一些手动、半自动的投资步骤实现自动化，以深度学习算法为基础，建立可追溯交易模型，逐步提高精确度。

第三，量化技术只是手段，最终要回归实体，从而更好地服务于实体经济。传统金融受制于信息不对称、安全问题以及时空限制等因素，在为实体经济服务方面存在许多难以逾越的障碍。因此，各金融机构需要将量化交易等金融科技手段运用于各行各业，弥补信息不对称、安全问题以及时空限制等传统金融的短板，避免虚拟经济与实体经济的脱节，努力提升金融对实体经济的正效用。同时，将量化科技运用到对于实体经济的监管中，提高金融活动的安全性，促进实体经济的平稳运行，从而更好地把控宏观经济风险。

10.3.2 合理运用量化交易工具而非盲目依赖

深度学习由于其复杂的算法，具有强大特征提取能力和非线性函数拟合能力，广泛应用于算法交易、风险管理、欺诈检测、投资组合管理等领域，但在实际交易过程中并不能完全依赖深度学习算法。

第一，使用深度学习预测金融资产价格或趋势运动时，算法效果主要取决于预测准确度。想要提高算法的预测精确度，就需要使用大量的原始数据进行分析，但也正因为有太多历史数据，为了不断地提高精确度，在实际拟合过程中很有可能出现过拟合现象，并且在存在交易成本的情况下，高预测准确度并不完全代表最终高收益率，因此必须合理地利用量化交易在实际投资中的运用，不能盲目地依赖人工智能进行交易，投资者应保持理性。

第二，深度学习仅仅以过往的历史数据作为依据，对新情况的预测能力有限。深度学习算法需要大量的历史数据，但其前提是历史情形有重演的可能性。虽然深度学习会随着数据的更新而不断改进，但是市场瞬息万变，不能过度依赖算法。此外，对过去的数据进行模拟，会让市场从弱有效市场逐渐发展成强有效市场，从而难以有额外收益。因此，无论是机构投资者还是个人投资者，都应该更关心公司经营情况本身、大宗商品价格和供给、汇率波动变化和实体经济发展水平，以深度学习算法作为辅助手段观察资本市场，关注企业自身经营情况的长期回报，回到价值投资本身。

第三，深度学习算法擅长对市场进行定量分析，但基本面分析的能力有限。深度学习中各种复杂的算法均是对价格的数字特征进行量化分析，但经济政策和世界局势对价格趋势的影响却属于定性分析，无论是经济政策还是世界局势都会对价格造成显著影响。因此，虽然使用深度学习算法可以提高交易效率，减少人为交易的操作风险，但一些无法通过深度学习的算法捕捉的问题，离不开人为因素的影响，在定性分析方面，交易者仍然需要保持自身对市场的基本面判断。

10.3.3 量化操作简单化而非通过包装使其复杂

当前，人工智能交易在飞速发展，理性扩张也存在重要意义。首先，就我国的股票市场而言，大多数个人投资者对投资的需求使得投资的方式和手段越来越简单快捷，交易的门槛逐渐降低，这一方面加快了我国的金融市场发展；另一方面由于中国股票市场上的散户投资者大多缺乏专业的知识和经验，因此各金融机构应该提供简单可行的量化交易通道，为更多不具有量化专业知识的投资者提供投资渠道，让更多的人运用量化交易的手段参与到市场当中。

其次，相较于人工操作，量化交易的确具有无可比拟的优势，随着人工智能和深度学习的算法逐渐走入大众视野，无论对于个人投资者还是机构投资者来说，交易量化都是大势所趋，但由于目前市场上鼓吹量化交易，使得许多没有金融或计算机背景的投资者和投资机构也盲目进入金融量化交易的赛道，甚至于一些实体企业看到了量化交易带来的甜头，将希望放在了金融市场上，最后反而失去了实体竞争的优势。因此，实体企业还应以实体经济为主，辅助以金融市场服务于实体主业，合理、恰当地运用金融市场和各量化交易工具，通过金融市场为实体行业进行市场预警，并通过量化工具提高判断市场的准确率。利用金融工具保障实体经济的融资规模需求、降低实体经济的融资成本、提高实体经济的融资结构质量。

最后，必须规范化投资者使用量化交易进行投资的途径，简易化智能交易的底层逻辑。部分金融机构出于营销目的，为了彰显自己的专业性，故意把智能交易的逻辑复杂化。因此，各金融机构应该用简单的操作流程减少出问题的风险，这也有利于减少后期排查问题的成本。在人工智能交易方式推广的过程中，提高金融机构从业人员的道德水平，进一步对监管机构的工作进行严格规范，杜绝在量化交易营销的过程中出现被过度包装的情况。让投资者能够以较低的成本接触到量化交易的逻辑和方式，理解和运用各金融机构推出的基于量化交易的投资产品。

在量化交易的运用中，对股票、外汇、期货市场等金融产品价格的预测一直是一个热门话题，也由此产生了许多关于价格预测的算法，合理发挥量化交易的优势，利用深度学习的算法能使得整个市场的参与者进行理性交易，也有利于整个金融市场的稳定发展，不会导致金融市场的过度波动。

10.4　全面升级大数据时代的金融监管

鉴于我国股票、外汇、期货、黄金市场发展历程短，且具有新兴金融市

场的典型特征，要熨平金融市场的过度波动，理顺实体经济与金融市场的良
性互动，合理利用量化交易机制、智能投顾，有序推进人工智能在金融交易
中的应用，优化金融产品或者工具的发行、交易、调整、退出机制，在培育
理性投资者基础上，还应该充分发挥政府监管在大数据时代中降低信息不对
称、防范技术性风险等的作用。

10.4.1　加速金融立法更新，顺应大数据时代要求

在金融市场创新加快的情况下，相关的金融立法方面的发展似乎过于缓
慢，特别是在大数据时代相关的政策适配度跟不上市场的发展，经济基础的
良好发展离不开上层建筑的良性指导，稳定的政策有利于金融市场的稳定，
减少金融市场过度波动，所以应该加快金融立法的更新，使其顺应大数据时
代金融监管的要求。

第一，金融立法的更新在防范金融市场风险发生的同时，还要注意金
融监管不应遏制创新，应给金融创新留有相应的空间。传统的金融监管过
于注重事前监管，在一定程度上，将新事物硬塞进旧模式，阻碍了市场创
新。因此，监管的方向应转变为减少事前审慎监管措施，加强事后、事中
的动态监管。

第二，在大数据时代，金融风险出现新特征、新变化，应及时调整金融
监管办法，使其适应新时代的要求。在金融科技大数据时代，数据和信息是
监管的核心，金融监管越来越受数据驱动，监管机构需要更大的数据容量、
更快的更新频率以及更强的数据分析技术。因此，数据的重要性决定了监管
机构必须更新监管方法、资源、技术，用更有效的方式来实现数据的收集和
深度挖掘，实现有效监管。

第三，增加监管部门大数据相关专业的人才储备，以适应大数据时代金
融监管要求。数据仓库和数据挖掘的发展是一个多专家合作的过程。相关人
员需要熟悉自己的业务和需求，具备相关的专业知识和经验，熟悉大数据技
术。然而，中国的金融监管部门缺乏大数据专业技术人员，相关职能机构主
要是政府管理人员，而不是大数据专业人员。所以，在新形式下，监管部门
增加大数据相关专业的人才储备能力，为今后金融监管的良性发展提供良好
的后勤保障。

10.4.2　建立权威大数据金融监管平台

当前，尽管不同的监管部门和相关机构基本建立了自己的平台用以信息交换和发布报告，但由于没有明确的法律、法规规定，各部门之间缺乏联系，其公布的数据从内容、口径等上也不尽相同。所以，我国迫切需要建立一个权威的大数据金融监管平台，整合各类信息，收集部门发布的信息数据。权威的大数据金融监管平台有助消除金融市场的信息不对称，可有效防范中国金融市场过度波动。

第一，大数据金融监管平台是一个监管数据平台，涵盖辖区内所有的金融机构和上市企业，并实时收集和更新他们的运营和管理信息数据，从监管角度形成数据云。依托大数据、人工智能等先进技术，围绕新金融监管面临的"发现难、研判难、决策难、控制难、处置难"等问题，进行动态监测、风险评估、风险预警、及时处置和联合监管，推动金融治理由传统被动监管、粗放监管、突发式应对监管向主动监管、精准监管和协同监管模式转变，有效规范地方金融市场秩序，营造良好的金融生态环境。

第二，大数据金融监管平台是一个开放式、可查询、实时更新的数据平台，它可以有效地避免企业、客户和监管机构之间的信息不对称。建设起集分行业监测、实时监控展示和企业全息信息查询等多功能为一体的综合金融监管分析大数据平台，形成对新金融企业的事前预警、事中监测、事后处置的高效监测机制，并实现自动化实时监测，以大屏幕的方式集中展示新型金融风险监测分析的实时监控状况，方便监管部门直观了解当前地区新型金融企业各主要风险点的表现，第一时间预警和把控地区的宏观金融风险。通过实时监测平台的建立，全面提高金融监管机构的监管能力，逐步实现数据实时计算、动态监控、信息集散共享，系统整合计算机系统、网络等多种应用处理和集成功能，满足进展显示、大数据处理、实时准确显示的需求。

10.4.3　建立大数据时代金融机构入门门槛标准

现阶段，金融业正面临着近现代金融机构、金融市场诞生以来最深刻、最宏大的技术创新，大数据、云计算、人工智能、区块链等不断迭代创新的科技发展甚至已经开始从根本上改变了现行业务模式和监管框架。金融科技业务发展依赖于先进的数字技术和交易平台系统，交易平台系统的崩溃会带来较大风险。在计算机驱动交易的背景下，交易频率以及交易量迅速攀升，尽管新技术有利于克服寡头垄断并规范传统的市场交易主体，但技术漏洞或编程错误均会对客户和金融市场产生巨大影响，衍生新的系统性风险。所以，建立大数据时代金融机构入门门槛标准和对现有的金融机构进行定期审查，对于防范大数据时代技术性风险尤为重要，可以有效地防止金融机构出现技术性风险时金融市场的过度波动。

第一，建立大数据时代金融机构入门门槛标准，对金融机构的基础性和关键性信息系统定级备案和等级测试可有效防范金融市场技术性风险。金融监管部门应该建立防火墙、入侵检测、数据加密以及灾难恢复等网络安全设施和管理制度，完善技术风险规章制度，采取技术手段和管理制度保障信息系统安全、稳健地运行。

第二，对于已经存在的金融机构需加强监督，实时监督金融机构、交易平台的系统稳定运行。监管部门可以将金融机构、交易平台系统纳入大数据金融监管平台，实时监管交易平台的稳定性，并制定紧急方案应对交易平台崩溃的可能性。

10.5　培育大数据时代下的理性投资者

10.5.1　机构投资者多元化

在前述上证综指、沪深 300 股指期货、沪市黄金期货的波动性实证中发现：近年来，我国机构投资者市场比例显著提高，其中，以证券公司为代表的原有投资机构实力有所削减，基金成为市场中成长最快的投资力量。但与此同时，基金在投资风格上十分趋同，在操作策略上，羊群效应十分明显，在关键点位上的同进同退容易使市场涨跌失衡。长此发展下去，最终将导致市场整体流动性的降低和价格的过度偏离。因此，解决目前股市中羊群效应明显的问题、培养大数据时代理性投资者的关键在于改变目前机构投资者过于单一的局面，应该鼓励多元化投资机构的金融创新。

其一，放宽机构投资者限制，鼓励机构投资者多元化。在满足证券、股票、期货相关法律法规的前提下，进一步在交易杠杆、投资比例、交易便利等方面放松对机构投资者的限制，明晰机构投资者进入的程序、路径和技术规范，确保可操作性；在现有机构投资者格局的基础上，进一步稳步发展证券投资基金、保险资金、企业年金和社保基金等机构，逐步提高各类养老金、保险资金等长期资金的权益投资比例；支持民营资本、专业人士设立基金管理公司；适当放宽境外合格机构投资者；鼓励随着股票、期货市场产品丰富后而出现的机构投资者，形成国有与民营、公募与私募、境内与境外、传统与新兴的机构投资者并存的格局。

其二，创建信息共享环境，以数据工具支持量化分析。对于机构投资者来说，大数据在战略焦点的位置越来越重要。现今的投资环境更加复杂，投资能否成功也很大程度上取决于能否对这些数量庞大的数据进行有效的管理和运用。因此，要创建信息共享环境，保障机构投资者数据渠道的多样性和数据的可得性、可靠性；机构投资者要运用工具积累数据，在深度学习算法的基础上建立量化投资模型，形成数据流；机构投资者要拥有专业的数据管理团队，对数据进行专业化分析，实时监测市场信息变动，精准分析投资标的，挖掘投资价值，预测未来投资回报，为商业决策提供数据支撑，提高投资专业度，减少市场波动。

其三，鼓励形成多样化的机构投资风格。从金融市场整体上看，多样化的投资风格有利于市场充分竞争，达到市场均衡，进而减缓市场价格过度波动。机构投资者要树立理性投资理念，践行价值投资理念，从自身的需求、特点、优势出发，通过大数据云计算挖掘适合的投资标的，在独立思考和判断的基础上，进行专业的投资决策，形成自身独有的投资者风格。

10.5.2　合理引导投资者情绪

从前述章节中实证的数据和结果以及行为金融理论来看，无论中小投资者，还是机构投资者都是有限理性的，其表现之一就是投资者情绪。所以，从投资者角度看，在合理的投资者结构条件下，导致股价指数波动的因素就是投资者情绪。基于 LSTM 模型的波动性分析虽然没有单独分析投资者情绪，但从股市、期市、汇市的波动实证分析可以推断，市场波动的水平、持续性、抗干扰性都与投资者结构、理性程度和情绪有关。大量的关于投资者情绪的同类研究也得出相同的结论。因此，需要通过合理引导投资者情绪来熨平金融市场的过度波动。

一是基于大数据建立健全投资者情绪观察指标。现有对投资者情绪的研究较多，并构建了衡量投资者情绪的各种指标，比如 IPO 数量、IPO 首日收益率、基金仓位、换手率、投资者情绪指数、投资者信心指数等，但缺乏官方的、权威的投资者情绪度量指标体系。对出现没有直接原因的金融市场恐慌等情绪难以及时采取应对措施，导致市场过度波动。因此，要在现有各种投资者情绪指标基础上，基于大数据算法，建立一套相对权威的情绪指标体系，并在交易所以及互联网金融服务平台对其数据进行实时展示，提高市场信息透明度。

二是建立市场情绪预警机制，降低市场情绪波动。在建立投资者情绪观察指标体系的基础上，运用大数据、云计算等先进技术，建立市场情绪数据化监管平台。从长期、中期、短期对我国金融市场的信息变动进行实时监控，在市场情绪预警机制发出信号时提高监测频率、计算风险指数，同时，向市场发布风险预警，并针对不同程度的风险预警作出相应的政策反应，比如交易所通过窗口警示风险、提高对新股发行的审批严格程度、证监会提高交易印花税比例、期货交易调整保证金比例等，及时发现、预警和控制风险，降低市场波动。

三是丰富和规范投资交流平台，合理疏导投资者情绪。丰富投资者互动平台，让监管方、交易所、上市公司、市场中介等对投资者普遍存在的疑问进行有效的互动交流；强化对微博、微信等互联网新媒体平台的信息监管，通过大数据监管识别，在规范主流媒体言论的同时，打击杜撰、传播虚假信息等违法乱市行为，筑建金融市场情绪防火墙；通过深度学习算法，运用数据工具全平台量化、识别投资者情绪，通过 IP 追踪等方式对投资者进行普遍和定点的心理辅导，及时提供心理救助，合理引导投资者情绪。

四是充分发挥机构投资者稳定市场、稳定情绪的作用。在进一步壮大机构投资者的基础上，鼓励机构投资者战略投资，从价值投资理念出发，合理介入和参与上市公司管理，通过行使股东权利影响上市公司经营决策，促使机构投资者由股东消极主义向股东积极主义转变，与公司共享成长成果，鼓励长期投资。适当前置参与金融产品新发设计，通过市场反馈来优化金融产品。避免机构仓位、基金仓位成为投资者情绪的代名词，加强投资规范化管理，避免金融市场波动发生共振效应，起到稳定市场的作用。

10.5.3 强化投资者教育

我国的金融市场是典型的新兴金融市场突出表现在新的交易产品不断推

出，同时，新的投资者逐渐增多。投资者专业知识的提高和良好投资理念的普及将有助于金融市场更加平稳地发展。为此，在合理引导投资者情绪的基础上，应该强化投资者教育，对投资者的心理与行为进行影响，进而降低市场波动水平。

一是全面进行投资风险的警示教育。监管部门、交易所、券商、基金及其经营场所，电视报纸等官方媒体要长期坚持对投资者的风险警示教育，归纳整理和公布、公示近期市场上的各种投资误区以及投资诈骗活动，通过案例回放、现身说法等灵活多样的形式促使投资者树立风险防范意识；丰富投资教育普及平台，官方平台及金融行业从事者可通过微博、B 站、抖音等新媒体平台发布投资科普类文章和视频，拓宽投资教育普及面；券商、基金及其经营场所基于大数据云计算，定期对市场及产品进行风险测评，建立投资者风险承受评级体系，使投资者对自己的投资能力进行正确定位，避免盲目和跟风投资，形成理性的投资理念。

二是强化普遍性投资教育，发展个性化投资教育。目前，我国有部分股票交易、期货交易、期权交易业务需要投资者具有一定的条件，比如融资融券业务要求投资者具备相关的基础知识，但仅有这些还不够，应该通过门槛条件来强化投资者教育。对新开户进入股票市场的投资者和新开发的股票衍生产品进行投资者教育和产品知识教育；吸纳行为金融、科技金融等先进理念，以大数据为依托，将投资策略、投资组合与投资者目标相对应，使投资者能更容易地理解风险敞口，在不同阶段、不同目标下适时变更其投资策略与组合，避免因个人情绪和行为偏差导致的非理性投资行为。

三是利用网络投教平台普及投资模拟教育。投资教育平台引入场景复原、球幕互动、VR 体验等多种高科技手段，提供产品展示、模拟体验、互动沟通、意见征集等服务，具有知识普及、风险提示、信息服务、教育宣传等功能。市场新入投资者在进入市场前应通过网络化投教平台进行模拟交易和操作，了解证券市场基础知识，强化风险意识，提升金融素养。

四是要充分调动金融市场和教育领域各类主体的积极性。目前，中国投资者教育主要采取监管机构主导的组织模式，各市场主体的积极性和主动性还不够。推动全社会的投资知识科普教育，交易所要在投资者网络教育的基础上开展全社会的金融知识科普教育，加大定期组织投资者、大学生、中学生到交易所、上市公司、券商、基金等金融机构实地参观的力度；编制通俗易懂、图文并茂的金融知识入门手册，免费向投资者发放，并通过社交网络形式进行传播；设立投资者教育基金，向各种投资者教育活动提供资助。

五是要将投资教育重心下移，把投资者教育纳入国民教育体系。依据不同群体，将投教内容纳入义务教育、高等教育、职业教育和全民普及教育等各个层次的国民教育体系中，鼓励初中、高中、高校开设投资理财选修课程，让投资教育走进课堂、走向大众，提升全民投资素质，强化公众理性投资意识，提高公众参与资本市场投资的能力和效率。

从实证研究结论看，中国股票、外汇、股指期货、黄金市场波动性基本一致。其中，股票市场相对成熟一些，运行时间更长久，参与的投资者最多，门槛最低、风险承受能力参差不齐，应该作为投资者教育的重点，但其他市场过度波动的频率更高，同样需要进一步提升市场投资者的理性程度。

第 11 章

研究结论与后续展望

本书通过对大数据时代下金融市场波动性的文献梳理、理论剖析，建立了以深度学习 LSTM 模型、用 Python 予以实现的波动性预测机制，并逐一对上证综指、人民币兑美元汇率、沪深 300 股指期货、黄金期货的市场波动性进行预测，并尝试对沪深 300 股指期货建立预警机制，并在此基础上提出了防范中国金融市场过度波动的对策建议。本章对整个项目进行归纳总结，主要是得出研究结论和讨论未来研究方向。

11.1 研究结论

在综合波动性理论分析、深度学习介绍和实现深度学习的 Python 程序解释的基础上，按照大数据 + 深度学习的思想，对股票、外汇、期货、黄金市场价格的波动性实证检验，具体选择上证综指、人民币兑美元汇率、沪深 300 股指期货、上海黄金期货为样本对象，分别运用 LSTM 模型、LSTM 演化模型对其波动性进行预测，并在预测基础上以沪深 300 股指期货为例研究了极端波动性预警。在理论和实证分析基础上，笔者从建立实体经济与金融市场良性互动关系、推进金融科技在金融交易中的应用场景、合理运用量化交易机制、全面升级大数据时代的金融监管、培养大数据时代的理性投资者 5 个方面提出了防范中国金融市场过度波动的对策建议。

第一，LSTM 模型能够较好地拟合金融产品价格时间序列的特征，进而能够提高预测金融市场波动性的精度，在股票、期货、外汇、黄金市场上都不例外。在第 5 章以 2009 年 1 月 1 日至 2018 年 12 月 31 日的上证综指为样本；第 6 章以 2013～2018 年影响人民币兑美元汇率波动为样本；第 7 章以 2010～2019 年的沪深 300 股指期货主力合约的日收盘价和 5 分钟收盘价为样本；第 8 章以 2019 年 1 月 2 日至 2020 年 12 月 31 日上海黄金期货主力期货合约的 1 分钟高频数据为样本，采用了 LSTM 模型对其价格波动率进行预测，从 MAE、MSE、MRSE、MAPE 等多个预测精度评判指标看，LSTM 模型在预测精度方面有显著提升。提高预测精度是金融波动性研究的经典主题，LSTM 模型实证结果精度提高说明本项目研究的意义所在，同时说明从 GARCH 模型到随机波动模型通过提升深度学习来研究和预测金融市场波动性发展的趋势和未来的主攻方向。

第二，指标维度、数据频率影响 LSTM 预测的精度。无论是上证综指、人民币兑美元汇率或者是沪深 300 股指期货、黄金期货，LSTM 模型预测结果的度量指标 MAPE、MSE 等都表明其与数据的维度、频率高度相关。项目根据金融市场的特征不同，差别化地将宏观经济、市场行情、公司微观、海外市场、技术指标、投资者情绪、"黑天鹅"事件等影响因素加入预测模型，指标最大达到 90 个，数据最高频率为 1 分钟。但实证结果表明，指标维度和数据频率有一个合理的度，沪深 300 股指实证结论表明，48 个维度、5 分钟频率的数据对应的预测结果最优，这与数据维度越多、数据越高频、预测结果越准确这一普遍观点相异。这说明，要提高金融市场波动性预测精度需要大数据与深度学习有机地融合，因为大数据时代金融产品价格波动本身受到的影响因素更多，但需要寻找的是有因果关系，而不是仅仅只有相关关系的因素。

第三，LSTM 模型参数调整直接决定其预测预警的精度。在上证综指、沪深 300 股指期货的实证研究中，同样指标、数据下的 LSTM 模型预测精度有显著差异。通过敏感性及对比分析可以得到，LSTM 模型的隐藏层数、步长、激活函数、训练次数等有一个与数据本身呈现的波动性特征吻合度，需要通过对模型参数调整、迭代、收敛等方法进行恰当筛选，同时，尽可能保证原始数据的同频和完整。这既是 LSTM 模型区别于 GARCH 模型、有自我训练学习能力的体现，同时也是要求大数据要与深度学习相互匹配和适应。

第四，金融市场中主要应用的深度学习模型——LSTM 模型仍有改进优化的空间。基于金融市场波动性的时间序列特征，本书在实证中都选择了 LSTM 模型，集中在不同股票、外汇、期货、黄金等中国主要金融市场，对其波动性特征做分析：在黄金期货波动性预测中尝试改进 LSTM 模型，加入了弹性网与 LSTM 组合的预测，其结果明显更优。更一般地，深度学习的应用领域逐步从文字到语音，之后拓展到图片，再发展到自动驾驶一样，与金融市场波动性特征相匹配的深度学习模型选择及其改进是一个广泛和渐进的过程。

第五，基于金融市场波动性预测的预警应用有一定的参考价值。项目以沪深 300 股指期货为例，对极端波动即极端风险应用 VaR 方法进行了预警分析和演示，对样本期间的异常情况能够达到预警的效果。更一般地，从股价指数、人民币兑美元汇率、沪深 300 股指期货、黄金期货的实际预测结果看，大数据＋深度学习的模式可以很好地刻画、拟合和预测其价格波动的新特征，以 LSTM 为代表的深度学习方法在金融市场中应该去探索更广泛的应用场景和较满意的应用效果。

第六，中国应建立起与大数据和深度学习相适应的金融市场机制。基于研究结论，结合大数据时代我国金融市场的实际，笔者提出了防范中国金融市场过度波动的对策建议，其核心是中国应建立起与大数据和深度学习相适应的金融市场机制。具体包括：一是坚持金融服务实体经济的原则，理顺实体经济与金融市场的良性互动关系。二是推进人工智能在金融交易中的应用场景，包括智能化投资管理、高效化支付清算、深度嵌入风险管理等。三是提倡通过操作简化而非过度复杂包装来扩大投资者参与量化交易，合理运用量化交易机制。四是加速金融立法更新，顺应大数据时代要求，建立权威大数据金融监管平台，建立大数据时代金融机构入门门槛标准，全面升级大数据时代的金融监管。五是通过鼓励机构投资者的投资策略、投资风格、投资方式多元化、加强投资者教育等来壮大大数据时代的理性投资者。

11.2　研究展望

虽然本书秉持大数据＋深度学习的思想，应用与金融市场价格波动时间序列相匹配的深度学习模型之一的长短期记忆模型，围绕中国股票、外汇、期货、黄金等主要金融市场，选择上证综指、人民币兑美元汇率、沪深 300 股指期货、上海黄金期货 4 个样本，对其波动率进行预测并开展研究工作，得到了相应的结论。但由于项目研究时间跨度较长，对股票、外汇、期货、黄金市场波动性研究的样本选取时间段不统一。同时，深度学习理论及 Python 方法都在发生演变，研究中主要采取 LSTM 模型，相对单一。加之对金融大数据的获取等相对薄弱，导致项目有诸多不够完善的方面。

第一，强化金融大数据的挖掘与应用。研究中虽然把指标维度增加到 90 项，数据频率提高到 1 分钟，也采用了百度搜索指数、"黑天鹅"事件等去捕捉并刻画大数据在波动性预测中的影响，但是总体上仍然是原有体系中的指标和数据，真正从金融市场运作中挖掘出的金融大数据还不够。后续研究应该以更加广泛的范围（比如从金融市场到市场之外）、更加多样的方法（比如从文本挖掘到图像处理）、更加灵活的途径（比如官方公布到自媒体发布）来强化金融大数据的挖掘与应用。

第二，提升深度学习预测结果的解释性与及时性。前述实证章节中，LSTM 模型的预测精度比传统的 GARCH、SV 模型有显著提高，但是，由于 LSTM 的黑箱学习原理，且仍然沿用样本划分为训练集、测试集来预测，指标维度与高频数据与波动率预测结果的解释性相对较差。后续研究可以在样本上采用递推方式，从样本内拓展到样本外预测，即用到今天为止的数据预测明天，明天则刷新数据预测后天，而且将今天、明天的真实经济金融情况融入后，其预测结果的可解释性也更加准确和更符合实际。

第三，丰富大数据时代金融波动性理论的内涵与外延。本书整体上遵循先理论假设、后实证检验的研究范式，但是 LSTM 模型的自我学习特征导致其对理论本身没有明确要求，存在实证结果是相关关系而不是因果关系的可能。后续研究可以进一步总结、证明在深度学习视角下的金融波动性的新特征，在量化交易、智能投顾等大数据下金融波动性的新变化，把金融科技下金融市场的参与人行为方式变化与行为金融学融合后进行分析，丰富金融波动性理论的内涵和外延。

参 考 文 献

［1］敖凌文，刘婷．带有空间信息的卷积神经网络车道路面语义分割模型研究［J］．信息与电脑（理论版），2021，33（2）：43－45.

［2］白双庆，陈凌岚．金融科技对我国金融业发展影响初探［J］．发展研究，2020（12）：43－47.

［3］白硕，熊昊．大数据时代的金融监管创新［J］．中国金融，2014（15）：37－38.

［4］毕林，李亚龙，郭昭宏．基于深度卷积神经网络的卡车装载矿石量估计研究［J］．黄金科学技术，2019，27（1）：112－120.

［5］曹忠忠．股指期货风险测算及监管研究［D］．上海：同济大学，2007.

［6］柴荣灿．单兵音视频系统管理平台设计与实现［D］．杭州：浙江工业大学，2019.

［7］陈标金，王锋．宏观经济指标、技术指标与国债期货价格预测——基于随机森林机器学习的实证检验［J］．统计与信息论坛，2019，34（6）：29－35.

［8］陈苍．基于深度学习的量化择时策略研究［D］．兰州：兰州财经大学，2017.

［9］陈海明，段进东．灰色—马尔柯夫模型在股票价格预测中的应用［J］．经济问题，2002（8）：37－39.

［10］陈佳，刘冬雪，武大硕．基于特征选取与LSTM模型的股指预测方法研究［J］．计算机工程与应用，2019，55（6）：108－112.

［11］陈俊华，郝彦惠，郑丁文，等．基于DBN深度学习的期货市场价格预测建模与决策［J］．计算机科学，2018，45（S1）：75－78＋84.

［12］陈声利，李一军，关涛．波动预测建模与尾部风险测量方法［J］．管理科学，2018，31（6）：17－32.

[13] 陈王, 马锋, 魏宇, 等. 高频视角下中国股市动态 VaR 预测模型研究 [J]. 运筹与管理, 2020, 29 (2): 184-194.

[14] 陈炜亮. 音频文本混合的歌曲深度情感识别 [D]. 合肥: 合肥工业大学, 2017.

[15] 陈卫华, 徐国祥. 基于深度学习和股票论坛数据的股市波动率预测精度研究 [J]. 管理世界, 2018, 34 (1): 180-181.

[16] 陈卫华. 基于深度学习的上证综指波动率预测效果比较研究 [J]. 统计与信息论坛, 2018, 33 (5): 99-106.

[17] 陈栩杉, 张雄伟, 乔林, 等. 深度学习基本理论概述 [J]. 军事通信技术, 2015, 36 (4): 96-102.

[18] 程俊. 基于 ARIMA-LSTM 混合模型的机械传动件制造企业销售预测方法研究与应用 [D]. 成都: 电子科技大学, 2018.

[19] 程雷雷. 基于深度神经网络的形变中文文档矫正研究 [D]. 青岛: 青岛理工大学, 2018.

[20] 崔小莉. 人民币汇率波动与我国股票市场波动的联动性研究 [D]. 重庆: 重庆理工大学, 2016.

[21] 邓烜堃, 万良, 黄娜娜. 基于 DAE-BP 神经网络的股票预测研究 [J]. 计算机工程与应用, 2019, 55 (3): 126-132.

[22] 邓宇. 防范过度金融化及金融服务实体经济有效路径研究 [J]. 西南金融, 2022 (3): 19-32.

[23] 丁潘. 基于深度学习的车牌精准定位研究 [D]. 乌鲁木齐: 新疆大学, 2019.

[24] 杜继明. Python 语言的 Web 开发应用分析 [J]. 数字通信世界, 2022 (1): 76-78.

[25] 段俊. 基于极值理论与 CoVaR 模型的金融市场风险测度研究 [D]. 重庆: 重庆大学, 2019.

[26] 范可, 许鑫慧. 金融科技助力普惠金融智能风控研究 [J]. 科技创业月刊, 2020, 33 (7): 66-68.

[27] 方红, 韩星煜, 徐涛. 改进型基于 LSTM 的股票预测方法 [J]. 安徽大学学报 (自然科学版), 2019, 43 (6): 36-42.

[28] 方昕, 李旭东, 曹海燕, 等. 基于改进随机森林算法的股票趋势预测 [J]. 杭州电子科技大学学报 (自然科学版), 2019, 39 (2): 22-27.

［29］甘宇.大数据时代政府金融监管研究［D］.成都：西南交通大学，2018.

［30］高灵宝，杜银学，陆江波，等.浅谈机器学习［J］.铸造设备与工艺，2021（6）：41－43.

［31］高天.基于最优小波包变换，ARIMA与SVR的股票价格预测研究［J］.贵州财经大学学报，2015（6）：57－69.

［32］顾锋娟.GARCH模型和SV模型的应用比较研究——以上证指数的波动性为例［J］.浙江万里学院学报，2009，22（2）：1－7.

［33］郭琨，汪寿阳.人民币汇率预测的两种模型［J］.系统工程理论与实践，2008（5）：64－69.

［34］郭琪.证券交易印花税调整对上证A股市场波动性的影响［D］.南京：南京农业大学，2009.

［35］郭钊汝，徐金，郭恒言，等.采用树莓派4B识别新疆苹果品种的人工智能案例［J］.计算机时代，2022（3）：32－35.

［36］韩山杰，谈世哲.基于TensorFlow进行股票预测的深度学习模型的设计与实现［J］.计算机应用与软件，2018，35（6）：267－271＋291.

［37］何强，董志勇.利用互联网大数据预测季度GDP增速的方法研究［J］.统计研究，2020，37（12）：91－104.

［38］何树红，李凯敏，李志勇，等.金融数学方向硕士研究生培养模式探讨［J］.学理论，2011（27）：96－99.

［39］贺毅岳，高妮，韩进博，等.基于长短记忆网络的指数量化择时研究［J］.统计与决策，2020，36（23）：128－133.

［40］胡波.商品期货高频交易价格趋势实证分析——以黄金期货市场为例［J］.价格理论与实践，2018（1）：114－117.

［41］胡彩娟，刘娟.基于AR－GARCH模型的贵州茅台股票收益波动率预测研究［J］.湖南科技学院学报，2018，39（10）：100－102.

［42］胡家珩，岑咏华，吴承尧.基于深度学习的领域情感词典自动构建——以金融领域为例［J］.数据分析与知识发现，2018（210）：95－102.

［43］胡开南，李滨，王雯，等.证券行业的金融科技演进及其风险分析［C］.创新与发展：中国证券业2019年论文集，2020：1062－1070.

［44］华仁海，仲伟俊.我国期货市场期货价格收益、交易量、波动性关系的动态分析［J］.统计研究，2003（7）：25－30.

［45］黄道平. 基于 ARCH 族模型的中国股市波动性研究［D］. 广州：暨南大学，2006.

［46］黄峰，廖德龙，李建仁，等. 用人工智能解决无人飞行器 PID 复杂调参问题［J］. 机电信息，2018（24）：85 - 86.

［47］黄杰伟. 基于马尔可夫结构转换随机波动模型的股市波动性研究［D］. 长沙：湖南大学，2005.

［48］黄茗. 利用深度学习预测股票涨跌：A + H 股实证分析［D］. 济南：山东大学，2018.

［49］黄卿，谢合亮. 机器学习方法在股指期货预测中的应用研究——基于 BP 神经网络、SVM 和 XGBoost 的比较分析［J］. 数学的实践与认识，2018，48（8）：297 - 307.

［50］黄婷婷，余磊. SDAE - LSTM 模型在金融时间序列预测中的应用［J］. 计算机工程与应用，2019，55（1）：142 - 148.

［51］黄志刚，郑国忠. 基于 GABP 神经网络汇率波动弹性空间测度［J］. 当代财经，2013（9）：49 - 60.

［52］惠晓峰，胡运权，胡伟. 基于遗传算法的 BP 神经网络在汇率预测中的应用研究［J］. 数量经济技术经济研究，2002（2）：80 - 83.

［53］惠晓峰，姚璇，马莹. 夜盘交易对我国贵金属期货市场的影响研究［J］. 运筹与管理，2020，29（5）：207 - 217.

［54］季俊伟，傅强，王庆宇. 黄金期货市场有效性与微观特征关系研究［J］. 数理统计与管理，2019，38（3）：519 - 534.

［55］江春，杨宏略，李小林. 基于泰勒规则的人民币汇率预测研究：兼论多种汇率决定模型预测比较［J］. 世界经济研究，2018（4）：3 - 15 + 135.

［56］姜富伟，马甜，张宏伟. 高风险低收益？基于机器学习的动态 CAPM 模型解释［J］. 管理科学学报，2021，24（1）：109 - 126.

［57］姜少涛. 金融服务实体经济对策与建议［J］. 现代商业，2022（7）：119 - 121.

［58］焦隆，徐慧铭，程海. 基于深度监督的跨模态图文检索方法研究［J］. 黑龙江大学自然科学学报，2021，38（2）：246 - 252.

［59］金玉国. 非经典计量经济建模方法论的特征分析与比较研究［J］. 统计研究，2011，28（1）：91 - 98.

[60] 景楠，吕闪闪，江涛．基于 HMM 和 GARCH 模型的中国期货市场波动性研究 [J]．管理科学，2019，32（5）：152 – 162．

[61] 景楠，史紫荆，舒毓民．基于注意力机制和 CNN – LSTM 模型的沪铜期货高频价格预测 [J/OL]．中国管理科学：1 – 13．

[62] 兰虹，熊雪朋，胡颖洁．大数据背景下互联网金融发展问题及创新监管研究 [J]．西南金融，2019（3）：80 – 89．

[63] 李斌，林彦，唐闻轩．ML – TEA：一套基于机器学习和技术分析的量化投资算法 [J]．系统工程理论与实践，2017，37（5）：1089 – 1100．

[64] 李斌，邵新月，李玥阳．机器学习驱动的基本面量化投资研究 [J]．中国工业经济，2019（8）：61 – 79．

[65] 李翠锦，瞿中．基于深度学习的图像边缘检测算法综述 [J]．计算机应用，2020，40（11）：3280 – 3288．

[66] 李广子．金融与科技的融合：含义、动因与风险 [J]．国际经济评论，2020（3）：91 – 106 + 6．

[67] 李国艳．金融服务实体经济思考 [J]．合作经济与科技，2022（10）：50 – 51．

[68] 李佳，黄之豪，陈冬兰．基于 GRU 神经网络的欧元兑美元汇率预测研究 [J]．浙江金融，2019（3）：12 – 19 + 28．

[69] 李佳，黄之豪，陈冬兰．基于 LSTM 等深度学习方法的股指预测研究 [J]．软件导刊，2019，18（9）：17 – 21．

[70] 李隽．关于波动率及其预测方法的文献综述 [J]．山西青年管理干部学院学报，2009，22（1）：69 – 72．

[71] 李俊青．虚拟经济波动及其演化 [J]．财经研究，2005（2）：120 – 133．

[72] 李孟浩，赵学健，余云峰，等．推荐算法研究进展 [J]．小型微型计算机系统，2022，43（3）：544 – 554．

[73] 李文鹏，高宇菲，钱佳佳，等．深度学习在量化投资中的应用 [J]．统计与管理，2017（8）：104 – 106．

[74] 李想．基于深度学习的空间非合作目标姿态估计算法设计 [D]．哈尔滨：哈尔滨工业大学，2018．

[75] 李亚静，朱宏泉，彭育威．基于 GARCH 模型族的中国股市波动性预测 [J]．数学的实践与认识，2003（11）：65 – 71．

[76] 李艳丽, 邓贵川, 李辰阳. 人民币汇率波动的预测——基于损失函数和 DM 检验的比较分析 [J]. 国际金融研究, 2016 (2): 84 – 96.

[77] 李云峰. 宏观经济信息有助于预测人民币汇率变动吗? ——兼论 "汇率脱离之谜" [J]. 上海金融, 2013 (1): 13 – 16 + 116.

[78] 李章晓, 宋微, 田野. 基于深度学习和进化计算的外汇预测与投资组合优化 [J]. 郑州大学学报 (工学版), 2019, 40 (1): 92 – 96.

[79] 李振, 魏谙书, 李洋洋. 经济基本面可以预测人民币汇率吗? [J]. 金融论坛, 2017, 22 (11): 12 – 26 + 55.

[80] 梁天新, 杨小平, 王良, 等. 基于强化学习的金融交易系统研究与发展 [J]. 软件学报, 2019, 30 (3): 845 – 864.

[81] 廖屹薨. 股价波动的 VaR 模型及其在股票投资风险管理中的应用 [D]. 上海: 华东师范大学, 2008.

[82] 廖益琴. 基于时变扩展切换回归的股市波动组合预测研究 [D]. 重庆: 重庆师范大学, 2010.

[83] 林碧芬. 基于深度学习的智能学习平台的分析和设计 [J]. 信息记录材料, 2018, 19 (12): 75 – 77.

[84] 林晓浩, 杨少华. 基于 SV 模型的沪深 300 指数波动分析及风险度量 [J]. 技术与市场, 2011, 18 (11): 168 – 170.

[85] 刘柏, 赵振全. 基于 STAR 模型的中国实际汇率非线性态势预测 [J]. 数量经济技术经济研究, 2008 (6): 3 – 11 + 40.

[86] 刘凤芹, 吴喜之. 基于 SV 模型的深圳股市波动的预测 [J]. 山西财经大学学报, 2004 (4): 96 – 99.

[87] 刘会平. 新常态下金融服务实体经济的问题与对策研究 [J]. 中国市场, 2019 (33): 34 – 35.

[88] 刘丽燕. 基于非参数 GARCH 模型的电力市场日前电价预测研究 [D]. 重庆: 重庆师范大学, 2016.

[89] 刘萍. 金融大数据视野下的金融发展与监管创新 [J]. 经济导刊, 2021 (1): 28 – 31.

[90] 刘庆玲. 基于模糊深度学习网络算法的短期股价预测 [D]. 哈尔滨: 哈尔滨工业大学, 2016.

[91] 刘胜会. 持续期模型、债券价格预测与利率风险管理: 数字实证与发展趋势 [J]. 金融理论与实践, 2009 (8): 10 – 16.

［92］刘姝伶，温涛，葛军．人民币汇率预测及方法选择——基于 ARI-MA 与 GARCH 模型 ［J］．技术经济与管理研究，2008（4）：91-93.

［93］刘涛雄，徐晓飞．互联网搜索行为能帮助我们预测宏观经济吗？［J］．经济研究，2015，50（12）：68-83.

［94］刘晓倩，王健，吴广．基于高频数据 HAR-CVX 模型的沪深 300 指数的预测研究 ［J］．中国管理科学，2017，25（6）：1-10.

［95］刘艳，张肖会，吴丽．大数据与产业融合发展 ［J］．天津科技，2021，48（12）：4-6.

［96］刘咏珩．金融科技助力金融业更好地服务实体经济 ［J］．金融经济，2018（20）：63-64.

［97］刘震，王慧敏，华思瑜，等．基于深度学习的股价预测研究 ［J］．科技创新导报，2018，15（13）：247-248.

［98］柳向东，李文健．金融高频数据跳跃波动研究——基于大数据核函数支持向量机的方法 ［J］．统计与信息论坛，2018，33（9）：23-30.

［99］卢茜妍，梁庆梅．基于神经网络的股票趋势预测与分析 ［J］．现代商业，2019（9）：89-90.

［100］鲁万波．基于非参数 GARCH 模型的中国股市波动性预测 ［J］．数理统计与管理，2006（4）：455-461.

［101］罗嘉雯，陈浪南．基于贝叶斯因子模型金融高频波动率预测研究 ［J］．管理科学学报，2017，20（8）：13-26.

［102］罗林，林宇．基于马尔科夫状态转换的人民币汇率波动预测研究 ［J］．金融与经济，2014（5）：19-22+71.

［103］吕志鸿．基于时间序列 GARCH（1，1）模型的上证 50ETF 波动率预测 ［J］．中国市场，2015（49）：118-121.

［104］李倩．一种简单的，循序的方式讲解神经网络 ［EB/OL］．https：//www.elecfans.com/d/730725.html.

［105］雷锋专栏．神经网络浅讲：从神经元到深度学习 ［EB/OL］．https：//www.leiphone.com/news/202103/qEskICz0FjJr36tU.html.

［106］Labanan．从神经网络到卷积神经网络的了解 ［EB/OL］．https：//blog.csdn.net/u014789266/article/details/53516861，2016-12-08/2022-08-14.

［107］马天平，吴卫星．基于机器学习算法的金融期权波动率预测

[J]. 学海, 2018 (5): 201 - 209.

[108] 孟庆斌, 宋烜, 宋祉健. 基于随机波动模型 (SV) 的人民币汇率风险预测 [J]. 财会月刊, 2019 (24): 151 - 157.

[109] 苗序娟, 余浩, 王露, 等. 图像风格迁移技术概况及研究现状 [J]. 现代计算机, 2021 (2): 67 - 72.

[110] 莫玉婷, 刘金山. 贝叶斯波动率模型在中国基金市场的应用 [J]. 佛山科学技术学院学报 (自然科学版), 2016, 34 (3): 5 - 10.

[111] Marsjhao. 深度学习经典卷积神经网络之 GoogLeNet (Google Inception Net) [EB/OL]. https://blog.csdn.net/marsjhao/article/details/73088850, 2017 - 06 - 12 /2022 - 08 - 14.

[112] Maxiao1204. CNN 几种经典模型比较 [EB/OL]. https://blog.csdn.net/maxiao1204/article/details/65653781, 2017 - 03 - 24/2022 - 08 - 14.

[113] 欧阳红兵, 黄亢, 闫洪举. 基于 LSTM 神经网络的金融时间序列预测 [J]. 中国管理科学, 2020, 28 (4): 27 - 35.

[114] 彭鹏. 轴承滚柱表面缺陷识别方法的研究及软件设计 [D]. 西安: 西安理工大学, 2019.

[115] 彭燕, 刘宇红, 张荣芬. 基于 LSTM 的股票价格预测建模与分析 [J]. 计算机工程与应用, 2019, 55 (11): 209 - 212.

[116] 彭召来. 金融回归本源与服务实体经济 [J]. 中国集体经济, 2022 (9): 105 - 107.

[117] 乔林, 张雄伟, 史海宁, 等. 第4讲 深度学习应用中的常见模型 [J]. 军事通信技术, 2016, 37 (1): 98 - 104.

[118] 谯庆伟. 融合双重时空网络流和 attention 机制的人体行为识别 [D]. 南京: 南京邮电大学, 2017.

[119] 邱冬阳, 丁玲. 基于多维高频数据和 LSTM 模型的沪深 300 股指期货价格预测 [J]. 重庆理工大学学报 (社会科学), 2022, 36 (3): 55 - 69.

[120] 邱冬阳, 苏理云. 金融市场随机波动的联动性及预警机制研究: 基于马尔科夫链蒙特卡洛抽样方法 [M]. 北京: 经济科学出版社, 2017.

[121] 邱冬阳, 王涛, 许雄奇. 金融市场随机波动: 基于文献综述的视角 [J]. 西南农业大学学报 (社会科学版), 2009, 7 (4): 4 - 10.

[122] 瞿慧, 李洁, 程昕. HAR 族模型与 GARCH 族模型对不同期限波

动率的预测精度比较——基于沪深 300 指数高频价格的实证分析 [J]．系统工程，2015，33（3）：32－37．

[123] 任君，王建华，王传美，等．基于正则化 LSTM 模型的股票指数预测 [J]．计算机应用与软件，2018，35（4）：44－48＋108．

[124] 软件定义世界（SDX），独家｜《TensorFlow 实战》作者黄文坚：四大经典 CNN 网络技术原理 [EB/OL]．https：//mp．weixin．qq．com/s?__biz＝MzA5NDExMTAzNA＝＝&mid＝2649981671&idx＝1&sn＝3f75f634eadfdee9519d2674e4d777f0&chksm＝8854b6b2bf233fa4e986d8f4e6980782c733ae1baa711c24441e0986a83b8277afec90d674ea，2017－03－01/2022－08－14．

[125] 尚晓．新时期大数据与实体经济深度融合的路径探讨 [J]．中小企业管理与科技（下旬刊），2021（2）：45－46．

[126] 尚玉皇，郑挺国．基准收益率曲线与宏观经济：基于混频 DSGE 模型的研究 [J]．经济研究，2018，53（6）：36－51．

[127] 邵振文，侯丹．我国股指期货市场非对称性波动与下行风险研究 [J]．经济纵横，2018（3）：108－113．

[128] 沈根祥，邹欣悦．已实现波动 GAS－HEAVY 模型及其实证研究 [J]．中国管理科学，2019，27（1）：1－10．

[129] 史建楠，邹俊忠，张见，等．基于 DMD－LSTM 模型的股票价格时间序列预测研究 [J]．计算机应用研究，2020，37（3）：662－666．

[130] 宋刚，张云峰，包芳勋，等．基于粒子群优化 LSTM 的股票预测模型 [J]．北京航空航天大学学报，2019，45（12）：2533－2542．

[131] 宋光慧．基于迁移学习与深度卷积特征的图像标注方法研究 [D]．杭州：浙江大学，2017．

[132] 苏治，卢曼，李德轩．深度学习的金融实证应用：动态、贡献与展望 [J]．金融研究，2017（5）：111－126．

[133] 孙达昌，毕秀春．基于深度学习算法的高频交易策略及其盈利能力 [J]．中国科学技术大学学报，2018，48（11）：923－932．

[134] Shipbbb．从单层感知器到深度学习以及深度学习必知的框架．[EB/OL]．https：//www．doc88．com/p－4981314167472．html．

[135] 田荣辉．基于迁移学习的乳腺肿瘤超声图像分类方法的研究 [D]．沈阳：东北大学，2019．

[136] 童明余．中国股市波动性研究 [D]．重庆：重庆师范大学，2006．

［137］王聪，焦瑾璞．国内外黄金市场价格间的联动关系稳定吗？——基于外部冲击视角的分析［J］．金融研究，2019（11）：75－93.

［138］王丹，肖春来，王晨曦．人民币兑美元汇率长期趋势分析及预测［J］．数学的实践与认识，2014，44（11）：21－25.

［139］王灏，盛虎，张宏伟．国际黄金期货价格波动的影响因素（英文）［J］. Transactions of Nonferrous Metals Society of China，2019，29（11）：2447－2454.

［140］王钧，张鹏，袁帅．基于股票预测的 Seq2Seq RNN 和 LSTM 模型比较［J］．时代金融，2018（35）：381－382＋392.

［141］王泰．基于性能退化分析的高速动车组齿轮箱可靠性研究［D］．成都：西南交通大学，2017.

［142］王文杰．金融科技及其在我国证券业的应用场景探究［J］．湖北经济学院学报（人文社会科学版），2018，15（2）：49－51.

［143］王晓辉，张卫国，刘玉芳．融合 ICA 的 BP 网络在人民币汇率预测中的应用［J］．系统工程学报，2014，29（3）：344－352.

［144］王旭娇．基于深度学习的场景三维点云分类方法研究［D］．天津：河北工业大学，2019.

［145］王轩，杨海珍．人民币汇率波动原因的集成分析与实际有效汇率预测［J］．金融论坛，2017，22（8）：24－34.

［146］王宣承．基于 LASSO 和神经网络的量化交易智能系统构建——以沪深 300 股指期货为例［J］．投资研究，2014，33（9）：23－39.

［147］王研．基于卷积深度学习模型的形状建模及图像分割方法［D］．西安：陕西师范大学，2019.

［148］危黎黎，李超，李余辉．基于 STAR 模型的人民币汇率非线性特征及预测［J］．统计与决策，2014（9）：89－92.

［149］魏瑾瑞，朱建平，谢邦昌．金融高频数据仅仅是一个优质的时间序列吗：概念及统计特征的再考察［J］．投资研究，2014，33（5）：11－21.

［150］魏宇．沪深 300 股指期货的波动率预测模型研究［J］．管理科学学报，2010，13（2）：66－76.

［151］温博慧．黄金价格波动性及其演化：以上海和伦敦市场为例［J］．商业研究，2010（1）：9－13.

［152］文宇．基于 CNN－LSTM 网络分析金融二级市场数据［J］．电子

设计工程，2018，26（17）：75－79＋84.

［153］文竹. GARCH 模型在股市收益波动率分析中的应用［D］. 武汉：华中科技大学，2015.

［154］吴翰韬. 基于深度学习的轨迹数据恢复研究［D］. 成都：电子科技大学，2018.

［155］吴命. 沪深股市波动性研究［D］. 重庆：重庆大学，2010.

［156］吴潇. 大数据背景下互联网金融风险控制问题与对策［J］. 现代商业，2022（11）：138－140.

［157］吴鑫育，李心丹，马超群. 基于随机波动率模型的上证 50ETF 期权定价研究［J］. 数理统计与管理，2019，38（1）：115－131.

［158］吴英慧，高静学. 大连大数据与实体经济深度融合发展策略［J］. 辽宁经济，2021（5）：47－50.

［159］文档视界. 神经网络详解［EB/OL］. http：//www. wendangku. net/doc/cd54063c657d27284b73f242336c1eb91a3733a2. html.

［160］夏登峰. 金融科技的发展、风险与监管［J］. 商业观察，2022（6）：29－31.

［161］夏莉，黄正洪. 马尔可夫链在股票价格预测中的应用［J］. 商业研究，2003（10）：62－65.

［162］肖伟红. 基于深度学习的模拟电路及 PID 参数整定研究［D］. 湘潭：湘潭大学，2019.

［163］肖翔，丁洋洋，赵承浚. 我国上市金融机构金融科技应用分析［J］. 清华金融评论，2022（1）：90－92.

［164］谢赤，欧阳亮. 汇率预测的神经网络方法及其比较［J］. 财经科学，2008（5）：47－53.

［165］谢合亮，游涛. 基于深度学习算法的欧式股指期权定价研究——来自 50ETF 期权市场的证据［J］. 统计与信息论坛，2018，33（6）：99－106.

［166］谢琪，程耕国，徐旭. 基于神经网络集成学习股票预测模型的研究［J］. 计算机工程与应用，2019，55（8）：238－243.

［167］谢永建. 基于五因子模型的中国资本市场定价异象——来自流通企业的经验证据［J］. 商业经济研究，2019（11）：164－168.

［168］邢科，杨骏. 人民币汇率影响因素和预测［J］. 金融理论与实

践，2014（9）：38 – 41.

[169] 熊志斌. ARIMA 融合神经网络的人民币汇率预测模型研究 [J].
数量经济技术经济研究，2011，28（6）：64 – 76.

[170] 徐杰，胡兴，周文武. 分级基金定价：波动率、障碍期权与蒙特
卡洛模拟 [J]. 重庆理工大学学报（社会科学），2020，34（7）：8 – 18.

[171] 徐洋. 基于用户行为学习的农业信息元搜索引擎研究 [D]. 北
京：中国农业科学院，2010.

[172] 徐志超，曹瑜. 数据挖掘下金融大数据在现代金融市场中的应
用——评《金融大数据》[J]. 国际税收，2019（12）：82.

[173] 许少强，李亚敏. 参考 "一篮子" 货币的人民币汇率预测——基
于 ARMA 模型的实证方法 [J]. 世界经济文汇，2007（3）：30 – 40.

[174] 许宪春，王洋. 大数据在企业生产经营中的应用 [J]. 改革，
2021（1）：18 – 35.

[175] 薛晴. 券商的金融科技创新应用场景 [J]. 金融电子化，2021
（7）：70 – 71.

[176] 闫会强，夏霄松，金浩. HAR 族模型对波动率的预测精度比较及
其 SPA 检验——基于沪深 300 指数高频数据 [J]. 经济论坛，2017（11）：
75 – 84.

[177] 小飞苑. 神经网络浅讲：从神经元到深度学习 [EB/OL]. ht-
tp：//www. 360doc. com/content/17/1230/20/6695445_717739390. shtml.

[178] 闫杰，姜忠鹤，卢小广. 我国黄金期货与现货价格关系的研究
[J]. 价格理论与实践，2016（10）：120 – 123.

[179] 严飞，章继鸿，姚宇晨，等. 改进的 Unet 型木材缺陷图像分割方
法 [J]. 林业机械与木工设备，2022，50（1）：41 – 45.

[180] 杨博辰. 基于 AIS 的船舶轨迹分析的研究与应用 [D]. 成都：电
子科技大学，2018.

[181] 杨东. 监管科技：金融科技的监管挑战与维度建构 [J]. 中国社
会科学，2018（5）：69 – 91 + 205 – 206.

[182] 杨青，王晨蔚. 基于深度学习 LSTM 神经网络的全球股票指数预
测研究 [J]. 统计研究，2019，36（3）：65 – 77.

[183] 杨小玄，刘立新. 人民币汇率波动率预测模型的比较研究 [J].
财贸研究，2016，27（3）：80 – 90.

[184] 杨艳军，安丽娟．基于 HAR 模型的上证 50ETF 波动率指数特征及应用研究 [J]．金融发展研究，2017（7）：47－52.

[185] 杨雨浓．基于逆向传播深度置信网络的公交行驶时间预测研究 [D]．大连：大连海事大学，2019.

[186] 姚小强，侯志森．基于树结构长短期记忆神经网络的金融时间序列预测 [J]．计算机应用，2018，38（11）：3336－3341.

[187] 叶梦琪．金融科技在场景化服务中的应用研究 [J]．时代金融，2019（25）：56－58.

[188] 易纲．进一步增强金融服务实体经济能力 [J]．中国产经，2022（1）：51－53.

[189] 阴秀琦，董延涛，李昭宾，等．新冠疫情叠加的金融变局下关于金银等矿产回归货币属性的思考 [J]．地球学报，2021，42（2）：236－244.

[190] 于志军，杨善林．基于误差校正的 GARCH 股票价格预测模型 [J]．中国管理科学，2013，21（S1）：341－345.

[191] 俞勇．金融科技与金融机构风险管理 [J]．上海金融，2019（7）：73－78.

[192] 张冠华．基于卷积神经网络的鲸鱼叫声分类研究 [D]．哈尔滨：哈尔滨工程大学，2019.

[193] 张红伟．论金融波动及其特征 [J]．天府新论，2002（1）：25－28.

[194] 张会元．金融业支持地方经济社会发展的思考——基于黑龙江金融大数据视角 [J]．黑龙江金融，2015（9）：8－10.

[195] 张洁．基于 LSTM 的商品推荐模型研究 [J]．科学技术创新，2021（11）：88－89.

[196] 张金磊，罗玉玲，付强．基于门控循环单元神经网络的金融时间序列预测 [J]．广西师范大学学报（自然科学版），2019，37（2）：82－89.

[197] 张茂军，郭梦菲，李昊．信息传导的跨市场行为研究——基于国债期货与现货的溢出效应 [J]．金融与经济，2019（1）：20－27.

[198] 张鹏．雷雨天气引发的航班延误初步量化研究 [D]．广汉：中国民用航空飞行学院，2019.

[199] 张世英，苏卫东．计量经济学的重要研究领域——金融计量学的回顾与展望 [J]．南开经济研究，2002（5）：14－16.

[200] 张欣，崔日明．基于非对称随机波动模型的人民币汇率波动特征研究 [J]．国际金融研究，2013 (1)：28 – 37.

[201] 张欣，张永强，何斌，等．基于 YOLOv4-tiny 的遥感图像飞机目标检测技术研究 [J]．光学技术，2021，47 (3)：344 – 351.

[202] 张雅奎．基于超声图像的甲状腺疾病智能诊断 [D]．哈尔滨：哈尔滨工业大学，2018.

[203] 张叶青，陆瑶，李乐芸．大数据应用对中国企业市场价值的影响——来自中国上市公司年报文本分析的证据 [J]．经济研究，2021，56 (12)：42 – 59.

[204] 张一哲．基于深度学习理论与相速度的电缆故障在线诊断方法研究 [D]．西安：西安科技大学，2017.

[205] 张永安，颜斌斌．一种股票市场的深度学习复合预测模型 [J]．计算机科学，2020，47 (11)：255 – 267.

[206] 张志路．波幅指数对恒生指数总波动及跳跃成分的预测研究 [D]．成都：西南交通大学，2013.

[207] 赵超越．基于深度学习的汉字字体识别技术的研究与实现 [D]．北京：北京邮电大学，2019.

[208] 赵洪科，吴李康，李徵，等．基于深度神经网络结构的互联网金融市场动态预测 [J]．计算机研究与发展，2019，56 (8)：1621 – 1631.

[209] 赵瑞祺．基于 GARCH 族模型的我国铜期货价格波动特征分析 [D]．长春：吉林大学，2015.

[210] 赵树然，任培民，赵昕．基于非参数 GARCH 模型的汇率波动性预测 [J]．统计与决策，2012 (6)：148 – 151.

[211] 赵伟雄，崔海蓉，何建敏．GARCH 类模型波动率预测效果评价——以沪铜期货为例 [J]．西安电子科技大学学报 (社会科学版)，2010，20 (4)：27 – 32.

[212] 赵雪君．大数据时代下金融科技推动实体经济发展研究 [J]．当代经济，2018 (19)：17 – 19.

[213] 郑天齐，邬军军，赵德基，等．人工神经网络在变电智能决策中的应用 [J]．数字技术与应用，2019，37 (8)：29 – 33 + 35.

[214] 周爱民，刘晓孟．基于稀疏模型的人民币汇率波动预测 [J]．上海金融，2019 (03)：10 – 19 + 33.

［215］周访滨，邹联华，刘学军，等．栅格 DEM 微地形分类的卷积神经网络法［J］．武汉大学学报（信息科学版），2021，46（8）：1186－1193.

［216］周俊梅．金融市场波动性的理论与实证分析［D］．昆明：云南师范大学，2007.

［217］周晓波，陈璋，王继源．基于混合人工神经网络的人民币汇率预测研究——兼与 ARMA、ARCH、GARCH 的比较［J］．国际经贸探索，2019，35（9）：35－49.

［218］周彦．连续时间随机波动模型及其在中国股市的应用［D］．天津：天津大学，2006.

［219］朱飞．基于多指数对股票收益波动的实证研究［D］．大连：东北财经大学，2010.

［220］朱鹏飞，唐勇，钟莉．基于小波—高阶矩模型的投资组合策略——以国际原油市场为例［J］．中国管理科学，2020，28（10）：24－35.

［221］朱晓悦．新时代下增强金融服务实体经济能力的研究［J］．现代商业，2022（8）：121－123.

［222］朱学红，邹佳纹，韩飞燕，等．引入外部冲击的中国铜期货市场高频波动率建模与预测［J］．中国管理科学，2018，26（9）：52－61.

［223］左浩苗，刘振涛，曾海为．基于高频数据的股指期货与现货市场波动溢出和信息传导研究［J］．金融研究，2012（4）：140－154.

［224］Altavilla，C.，Giannone，D.，& Modugno，M.，2017，"Low Frequency Effects Of Macroeconomic News On Government Bond Yields"．Journal of Monetary Economics，92，31－46.

［225］Anastasakis，L.，& Mort，N.，2009，"Exchange Rate Forecasting Using A Combined Parametric And Nonparametric Self-Organising Modelling Approach"．Expert Systems with Applications，36（10），12001－12011.

［226］Arel，I.，Rosc，D. C.，Karnowski，T. P.，2010，"Deep Machine Learning-A New Frontier in Artificial Intelligence Research"．IEEE Computational Intelligence Magazine，5（4）：13－18.

［227］Atsalakis G. S.，Valavanis K. P.，2009，"Surveying Stock Market Forecasting Techniques － Part Ⅱ：Soft Computing Methods"．Expert Systems with Applications，36（3）：5932－5941.

［228］Ba，J.，Frey B.，2013，"Adaptive Dropout For Training Deep Neural Networks", Advances in Neural Information Processing Systems, Working Paper, pp. 3084 – 3092.

［229］Bengio, Y., 2009, "Learning Deep Architectures For AI". Foundations and trends ⓒ in Machine Learning, 2 (1), 1 – 127.

［230］Bengio, Y., Courville, A., & Vincent, P., 2013, "Representation Learning: A Review And New Perspectives". IEEE transactions on pattern analysis and machine intelligence, 35 (8), 1798 – 1828.

［231］Bollen, J., Mao, H., & Zeng, X., 2011, "Twitter Mood Predicts The Stock Market". Journal of computational science, 2 (1), 1 – 8.

［232］Bollerslev, T., 1986, . "Generalized Autoregressive Conditional heteroskedasticity". Journal of econometrics, 31 (3), 307 – 327.

［233］Bovier, A., Černý, J., & Hryniv, O., 2006, "The Opinion Game: Stock Price Evolution From Microscopic Market Modeling", International Journal of Theoretical and Applied Finance, 9 (01), 91 – 111.

［234］De Long, J. B., Shleifer, A., Summers, L. H., & Waldmann, R. J., 1990, "Noise Trader Risk In Financial Markets", Journal of political Economy, 98 (4), 703 – 738.

［235］Breen, W., Glosten L. R, Jagannathan, R., 1989, "Economic Significance Of Predictable Variations In Stock Index Returns", Journal of Finance, 64 (5): 1177 – 1189.

［236］Brooks, C., 1996, "Testing For Non-Linearity In Daily Sterling Exchange Rates", Applied Financial Economics, 6 (4): 307 – 317.

［237］Campbell J. Y., Shiller, R. J., "Stock Prices, Earnings, And Expected Dividends", Journal of Finance, 1988a, 43 (3): 661 – 676.

［238］Campbell J. Y., 1987, "Stock Returns And The Term Structure", Journal of Financial Economics, 18 (2): 373 – 399.

［239］Cartea, Á., Jaimungal, S., & Ricci, J., 2014, "Buy Low, Sell High: A High Frequency Trading Perspective". SIAM Journal on Financial Mathematics, 5 (1), 415 – 444.

［240］Cavalcante, R. C., Brasileiro, R. C., Souza, V. L., Nobrega, J. P., & Oliveira, A. L., 2016, "Computational Intelligence And Financial Markets: A Survey And Future Directions", Expert Systems with Applications, 55,

194 – 211.

［241］ Christiano, Lawrence J. , Roberto Motto, and Massimo Rostagno, 2014, "Risk Shocks." American Economic Review, 104 (1): 27 – 65.

［242］ Cochrane, J. H. , 2011, "Presidential address: Discount rates", The Journal of finance, 66 (4), 1047 – 1108.

［243］ Cont, R. , Stoikov, S. , & Talreja, R. , 2010, "A Stochastic Model For Order Book Dynamics". Operations research, 58 (3), 549 – 563.

［244］ Cont, R. , 2011, "Statistical Modeling Of High-Frequency Financial Data", IEEE Signal Processing Magazine, 28 (5), 16 – 25.

［245］ Deng, Y. , Bao, F. , Kong, Y. , Ren, Z. , & Dai, Q. , 2016. , "Deep Direct Reinforcement Learning For Financial Signal Representation And Trading". IEEE transactions on neural networks and learning systems, 28 (3), 653 – 664.

［246］ Dey R. , Salemt F. M. , 2017, "Gate-variants of Gated Recurrent Unit (GRU) neural networks", International Midwest Symposium on Circuits. IEEE: 1597 – 1600.

［247］ Di Persio L, Honchar O. 2016, "Artificial Neural Networks Architectures for Stock Price Prediction: Comparisons and Applications", International Journal of Circuits, Systems and Signal Processing, (10): 403 – 413.

［248］ Ding, X. , Zhang, Y. , Liu, T. , & Duan, J. , 2014, "Using Structured Events To Predict Stock Price Movement: An Empirical Investigation". In Proceedings of the 2014 conference on empirical methods in natural language processing (EMNLP) pp. 1415 – 1425.

［249］ Ding, X. , Zhang, Y. , Liu, T. , & Duan, J. , 2015, "Deep Learning For Event-Driven Stock Prediction", In Twenty-fourth international joint conference on artificial intelligence.

［250］ Dixon M. F. , 2017, "Sequence Classification of the Limit Order Book Using Recurrent Neural Networks", Social Science Electronic Publishing.

［251］ Dixon, M. , Klabjan, D. , & Bang, J. H. 2015, "Implementing Deep Neural Networks For Financial Market Prediction On The Intel Xeon Phi". In Proceedings of the 8th Workshop on High Performance Computational Finance, pp. 1 – 6.

［252］Dixon, M., Klabjan, D., & Bang, J. H., 2017, "Classification-Based Financial Markets Prediction Using Deep Neural Networks". Algorithmic Finance, 6（3－4）, 67－77.

［253］Fama E. F., French K. R., 1988, "Dividend Yields And Expected Stock Returns", Journal of Financial Economics, 22（1）: 3－25.

［254］Fama, E., 1965, "The Behavior of Stock Prices", Journal of Business, 38: 34－105.

［255］Fehrer R., Feuerriegel S., 2015, "Improving Decision Analytics with Deep Learning: The Case of Financial Disclosures", ar Xiv preprint ar Xiv: 1508. 01993.

［256］Fletcher, T., & Shawe-Taylor, J., 2013, "Multiple kernel learning with fisher kernels for high frequency currency prediction". Computational Economics, 42（2）, 217－240.

［257］Friedman, M., 1953, "The Methodology of Positive Economics, University of Chicago Press: 3－43.

［258］Ghysela, E., Santa, C. P, Valkanov, R., 2005, "There Is a Risk-Return Trade-Off after All", Journal of Financial Economics: 76, 509－548.

［259］Goyal, A., Welch, I., 2003, "Predicting The Equity Premium With Dividend Ratios", Management Science, 49（5）: 639－654.

［260］Guoh, 2006, "On The Out-Of-Sample Predictability Of Stock Market Returns". Journal of Business, 79（2）: 645－670.

［261］Hagenau, M., Liebmann M., and Neumann D., 2013, "Automated News Reading: Stock Price Prediction based on Financial News Using Context-capturing Features", Decision Support Systems, 55（3）: 685－697.

［262］Hamid, S. A., Iqbal, Z., 2004, "Using Neural Networks for Forecasting Volatility of S&P 500 Index Futures Prices". Journal of Business Research, 57（10）: 1116－1125.

［263］Helbing D., 2015, "Societal, Economic, Ethical and Legal Challenges of the Digital Revolution: From Big Data to Deep Learning, Artificial Intelligence, and Manipulative Technologies", Social Science Electronic Publishing.

［264］Hinton G. E, Osindero S, Teh Y. W., 2006, "A Fast Learning Algorithm For Deep Belief Nets", Neural computation, 18 (7): 1527 - 1554.

[265] Hochreiter S., 2015, "Long Short-term Memory", Nature, 521 (7553).

[266] Hull J. C., 2003, Options, Futures, and other Derivatives [M]. Fifth Edition, Prentice Hall.

[267] J. Bradford De Long, Andrei Shleifer, Lawrence H. Summers and Robert J. Waldmann, 1990, "Noise Trader Risk in Financial Markets". Journal of Political Economy, 98 (4): 703 - 738.

[268] Kang Z, Guo Q Z, Jun Y D, et al. 2019, "Stock Market Prediction Based on Generative Adversarial Network", Procedia Computer Science, 147: 400 - 406.

[269] Keim D. B, Stambaugh R. F, 1986, "Predicting Returns In The Stock And Bond Markets", Journal of Financial Economics, 17 (2): 357 - 390.

[270] Langkvist M, Karlsson L, Loutfi, A., 2014, "A Review Of Unsupervised Feature Learning And Deep Learning For Time-Series Modeling", Pattern Recognition Letters, 42: 11 - 24.

[271] Lawrence J., Robero, M., Massimo, R. "Risk Shocks", American Economic Review, 104 (1): 27 - 65.

[272] Lei J., Ying C. Z., Kai J. H., et al. 2019, "Carbon futures price forecasting based with ARIMA-CNN-LSTM model", Procedia Computer Science, 162: 33 - 38.

[273] Ni, L., Li, Y., Wang, X., Zhang, J., Yu, J., & Qi, C., 2019, "Forecasting Of Forex Time Series Data Based On Deep Learning", Procedia computer science, 147, 647 - 652.

[274] Lu, C. J., Lee, T. S., & Chiu, C. C., 2009, "Financial Time Series Forecasting Using Independent Component Analysis And Support Vector Regression". Decision support systems, 47 (2), 115 - 125.

[275] Mann J, Kutz J N. 2015, "Dynamic Mode Decomposition For Financial Trading Strategies". Quantitative Finance, (8): Article ID 1170194.

[276] Masaaki F, Akihiko T., Masayuki T., 2019, "Asymptotic Expansion as Prior Knowledge in Deep Learning Method for High dimensional BSDEs", Asia-Pacific Financial Markets, 26 (3): 391 - 408.

［277］Melvin, M., & Sultan, J., 1990, "South African political unrest, oil prices, and the time varying risk premium in the gold futures market". The Journal of Futures Markets (1986 – 1998), 10 (2), 103.

［278］Michael M, Sultan J. 1990, "South African Political Unrest, Oil Prices, And The Time Varying Risk Premium In The Gold Futures Market", The Journal of Futures Markets, 10 (2): 103 – 111.

［279］Poli, M., Park, J., & Ilievski, I., 2019, "WATTNet: learning to trade FX via hierarchical spatio-temporal representation of highly multivariate time series". arXiv preprint arXiv: 1909. 10801.

［280］Monroe M, Cohn R. 1986, "The Relative Efficiency Of The Gold And Treasury Bill Futures Markets", The Journal of Futures Markets, 6 (3): 477 – 493.

［281］Motahari, Mohebalah & Lotfali Pour, Mohammad Reza & Ahmadi Shadmehri, Mohammad Taher, 2016. "Introducing an Early Warning System of Exchange Rate Volatility in Iranian Exchange Market: Markov Switching GARCH Method", Quarterly Journal of Applied Theories of Economics, Faculty of Economics, Management and Business, University of Tabriz, vol. 2 (4), pages 71 – 92, March.

［282］Neha Gupta & Arya Kumar, 2022. "Artificial neural networks for developing early warning system for banking system: Indian context," International Journal of Economics and Business Research, Inderscience Enterprises Ltd, vol. 23 (2), pages 229 – 254.

［283］Nguyen, N., Tran, M. N., Gunawan, D., & Kohn, R., 2019, "A long short-term memory stochastic volatility model". arXiv preprint arXiv: 1906. 02884.

［284］Panda C, Narasimhan V., 2003, "Forecasting daily foreign exchange rate in India with artificial neural network", The Singapore Economic Review, 48 (2): 181 – 199.

［285］Panda C, Narasimhan V., 2007, "Forecasting exchange rate better with artificial neural network", Journal of Policy Modeling, 29 (2): 227 – 326.

［286］Perter G. Z., 2003, "Time series forecasting using a hybrid ARIMA and neural network model", Neuro computing, 50: 159 – 175.

［287］Qiang M. , Shan M. , Liu L. A, 2011, "Novel Improved Variable Step-Size Incremental-Resistance MPPT Method for PV Systems", IEEE Transactions on Industrial Electronics, 58 (6): 2427 – 2434.

［288］Samuelson, Paul A. 1965, "A Theory of Induced Innovation along Kennedy-Weisäcker Lines", Review of Economics and Statistics, 47 (4): 343 – 356.

［289］Silva E, Castilho D, Pereira A, et al. 2014, A neural network based approach to support the market making strategies in high-frequency trading ［C］. International Joint Conference on Neural Networks. IEEE, 2014: 845 – 852.

［290］Siami-Namini, S. , & Namin, A. S. , 2018, "Forecasting economics and financial time series: ARIMA vs. LSTM". arXiv preprint arXiv: 1803. 06386.

［291］Sirignano, J. , & Spiliopoulos, K. , 2018, "DGM: A deep learning algorithm for solving partial differential equations". Journal of computational physics, 375, 1339 – 1364.

［292］Song, W. , 2010. "Building an Early Warning System for Crude Oil Price Using Neural Network," East Asian Economic Review, Korea Institute for International Economic Policy, vol. 14 (2), pages 79 – 109, December.

［293］Stoll, H. R. , & Whaley, R. E. , 1990, "The dynamics of stock index and stock index futures returns". Journal of Financial and Quantitative analysis, 25 (4), 441 – 468.

［294］Wang H, Sheng H, Zhang H W. 2019, "Influence factors of international gold futures price volatility", Transactions of Nonferrous Metals Society of China, 29 (11): 2447 – 2454.

［295］Xiong, R. , Nichols, E. P. , & Shen, Y. , 2015, "Deep learning stock volatility with google domestic trends". , arXiv preprint arXiv: 1512. 04916.

［296］Wang, Y. , Shen, Y. , Mao, S. , Chen, X. , & Zou, H. , 2018, "LASSO and LSTM integrated temporal model for short-term solar intensity forecasting". IEEE Internet of Things Journal, 6 (2), 2933 – 2944.

［297］Yu W. , Lasso & Lstm. 2018, "Integrated Temporal Model for Short-term Solar Intensity Forecasting", IEEE Internet of Things Journal, (99): 1 – 12.

［298］Wei, Y. , Sun, S. , Ma, J. , Wang, S. , & Lai, K. K. , 2019,

"A decomposition clustering ensemble learning approach for forecasting foreign exchange rates". Journal of Management Science and Engineering, 4（1）, 45 – 54.

[299] Zhao J. L. , 2019, "Can We Forecast Daily Oil Futures Prices? Experimental Evidence from Convolutional Neural Networks", Journal of Risk and Financial Management, 12（1）: 1 – 13.

附 录

附录1 人民币汇率波动性预测的 Python 程序代码

```python
import numpy as np
from matplotlib import pyplot as plt
from pylab import mpl
from pandas import DataFrame
from pandas import concat
from pandas import read_csv
from datetime import datetime
from math import sqrt
from sklearn import preprocessing
from sklearn.metrics import mean_squared_error
def series_to_supervised(data, n_in =1, n_out =1, dropnan = True):
n_vars =1 if type(data)is list else data.shape[1]
    df = DataFrame(data)
    cols, names = list(), list()
        for i in range(n_in, 0, -1):
        cols.append(df.shift(i))
        names + =[('var% d(t -% d)'% (j +1, i))for j in range(n_vars)]
        for i in range(0, n_out):
        cols.append(df.shift( -i))
        if i = =0:
            names + =[('var% d(t)'% (j +1))for j in range(n_vars)]
        else:
            names + =[('var% d(t +% d)'% (j +1, i))for j in range(n_
            vars)]
        agg = concat(cols, axis =1)
    agg.columns = names
    # drop rows with NaN values
    if dropnan:
        agg.dropna( inplace = True)
```

```
        return agg
    float_data = np.loadtxt('new.txt')
    cols = [0, 1, 2, 3, 4, 5, 6, 7, 8, 9, 10, 11, 12, 13, 14, 15, 16, 17,
18, 19, 20, 21, 22, 23, 24, 25, 26, 27]
    float_data = float_data[:, cols]
    print(float_data.shape)
    time_step = 20
    reframed = series_to_supervised(float_data, time_step, 1)
    print(reframed.shape)
    #tempList = [1]
    droplist = [reframed.shape[1] - i for i in range(2, 29)]
    reframed.drop(reframed.columns[droplist], axis = 1, inplace =
True)
    print(reframed)
    i = 0
    index = []
    while i < reframed.shape[1]:
        if(i + 1)%28! = 0:
            index.append(i)
    i + =1
    print(index)
    reframed = reframed.values
    yesterdayVaule = reframed[:, reframed.shape[1] - 2]
    todayValue = reframed[:, -1]
    reframed = reframed[:, index]
    allMax = np.max(reframed, axis = 0)
    allMin = np.min(reframed, axis = 0)
    allMax_min = allMax - allMin
    reframed = (reframed - allMin) /allMax_min
    trainNum = int(reframed.shape[0] * 0.8)
    mask = [u for u in range(trainNum)]
    x_train = reframed[mask, : -1]
    y_train = reframed[mask, -1]
    mask = [u for u in range(trainNum, reframed.shape[0])]
    yesterdayVaule_cut = yesterdayVaule[mask]
```

```
today_cut   = todayValue[mask]
x_test = reframed[mask,: -1]
y_test = reframed[mask, -1]
print(x_train.shape[1])
x_train = x_train.reshape((x_train.shape[0], time_step, int(x_
train.shape[1] /time_step)))
x_test = x_test.reshape((x_test.shape[0], time_step, int(x_
test.shape[1] /time_step)))
print(x_train.shape, x_test.shape)
from keras.models import Sequential
from  matplotlib import pyplot
from keras.layers import Dense, LSTM
model = Sequential()
model.add(LSTM(50, input_shape = (x_train.shape[1], x_train.shape
[2]), name = " lstm_old", recurrent_dropout = 0.2))
model.add(Dense(1, name = " dense_old"))
model.compile(loss ='mae', optimizer ='RMSprop')
history = model.fit(x_train, y_train, epochs = 300, batch_size = 32,
validation_data = (x_test, y_test), verbose = 2, shuffle = False)
model.save('. /model3 /my_model3.h5')
predictY = model.predict(x_test)
allMax_min2 = allMax_min[ -1]
allMin2 = allMin[ -1]
predictYArray = predictY * allMax_min2 + allMin2
predictY = []
for u in predictYArray:
    predictY.append(u[0])
rmse = sqrt(mean_squared_error(predictY, today_cut.tolist()))
print('Test MSE:% .3f'% rmse)
realIncrease = today_cut -yesterdayVaule_cut
realIncrease = realIncrease.tolist()
realIncrease2 = [1 if u >0 else 0 for u in realIncrease]
PredictIncrease = [predictY[i] -yesterdayVaule_cut[i] for i in
range(len(predictY))]
PredictIncrease2 = [1 if u >0 else 0 for u in PredictIncrease]
```

```
PredictIncrease2 = [1 if u > 0 else 0 for u in PredictIncrease]
print('test accuary:% .3 f '% np.mean(np.array(PredictIncrease2) = =
np.array(realIncrease2)))
txtPath = '. /model3 /summary.txt'
f = open(txtPath, 'a')
print('------------------------------------', file = f)
print('Test MSE:% .3 f '% rmse, file = f)
print('test accuary:% .3 f '% np.mean(np.array(PredictIncrease2) = =
np.array(realIncrease2)), file = f)
f.close()
pyplot.plot(history.history['loss'], label ='train')
pyplot.plot(history.history['val_loss'], label ='test')
pyplot.legend()
pyplot.savefig(" . /model3 /loss.png")
pyplot.show()
mpl.rcParams['font.sans - serif'] = ['SimHei'] #Microsoft YaHei Sim-
Hei
plt.plot(range(len(predictY)), predictY, 'r', label ='predict')
plt.plot(range(len(today_cut)), today_cut, 'b', label ='actual')
plt.title(u'预测对比')
plt.xlabel('data')
plt.ylabel('vaule')
plt.legend()
plt.savefig('. /model3 /predict.png')
plt.show()
```

附录 2　人民币汇率波动性预测的部分原始数据

日期	美国非农就业人口指数（万）	美元指数	S&P500	上证综指	黄金价格	国际大宗商品价格指数	中国大宗商品价格指数（CCPI）	VIX 恐慌指数	Libor	美元指数期货	经济政策	其他影响的汇率的事件
2013 年 1 月 1 日	13. 2	79. 77	125. 27	2269. 13	1657. 5	484. 07	145. 80	18. 02	0. 47	79. 871	1	1
2013 年 1 月 2 日	13. 20	79. 84	1462. 42	2269. 13	1693. 75	483. 20	145. 80	14. 68	0. 48	79. 948	1	1
2013 年 1 月 3 日	13. 20	80. 38	1459. 37	2269. 13	1679. 5	483. 15	145. 80	14. 56	0. 48	80. 515	1	1
2013 年 1 月 4 日	13. 20	80. 5	1466. 47	2276. 99	1648	483. 35	145. 80	13. 83	0. 48	80. 61	1	1
2013 年 1 月 7 日	13. 20	80. 26	1461. 89	2285. 36	1645. 25	483. 41	147. 00	13. 79	0. 48	80. 369	1	1
…	…	…	…	…	…	…	…	…	…	…	…	…
2015 年 12 月 23 日	27. 20	98. 34	2064. 29	3636. 09	1068. 25	372. 22	82. 60	15. 57	0. 48	98. 367	5	4
2015 年 12 月 24 日	27. 20	97. 98	2060. 99	3612. 49	1066. 76	372. 37	82. 60	15. 74	0. 48	98. 016	5	4
2015 年 12 月 25 日	27. 20	97. 98	2038. 19	3627. 91	1070. 23	375. 10	82. 60	17. 46	0. 48	98. 35	5	4
2015 年 12 月 28 日	27. 20	97. 92	2056. 50	3533. 78	1071. 78	371. 17	84. 10	16. 91	0. 48	97. 95	5	3
2015 年 12 月 29 日	27. 20	98. 1	2078. 36	3563. 74	1070. 1	371. 76	84. 10	16. 08	0. 48	98. 173	5	3
…	…	…	…	…	…	…	…	…	…	…	…	…
2018 年 12 月 25 日	19. 60	96. 55	2457. 65	2504. 82	1254. 27	411. 83	129. 79	29. 14	0. 68	96. 25	5	3
2018 年 12 月 26 日	19. 60	97. 05	2467. 70	2498. 29	1255. 87	410. 66	129. 79	30. 41	0. 68	96. 568	5	3
2018 年 12 月 27 日	19. 60	96. 48	2488. 83	2483. 09	1268	411. 10	129. 79	29. 96	0. 69	96. 001	5	3
2018 年 12 月 28 日	19. 60	96. 4	2485. 74	2493. 90	1279	408. 65	129. 79	28. 34	0. 69	95. 965	5	3
2018 年 12 月 31 日	31. 10	96. 17	2506. 85	2465. 29	1282. 90	409. 17	125. 68	25. 42	0. 67	95. 735	5	3

续表

中国投资回报率：中国10年期国债收益率	Shibor（%）	GDP增长率	公共财政支出	FDI	贸易条件	M2	美国工业生产指数	宏观经济景气指数	消费者信心指数	外汇储备	渣打指数	中国CPI	美国CPI
3.58	2.2925	108.1	20816.38	116.94	1.04	974159.46	100.05	90.7	103.7	33115.89	737	2.5	-0.20%
3.58	2.2860	108	8367.26	92.7	1.06	992129.25	100.56	92	104.5	34100.61	809	2.03	-0.10%
3.58	3.8660	108	8367.26	92.7	1.06	992129.25	100.56	92	104.5	34100.61	809	2.03	-0.10%
3.61	2.5570	108	8367.26	92.7	1.06	992129.25	100.56	92	104.5	34100.61	809	2.03	-0.10%
3.59	2.1529	108	8367.26	92.7	1.06	992129.25	100.56	92	104.5	34100.61	809	2.03	-0.10%
…	…	…	…	…	…	…	…	…	…	…	…	…	…
2.89	1.9000	106.8	25544.62	122.3	1.11	1392278.11	101.42	67.3	103.7	33303.62	2162	1.6	-0.10%
2.87	1.9200	106.8	25544.62	122.3	1.11	1392278.11	101.42	67.3	103.7	33303.62	2162	1.6	-0.10%
2.83	1.9300	106.8	25544.62	122.3	1.11	1392278.11	101.42	67.3	103.7	33303.62	2162	1.6	-0.10%
2.84	1.9400	106.8	25544.62	122.3	1.11	1392278.11	101.42	67.3	103.7	33303.62	2162	1.6	-0.10%
2.83	1.9300	106.8	25544.62	122.3	1.11	1392278.11	101.42	67.3	103.7	33303.62	2162	1.6	-0.10%
…	…	…	…	…	…	…	…	…	…	…	…	…	…
3.36	2.0300	106.4	29155.13	124.1219	0.94	1826744.22	109.32	71.08	123	30727.12	1709.75	1.9	-0.10%
3.34	2.0300	106.4	29155.13	124.1219	0.94	1826744.22	109.32	71.08	123	30727.12	1709.75	1.9	-0.10%
3.30	1.7900	106.4	29155.13	124.1219	0.94	1826744.22	109.32	71.08	123	30727.12	1709.75	1.9	-0.10%
3.27	1.4700	106.4	29155.13	124.1219	0.94	1826744.22	109.32	71.08	123	30727.12	1709.75	1.9	-0.10%
3.20	2.3000	106.4	29155.13	124.1219	0.94	1826744.22	109.32	71.08	123	30727.12	1709.75	1.9	-0.10%

附录3　上证综指波动性预测的 Python 程序代码

```
import tensorflow as tf
from tensorflow import keras
from tensorflow.keras import layers
import pandas as pd
import numpy as np
import matplotlib.pyplot as plt
% matplotlib inline

import os
os.environ['CUDA_VISIBLE_DEVICES'] ='1'

datafile ='E：/深度学习＋大数据/股票/LSTM/数据汇总(2).xlsx'
data =pd.read_excel(datafile)

data =data.set_index('日期')
data =data.drop (['数据来源'])    #默认是行
data =data.drop (['涨跌值',
                '标签'],
                1)

data =data.astype('float64')
data =data.fillna(method ='ffill')

price =data.iloc[:, 0]

mean =data.mean(axis =0)
std =data.std(axis =0)

data =(data –mean)/std
```

```
data.insert(0, 'price', price)
data = data.drop('收盘价', 1)

batch_size = 64

seq_length = 1
delay = 1

data_ = []
for i in range(len(data) - seq_length):
    data_.append(data.iloc[i: i + seq_length + delay])

data_ = np.array([df.values for df in data_])

np.random.shuffle(data_)

x = data_[:,: 1, 1:]
y = data_[:, 1, 0]

train_x = x[: int(x.shape[0] * 0.95)]
train_y = y[: int(x.shape[0] * 0.95)]
test_x = x[int(x.shape[0] * 0.95):]
test_y = y[int(y.shape[0] * 0.95):]

batch_size = 64
model = keras.Sequential ()
model.add (layers.LSTM (256, input _shape = (1, 90), return _se-
quences = True))
    model.add (layers.LSTM (256))
    model.add (layers.Dense (1))

model.compile (optimizer ='adam',
            loss ='mse',
            metrics =['mape', 'mae'])
```

```
history = model.fit (train_x, train_y,
                     batch_size = batch_size,
                     epochs = 2000,
                     validation_data = (test_x, test_y))


pre = model.predict (test_x)


data_0 = pd.DataFrame (pre)
writer = pd.ExcelWriter ('步长 = 1, 层数 = 2.xlsx')    # 写入 Excel 文件
data_0.to_excel (writer, 'sheet1', float_format = '% .5f')    # 'page_1'
```
是写入 excel 的 sheet 名
```
writer.save ()
```

附录4 上证综指波动性预测样本数据来源及缺失值填充

指标维度	来源	填充情况
收盘价	雅虎财经	无
资产负债率	国泰安数据库	相同值
流动比率	国泰安数据库	相同值
净资产收益率	国泰安数据库	相同值
开发支出（元）	国泰安数据库	线性插值法
每股税后现金股利（元）	国泰安数据库	相同值
股利分配率	国泰安数据库	相同值
平均市盈率	Choice 数据库	无
平均市净率	Choice 数据库	无
主营业务收入	国泰安数据库	线性插值法
总股本数（亿股）	Choice 数据库	无
在外流通股本书（亿股）	Choice 数据库	无
前 10 股东占比	国泰安数据库	相同值
董、监、高比例	国泰安数据库	相同值
企业景气指数	东方财富网	线性插值法
企业家信心指数	东方财富网	线性插值法
企业产品价格指数	东方财富网	线性插值法
GDP 增量（亿元）	东方财富网	相同值
GDP 增长率	东方财富网	相同值
城镇固定资产投资额（亿元）	东方财富网	相同值
消费者物价指数	东方财富网	线性插值法
工业品出厂价格指数	东方财富网	线性插值法
新建房价指数（环比：以北京为对比城市）	东方财富网	线性插值法
二手房价指数（环比：以北京为对比城市）	东方财富网	线性插值法
制造业采购经理指数	东方财富网	线性插值法
非制造业采购经理指数	东方财富网	线性插值法
M0	东方财富网	相同值

续表

指标维度	来源	填充情况
M1	东方财富网	相同值
M2	东方财富网	相同值
Shibor	上海银行间同业拆借利率网	无
存款准备金率（大型）	东方财富网	相同值
新增信贷额（亿元）	东方财富网	相同值
财政收入（亿元）	东方财富网	相同值
税收（亿元）	东方财富网	相同值
政府债券发行量（亿元）	中国债券信息网	相同值
金融债券发行量（亿元）	中国债券信息网	相同值
IPO 股本数量（亿股）	Choice 数据库	无
首发募集资金（亿元）	Choice 数据库	无
上市公司新增数量	Choice 数据库	无
增发家数	Choice 数据库	相同值
增发股数（亿股）	Choice 数据库	相同值
增发募集资金（亿元）	Choice 数据库	相同值
配股家数	Choice 数据库	相同值
配股股数（亿股）	Choice 数据库	相同值
配股募集资金（亿元）	Choice 数据库	相同值
上市公司数	Choice 数据库	无
新增投资者数量（万）	Choice 数据库	无
沪股通当日资金流入（亿元）	东方财富网	无
成交净买额（亿元）	东方财富网	无
港股通（沪）当日资金流入（亿元）	东方财富网	无
成交净买额（港元）	东方财富网	无
深股通当日资金流入（亿元）	东方财富网	无
成交净买额（亿元）	东方财富网	无
港股通（深）当日资金流入（亿元）	东方财富网	无
成交净买额（港元）	东方财富网	无
融资余额（亿元）	Choice 数据库	无
融券余额（亿元）	Choice 数据库	无
成交额	Choice 数据库	无

续表

指标维度	来源	填充情况
成交量	Choice 数据库	无
开盘价	Choice 数据库	无
日最高点数	Choice 数据库	无
日最低点数	Choice 数据库	无
MA1	大智慧	无
MA2	大智慧	无
MA3	大智慧	无
K	大智慧	无
D	大智慧	无
J	大智慧	无
AR	大智慧	无
BR	大智慧	无
DIFF	大智慧	无
DEA	大智慧	无
MACD	大智慧	无
日经 225 指数	雅虎财经	无
恒生股价指数	雅虎财经	无
道琼斯工业指数	雅虎财经	无
人民币美元汇率	雅虎财经	无
现货黄金价格（美元/盎司）	英为财情网	无
WTI 原油期货价格（美元）	英为财情网	无
铁矿石期货价格（元/吨）	Choice 数据库	无
铁矿石现货价格（元/吨）	Choice 数据库	无
铝期货价格（元/吨）	Choice 数据库	无
铝现货价格（元/吨）	Choice 数据库	无
外汇储备（亿美元）	东方财富网	相同值
海关出口额（亿美元）	东方财富网	相同值
海关进口额（亿美元）	东方财富网	相同值
外商直接投资额（亿美元）	东方财富网	相同值
消费者信心指数	东方财富网	相同值
消费者满意指数	东方财富网	相同值
消费者预期指数	东方财富网	相同值

附录5　上证综指波动性预测样本多维原始数据表

多维原始数据表

日期	收盘价	涨跌值	标签	资产负债率	流动比率	净资产收益率（ROE）	开发支出（元）	每股税后现金股利（元）	股利分配率	平均市盈率	平均市净率
数据来源	雅虎			国泰安	国泰安	国泰安	国泰安	国泰安	国泰安	Choice数据	Choice数据
2009年1月5日	1880.716	59.91	1.00	0.71	1.42	0.02	6163188631.00	0.12	0.36	17.41	2.08
2009年1月6日	1937.145	56.43	1.00	0.71	1.42	0.02	6182303034.11	0.12	0.36	17.91	2.15
2009年1月7日	1924.012	(13.13)	0.00	0.71	1.42	0.02	6201417437.21	0.12	0.36	17.76	2.13
2009年1月8日	1878.181	(45.83)	0.00	0.71	1.42	0.02	6220531840.32	0.12	0.36	17.31	2.07
2009年1月9日	1904.861	26.68	1.00	0.71	1.42	0.02	6239646243.43	0.12	0.36	17.55	2.10
...	...	...	...	...	...	...	...	...	...	...	...
2014年1月2日	2109.387	(6.59)	0.00	0.54	1.67	0.02	11578031944.00	0.16	0.55	9.68	1.34
2014年1月3日	2083.136	(26.25)	0.00	0.54	1.67	0.02	11591418354.82	0.16	0.55	9.56	1.33
2014年1月6日	2045.709	(37.43)	0.00	0.54	1.67	0.02	11604804765.65	0.16	0.55	9.41	1.31
2014年1月7日	2047.317	1.61	1.00	0.54	1.67	0.02	11618191176.47	0.16	0.55	9.40	1.31
2014年1月8日	2044.34	(2.98)	0.00	0.54	1.67	0.02	11631577587.30	0.16	0.55	9.39	1.30
...	...	...	...	...	...	...	...	...	...	...	...
2018年12月21日	2516.25	(20.02)	0.00	0.49	2.21	0.02	38328951975.08	0.25	0.53	11.10	1.21
2018年12月24日	2527.007	10.76	1.00	0.49	2.21	0.02	38348348403.67	0.25	0.53	11.14	1.21
2018年12月25日	2504.819	(22.19)	0.00	0.49	2.21	0.02	38367744832.25	0.25	0.53	11.05	1.20
2018年12月26日	2498.293	(6.53)	0.00	0.49	2.21	0.02	38387141260.83	0.25	0.53	11.02	1.20
2018年12月27日	2483.086	(15.21)	0.00	0.49	2.21	0.02	38406537689.42	0.25	0.53	10.96	1.19

续表

主营业务收入 国泰安	总股本数（亿股） choice数据	在外流通股本数（亿股） choice数据	前10股东占比 国泰安	董、监、高比例 国泰安	企业景气指数 东方财富网	企业家信心指数 东方财富网	企业产品价格指数 东方财富网	GDP总量（亿元） 东方财富网	GDP增长率 东方财富网	城镇固定资产投资额（亿元） 东方财富网	消费者物价指数（CPI） 东方财富网
1658489218.00	20735.76	8257.41	0.54	0.04	106.98	94.71	96.85	74053.10	0.06	13286.00	101.19
1658489218.00	20735.76	8268.08	0.54	0.04	106.95	94.83	96.77	74053.10	0.06	13286.00	101.17
1658489218.00	20735.76	8268.58	0.54	0.04	106.93	94.94	96.70	74053.10	0.06	13286.00	101.16
1658489218.00	20735.76	8268.92	0.54	0.04	106.90	95.06	96.63	74053.10	0.06	13286.00	101.15
1658489218.00	20735.76	8270.74	0.54	0.04	106.88	95.17	96.56	74053.10	0.06	13286.00	101.13
...	...	...	...	...	...	...	...	...	...	...	...
4160112006.00	32460.45	30396.55	0.55	0.02	119.43	117.17	99.27	140618.30	0.07	38039.00	102.50
4160112006.00	32473.65	30396.83	0.55	0.02	119.36	117.25	99.23	140618.30	0.07	38039.00	102.50
4160112006.00	32478.59	30399.18	0.55	0.02	119.29	117.32	99.20	140618.30	0.07	38039.00	102.50
4160112006.00	32479.37	30429.42	0.55	0.02	119.22	117.40	99.17	140618.30	0.07	38039.00	102.50
4160112006.00	32479.37	30429.42	0.55	0.02	119.16	117.47	99.13	140618.30	0.07	38039.00	102.50
...	...	...	...	...	...	...	...	...	...	...	...
5521049598.00	45041.94	40653.32	0.61	0.02	120.41	121.49	100.68	249410.00	0.07	26369.00	101.98
5521049598.00	45044.06	40660.33	0.61	0.02	120.37	121.45	100.60	249410.00	0.07	26369.00	101.96
5521049598.00	45044.05	40662.40	0.61	0.02	120.33	121.42	100.53	249410.00	0.07	26369.00	101.95
5521049598.00	45045.64	40666.06	0.61	0.02	120.28	121.38	100.45	249410.00	0.07	26369.00	101.93
5521049598.00	45052.57	40676.26	0.61	0.02	120.24	121.34	100.38	249410.00	0.07	26369.00	101.92

续表

工业品出厂价格指数（PPI）东方财富网	新建房价指数（环比：以北京为对比城市）东方财富网	二手房价指数（环比：以北京为对比城市）东方财富网	制造业采购经理指数（PMI）东方财富网	非制造业采购经理指数（PMI）东方财富网	M0（亿元）东方财富网	M1（亿元）东方财富网	M2（亿元）东方财富网	Shibor 上海同业拆借利率网	存款准备金率（大型）东方财富网	新增信贷额（亿元）东方财富网	财政收入（亿元）东方财富网
98.75	100.40	100.40	41.47	50.99	41082.37	165214.34	496135.31	0.91	0.16	16177.00	6131.61
98.61	100.40	100.40	41.75	51.19	41082.37	165214.34	496135.31	0.90	0.16	16177.00	6131.61
98.46	100.40	100.40	42.02	51.38	41082.37	165214.34	496135.31	0.89	0.16	16177.00	6131.61
98.31	100.40	100.40	42.29	51.57	41082.37	165214.34	496135.31	0.88	0.16	16177.00	6131.61
98.17	100.40	100.40	42.57	51.77	41082.37	165214.34	496135.31	0.84	0.16	16177.00	6131.61
…	…	…	…	…	…	…	…	…	…	…	…
98.59	100.50	100.57	50.98	54.54	76488.60	314900.55	1123521.21	3.13	0.20	13190.00	15434.54
98.58	100.49	100.53	50.95	54.49	76488.60	314900.55	1123521.21	3.01	0.20	13190.00	15434.54
98.57	100.49	100.50	50.93	54.43	76488.60	314900.55	1123521.21	2.92	0.20	13190.00	15434.54
98.56	100.48	100.47	50.90	54.37	76488.60	314900.55	1123521.21	2.88	0.20	13190.00	15434.54
98.55	100.48	100.43	50.88	54.31	76488.60	314900.55	1123521.21	2.83	0.20	13190.00	15434.54
…	…	…	…	…	…	…	…	…	…	…	…
101.35	100.00	99.70	49.55	53.70	73208.40	551685.91	1826744.22	2.49	0.15	9281.46	11019.00
101.26	100.00	99.72	49.52	53.72	73208.40	551685.91	1826744.22	2.32	0.15	9281.46	11019.00
101.17	100.00	99.74	49.49	53.74	73208.40	551685.91	1826744.22	2.03	0.15	9281.46	11019.00
101.08	100.00	99.76	49.46	53.76	73208.40	551685.91	1826744.22	2.03	0.15	9281.46	11019.00
100.99	100.00	99.78	49.43	53.78	73208.40	551685.91	1826744.22	1.79	0.15	9281.46	11019.00

续表

税收（亿元）	政府债券发行量（亿元）	金融债券发行量（亿元）	IPO股本数量（亿股）	首发募集资金（亿元）	上市公司新增数量	增发家数	增发股数（亿股）	增发募集资金（亿元）	配股家数	配股股数（亿股）	配股募集资金（亿元）
东方财富网	中国债券信息网	中国债券信息网	Choice数据	Choice数据	Choice数据	Choice数据	Choice数据	Choice数据	Choice数据	Choice数据	Choice数据
13023.58	0.00	177.70	0.00	0.00	0.00	7.00	26.54	188.23	0.00	0.00	0.00
13023.58	0.00	177.70	0.00	0.00	0.00	7.00	26.54	188.23	0.00	0.00	0.00
13023.58	0.00	177.70	0.00	0.00	0.00	7.00	26.54	188.23	0.00	0.00	0.00
13023.58	0.00	177.70	0.00	0.00	0.00	7.00	26.54	188.23	0.00	0.00	0.00
13023.58	0.00	177.70	0.00	0.00	0.00	7.00	26.54	188.23	0.00	0.00	0.00
...	...	...	...	...	...	...	...	...	...	...	...
30187.83	540.00	2026.00	13.83	91.23	6.00	19.00	37.54	247.86	1.00	3.94	16.67
30187.83	540.00	2026.00	13.83	91.23	6.00	19.00	37.54	247.86	1.00	3.94	16.67
30187.83	540.00	2026.00	13.83	91.23	6.00	19.00	37.54	247.86	1.00	3.94	16.67
30187.83	540.00	2026.00	13.83	91.23	6.00	19.00	37.54	247.86	1.00	3.94	16.67
30187.83	540.00	2026.00	13.83	91.23	6.00	19.00	37.54	247.86	1.00	3.94	16.67
...	...	...	...	...	...	...	...	...	...	...	...
28915.00	4495.00	23580.00	4.68	32.36	4.00	4.00	10.47	86.65	0.00	0.00	0.00
28915.00	4495.00	23580.00	4.68	32.36	4.00	4.00	10.47	86.65	0.00	0.00	0.00
28915.00	4495.00	23580.00	4.68	32.36	4.00	4.00	10.47	86.65	0.00	0.00	0.00
28915.00	4495.00	23580.00	4.68	32.36	4.00	4.00	10.47	86.65	0.00	0.00	0.00
28915.00	4495.00	23580.00	4.68	32.36	4.00	4.00	10.47	86.65	0.00	0.00	0.00

续表

上市公司数	新增投资者数量（万）	沪股通当日资金流入（亿元）	成交净额（亿元）	港股通（沪）当日资金流入（亿元）	成交净买额（港元）	深股通当日资金流入	成交净买额	港股通（沪）当日资金流入	成交净买额（港元）	融资余额（亿元）	融券余额（亿元）
Choice 数据	Choice 数据	东方财富网	东方财富网	东方财富网	东方财富网	东方财富网	东方财富网	东方财富网	东方财富网	Choice 数据	Choice 数据
864.00	0.00	0.00	0.00	0.00	0.00	0.00	0.00	0.00	0.00	0.00	0.00
864.00	0.00	0.00	0.00	0.00	0.00	0.00	0.00	0.00	0.00	0.00	0.00
864.00	0.00	0.00	0.00	0.00	0.00	0.00	0.00	0.00	0.00	0.00	0.00
864.00	0.00	0.00	0.00	0.00	0.00	0.00	0.00	0.00	0.00	0.00	0.00
864.00	0.00	0.00	0.00	0.00	0.00	0.00	0.00	0.00	0.00	0.00	0.00
…	…	…	…	…	…	…	…	…	…	…	…
953.00	0.00	0.00	0.00	0.00	0.00	0.00	0.00	0.00	0.00	2287.10	15.57
953.00	0.00	0.00	0.00	0.00	0.00	0.00	0.00	0.00	0.00	2285.95	15.14
953.00	0.00	0.00	0.00	0.00	0.00	0.00	0.00	0.00	0.00	2287.61	15.24
953.00	0.00	0.00	0.00	0.00	0.00	0.00	0.00	0.00	0.00	2286.38	15.84
953.00	0.00	0.00	0.00	0.00	0.00	0.00	0.00	0.00	0.00	2291.56	16.36
…	…	…	…	…	…	…	…	…	…	…	…
1449.00	85.34	7.49	5.72	8.07	3.56	(6.01)	(7.64)	4.71	2.13	4665.21	57.86
1450.00	85.34	7.49	5.72	18.69	18.09			5.17	3.78	4666.95	59.43
1450.00	85.34	7.49	5.72							4659.77	59.29
1450.00	85.34	7.49	5.72							4658.56	59.21
1450.00	85.34	11.44	10.31			(4.51)	(4.97)			4654.35	60.10

续表

成交额 Choice 数据	成交量 Choice 数据	开盘价 Choice 数据	日最高点数 Choice 数据	日最低点数 Choice 数据	MA1 大智慧	MA2 大智慧	MA3 大智慧	K 大智慧	D 大智慧	J 大智慧	AR 大智慧
46100959083.00	67136715.00	1849.02	1880.72	1844.09	64644284.00	79742880.00	103739960.00	17.39	16.74	18.68	73.75
69012567705.00	99066756.00	1878.83	1938.69	1871.97	75143152.00	79698960.00	102801632.00	34.86	22.78	59.03	89.30
63931164740.00	92360086.00	1938.97	1948.23	1920.52	82879408.00	80291896.00	98620072.00	50.53	32.03	87.53	92.05
55076814285.00	80374000.00	1890.24	1894.17	1862.26	87539992.00	78142824.00	94873696.00	49.53	37.86	72.85	88.38
50131264134.00	71224779.00	1875.16	1909.35	1875.16	91460272.00	77645848.00	91487976.00	55.52	43.75	79.07	87.33
...	...	...	...	...	...	...	...	...	...	...	...
61921354651.00	68485486.00	2112.13	2113.11	2101.02	75668632.00	74177904.00	84733408.00	43.73	30.24	70.70	91.16
72372229162.00	84497241.00	2101.54	2102.17	2075.90	76859800.00	75315280.00	82855848.00	38.55	33.01	49.64	80.26
72895394974.00	89587608.00	2078.68	2078.68	2034.01	79425952.00	75596520.00	82150184.00	30.22	32.08	26.51	65.88
54638641623.00	63402938.00	2034.22	2052.28	2029.25	77289528.00	75122152.00	80656648.00	26.76	30.31	19.67	69.86
62941429756.00	71647364.00	2047.26	2062.95	2037.11	75524128.00	75261736.00	78786856.00	23.37	27.99	14.12	70.12
...	...	...	...	...	...	...	...	...	...	...	...
101360622819.00	115671200.00	2526.55	2527.42	2498.69	1156659224.00	119299904.00	133704576.00	16.44	23.80	1.73	67.42
85760935759.20	97339852.00	2506.74	2529.44	2500.44	111654544.00	117713928.00	131855840.00	17.38	21.66	8.81	67.67
114766008798.00	140670560.00	2503.95	2513.96	2462.85	116381984.00	121650544.00	132706448.00	19.23	20.85	16.00	61.28
93989532583.90	108799629.00	2501.12	2513.83	2492.08	116609552.00	122178680.00	130848256.00	19.93	20.54	18.69	66.39
112479760483.00	135406843.00	2527.72	2532.00	2483.09	119577616.00	120645552.00	129760160.00	18.24	19.77	15.16	55.76

续表

BR	DIFF	DEA	MACD	日经225指数	恒生股价指数	道琼斯工业指数	人民币美元汇率	现货黄金价格（美元/盎司）	WTI原油期货价格（美元）	铁矿石期货价格（元/吨）	铁矿石现货价格（元/吨）
大智慧	大智慧	大智慧	大智慧	雅虎网	雅虎网	雅虎网	雅虎网	英为财情网	英为财情网	Choice数据	Choice数据
88.58	(28.34)	(13.18)	(30.33)	9043.120117	15563.30957	8952.889648	6.84	859	48.81	0.00	0.00
79.73	(22.47)	(15.04)	(14.86)	9080.839844	15509.50977	9015.099609	6.84	864.15	48.58	0.00	0.00
85.63	(18.65)	(15.76)	(5.79)	9239.240234	14987.45996	8769.700195	6.84	841.95	42.63	0.00	0.00
79.67	(19.11)	(16.43)	(5.36)	8876.419922	14415.91016	8742.459961	6.84	858.1	41.7	0.00	0.00
86.58	(17.12)	(16.57)	(1.11)	8836.799805	14377.44043	8599.179688	6.84	853.45	40.83	0.00	0.00
...	...	...	...	...	...	...	...	...	...	...	...
77.00	(24.28)	(20.30)	(7.95)		23340.05078	16441.34961	6.11	1224.89	95.44	907	916.86
66.93	(25.26)	(21.29)	(7.93)		22817.2793	16469.99023	6.10	1236.55	93.96	902	914.39
53.73	(28.72)	(22.78)	(11.89)	15908.87988	22684.15039	16425.09961	6.11	1238.05	93.43	893	913.95
52.94	(30.98)	(24.42)	(13.13)	15814.37012	22712.7793	16530.93945	6.11	1232.10	93.67	896	913.95
58.05	(32.64)	(26.06)	(13.15)	16121.4502	22996.58984	16462.74023	6.10	1226.10	92.33	892	912.43
...	...	...	...	...	...	...	...	...	...	...	...
57.89	(21.61)	(12.88)	(17.46)	20166.18945	25753.41992	22445.36914	6.86	1256.01	45.59	497	620.96
55.10	(23.89)	(15.08)	(17.61)	19155.74023	25651.38086	21792.19922		1269.13	42.53	491	611.15
46.53	(27.17)	(17.50)	(19.34)						43.16	486	610.95
51.56	(29.96)	(19.99)	(19.93)	19327.06055		22878.44922		1266.98	46.22	492.5	614.5
56.91	(33.01)	(22.60)	(20.82)	20077.61914	25478.88086	23138.82031		1275.22	44.61	491.5	614.5

续表

铝期货价格（元/吨）Choice 数据	铝现货价格（元/吨）Choice 数据	外汇储备（亿美元）东方财富网	海关出口额（亿美元）东方财富网	海关进口额（亿美元）东方财富网	外商直接投资数据（亿美元）东方财富网	热点事件	消费者信心指数	消费者满意指数	消费者预期指数
11960	11860	19134.56	904.54	513.44	75.41	0	101.7633333	103.1846667	100.8473333
12100	12215	19134.56	904.54	513.44	75.41	0	101.7266667	103.1693333	100.7946667
12170	12675	19134.56	904.54	513.44	75.41	0	101.69	103.154	100.742
11735	12110	19134.56	904.54	513.44	75.41	0	101.6533333	103.1386667	100.6893333
12050	12195	19134.56	904.54	513.44	75.41	0	101.6166667	103.1233333	100.6366667
...	...	...	...	...	...	...	...		
14040	14090	38234.73	2071.32	1752.63	143.89	0	102.2428571	95.4952381	106.7142857
13995	14090	38256.32	2071.32	1752.63	143.89	0	102.1857143	95.49047619	106.6285714
13905	14070	38277.90	2071.32	1752.63	143.89	0	102.1285714	95.48571429	106.5428571
13910	14000	38299.49	2071.32	1752.63	143.89	0	102.0714286	95.48095238	106.4571429
13850	13980	38321.07	2071.32	1752.63	143.89	0	102.0142857	95.47619048	106.3714286
...	...	...	...	...	...	...	...		
13750	13570	30699.58	2212.49	1641.94	143.89	0	122.775	117.975	126.05
13745	13620	30705.09	2212.49	1641.94	143.89	0	122.82	118.02	126.1
13790	13630	30710.60	2212.49	1641.94	143.89	0	122.865	118.065	126.15
13790	13700	30716.11	2212.49	1641.94	143.89	0	122.91	118.11	126.2
13650	13550	30721.61	2212.49	1641.94	143.89	0	122.955	118.155	126.25

附录6　沪深300股指期货波动性预测样本多维原始数据表

多维度原始数据表

日期	收盘价	涨跌值	标签	沪深300收盘价	资产负债率	流动比率	净资产收益率(ROE)	开发支出(总量:元)	每股税后现金股利(元)	股利分配率	平均市盈率	平均市净率
数据来源	Wind数据	Wind数据		Choice数据	国泰安	国泰安	国泰安	国泰安	国泰安	国泰安	Choice数据	Choice数据
2010年4月19日	3197.4	(218.20)	0	3176.42	0.55	2.55	0.15	1.85E+08	0.22	0.23	22.47	3.05
2010年4月20日	3214.6	17.20	1	3173.37	0.55	2.55	0.15	1.85E+08	0.22	0.23	22.49	3.05
2010年4月21日	3267.2	52.60	1	3236.68	0.55	2.55	0.15	1.86E+08	0.22	0.23	22.95	3.11
2010年4月22日	3236.2	(31.00)	0	3201.54	0.55	2.55	0.15	1.86E+08	0.22	0.23	22.73	3.08
…	…	…	…	…	…	…	…	…	…	…	…	…
2014年12月23日	3313	(86.40)	0	3324.92	0.5	3.19	0.11	61824201	0.28	0.28	16.58	2.08
2014年12月24日	3259	(54.00)	0	3230.39	0.5	3.19	0.11	61629310	0.28	0.28	16.36	2.05
2014年12月25日	3381	122.00	1	3335.42	0.5	3.19	0.11	61434418	0.28	0.28	16.84	2.11
2014年12月26日	3483	102.00	1	3445.84	0.5	3.19	0.11	61239527	0.28	0.28	17.24	2.16
2014年12月29日	3474.6	(8.40)	0	3455.45	0.5	3.19	0.11	61044636	0.28	0.28	17.22	2.16
2014年12月30日	3482.6	8.00	1	3457.55	0.5	3.19	0.11	60849744	0.28	0.28	17.19	2.16
…	…	…	…	…	…	…	…	…	…	…	…	…
2018年12月25日	3018	(19.00)	0	3017.28	0.5	5.24	0.13	3.83E+08	0.41	0.33	13.3	1.39
2018年12月26日	3005	(13.00)	0	3002.03	0.5	5.24	0.13	3.83E+08	0.41	0.33	13.26	1.38
2018年12月27日	2995.8	(9.20)	0	2990.51	0.5	5.24	0.13	3.83E+08	0.41	0.33	13.16	1.37
2018年12月28日	2996	0.20	1	3010.65	0.5	5.24	0.13	3.84E+08	0.41	0.33	13.2	1.38

续表

主营业务收入	总股本数（亿股）	在外流通股本数（亿股）	前10股东占比	董、监、高比例	企业景气指数	企业家信心指数	企业产品价格指数	GDP总量（亿元）	GDP增长率	城镇固定资产投资额（亿元）	消费者物价指数（CPI）	工业品出厂价格指数（PPI）
国泰安	Choice数据	Choice数据	国泰安	国泰安	东方财富网	东方财富网	东方财富网	东方财富网	东方财富网	东方财富网	东方财富网	东方财富网
8.76E+09	26889.79	18606.18	0.69	0.0161	133.5	135	106.17	99532.5	0.11	16950	102.63	106.41
8.76E+09	26894.31	18609.62	0.69	0.0161	133.55	134.96	106.22	99532.5	0.11	16950	102.65	106.46
8.76E+09	26904.95	18614.75	0.69	0.0161	133.6	134.92	106.27	99532.5	0.11	16950	102.67	106.5
8.76E+09	26905.35	18615.13	0.69	0.0161	133.65	134.88	106.31	99532.5	0.11	16950	102.69	106.54
⋯	⋯	⋯	⋯	⋯	⋯	⋯	⋯	⋯	⋯	⋯	⋯	⋯
4.31E+10	43509.95	38938.07	0.74	0.0047	115.5	112.1	95.81	181182.5	0.07	50937	101.47	96.86
4.31E+10	43525.15	38953.63	0.74	0.0047	115.5	112.1	95.77	181182.5	0.07	50937	101.48	96.83
4.31E+10	43526.2	38953.68	0.74	0.0047	115.5	112.1	95.74	181182.5	0.07	50937	101.48	96.8
4.31E+10	43547.8	38951.72	0.74	0.0047	115.5	112.1	95.7	181182.5	0.07	50937	101.49	96.78
4.31E+10	43641.63	39003.81	0.74	0.0047	115.5	112.1	95.67	181182.5	0.07	50937	101.49	96.75
4.31E+10	43662.48	39004.77	0.74	0.0047	115.5	112.1	95.63	181182.5	0.07	50937	101.5	96.73
⋯	⋯	⋯	⋯	⋯	⋯	⋯	⋯	⋯	⋯	⋯	⋯	⋯
6.35E+10	65170.38	56432.87	0.74	0.0031	120.33	121.42	100.53	249410	0.07	26369	101.95	101.17
6.35E+10	65172.04	56440.79	0.74	0.0031	120.28	121.38	100.45	249410	0.07	26369	101.93	101.08
6.35E+10	65186.49	56451.73	0.74	0.0031	120.24	121.34	100.38	249410	0.07	26369	101.92	100.99
6.35E+10	65101.65	56372.45	0.74	0.0031	120.2	121.3	100.3	249410	0.07	26369	101.9	100.9

续表

新建房价指数（环比：以北京为对比城市）	二手房价指数（环比：以北京为对比城市）	制造业采购经理指数（PMI）	非制造业采购经理指数（PMI）	M0（亿元）	M1（亿元）	M2（亿元）	Shibor	存款准备金率（大型）	新增信贷额（亿元）	财政收入（亿元）
东方财富网	东方财富网	东方财富网	东方财富网	东方财富网	东方财富网	东方财富网	上海银行间同业拆借利率网	东方财富网	东方财富网	东方财富网
100.4	100.4	55.44	57.59	39657.54	233909.8	656561.2	1.29	0.17	7740	7925.66
100.4	100.4	55.47	57.61	39657.54	233909.8	656561.2	1.29	0.17	7740	7925.66
100.4	100.4	55.5	57.63	39657.54	233909.8	656561.2	1.29	0.17	7740	7925.66
100.4	100.4	55.53	57.66	39657.54	233909.8	656561.2	1.29	0.17	7740	7925.66
...	...	...	...	...	...	...	...	...	...	...
99.8	100.33	50.15	54.05	60259.53	348056.4	1228375	3.67	0.2	6973	10755.12
99.8	100.31	50.14	54.06	60259.53	348056.4	1228375	3.61	0.2	6973	10755.12
99.8	100.29	50.13	54.07	60259.53	348056.4	1228375	3.55	0.2	6973	10755.12
99.8	100.27	50.13	54.07	60259.53	348056.4	1228375	3.49	0.2	6973	10755.12
99.8	100.24	50.12	54.08	60259.53	348056.4	1228375	3.42	0.2	6973	10755.12
99.8	100.22	50.11	54.09	60259.53	348056.4	1228375	3.38	0.2	6973	10755.12
...	...	...	...	...	...	...	...	...	...	...
100	99.74	49.49	53.74	73208.4	551685.9	1826744	2.03	0.15	9281.46	11019
100	99.76	49.46	53.76	73208.4	551685.9	1826744	2.03	0.15	9281.46	11019
100	99.78	49.43	53.78	73208.4	551685.9	1826744	1.79	0.15	9281.46	11019
100	99.8	49.4	53.8	73208.4	551685.9	1826744	1.47	0.15	9281.46	11019

续表

税收（亿元）东方财富网	政府债券发行量（亿元）中国债券信息网	金融债券发行量（亿元）中国债券信息网	海关出口额（亿美元）东方财富网	海关进口额（亿美元）东方财富网	外商直接投资数据（亿美元）东方财富网	COMEX 白银库存量（吨）Choice 数据	COMEX 黄金库存量（吨）Choice 数据	沪深两市合计融资余额（亿元）Choice 数据	沪深两市合计融券余额（亿元）Choice 数据	开盘价 Wind 数据	最高价 Wind 数据
20908.98	1982.9	1000	1199.21	1182.39	73.46	0	0	1.86	0.02	3396	3398
20908.98	1982.9	1000	1199.21	1182.39	73.46	0	0	1.93	0.02	3209.2	3240
20908.98	1982.9	1000	1199.21	1182.39	73.46	0	0	2.03	0.03	3215	3281.2
20908.98	1982.9	1000	1199.21	1182.39	73.46	0	0	2.56	0.03	3260.2	3274.4
…	…	…	…	…	…	…	…			…	…
28462.83	1484	3417	2275.13	1779.01	143.89	0	0	9998	67.39	3405	3464.6
28462.83	1484	3417	2275.13	1779.01	143.89	0	0	9958	61.07	3308	3347.6
28462.83	1484	3417	2275.13	1779.01	143.89	0	0	10006	69.41	3275	3383.4
28462.83	1484	3417	2275.13	1779.01	143.89	0	0	10060	74.13	3380.4	3518.4
28462.83	1484	3417	2275.13	1779.01	143.89	0	0	10174	75.05	3520.4	3593.8
28462.83	1484	3417	2275.13	1779.01	143.89	0	0	10210	76.24	3475	3531
…	…	…	…	…	…	…	…			…	…
28915	4495	23580	2212.49	1641.94	143.89	9130.55	259.18	7566	69.41	3006.8	3035.8
28915	4495	23580	2212.49	1641.94	143.89	9130.5	259.18	7560	68.95	3017.2	3030
28915	4495	23580	2212.49	1641.94	143.89	9123.32	260.17	7552	69.89	3043.8	3049
28915	4495	23580	2212.49	1641.94	143.89	9101.78	260.29	7490	67.23	3002.6	3035.2

续表

最低价	成交量	成交额	均价	价差	结算价	持仓量	剩余交易日	未平仓量	KDJ-K	KDJ-D	KDJ-J
Wind 数据	Wind 数据	Wind 数据	Choice 数据	Choice 数据	Choice 数据	Choice 数据	Choice 数据	Wind 数据	Wind 数据	Wind 数据	Wind 数据
3166.2	1097.33	1.08E+11	3286.961	20.977	3201.2	3954	32	3954	0	0	0
3168.8	1418.62	1.36E+11	3203.632	41.226	3216.6	4496	31	4496	0	0	0
3208	1145.31	1.11E+11	3238.353	30.521	3266	5062	30	5062	0	0	0
3211	1332.47	1.30E+11	3242.845	34.659	3240	5383	29	5383	0	0	0
⋮	⋮	⋮	⋮	⋮	⋮	⋮	⋮	⋮	⋮	⋮	⋮
3311.6	15969.76	1.63E+12	3471.2	4.919	3441.8	157058	24	150483	64.56	72.28	49.13
3195.6	17725.54	1.74E+12	3406.952	-11.924	3368.8	150483	23	126626	51.09	65.22	22.83
3254.8	17510.79	1.74E+12	3267.29	28.615	3247.6	126626	22	124035	53.28	61.24	37.37
3353.8	18084.25	1.86E+12	3303.617	45.581	3335.4	124035	21	130907	63.75	62.07	67.09
3410.8	17043.83	1.80E+12	3423.575	37.161	3497	130907	18	123590	65.85	63.33	70.89
3441	18248.42	1.91E+12	3525.72	19.145	3468.4	123590	17	122402	67.93	64.86	74.05
⋮	⋮	⋮	⋮	⋮	⋮	⋮	⋮	⋮	⋮	⋮	⋮
2953.8	590.22	5.3E+10	3030.596	-1.198	3035.8	48930	24	51371	15.29	16.35	13.17
2988.6	440.96	3.98E+10	2991.95	0.719	3021.2	51371	23	48641	16.72	16.47	17.21
2988.4	509.43	4.62E+10	3009.49	2.968	3009	48641	22	49351	17.43	16.79	18.7
2993	527.4	4.76E+10	3020.095	5.295	3000.8	49351	21	49677	17.95	17.18	19.49

续表

obv	CCI	MACD – dif	MACD – dea	MACD – macd	RSI – 1	RSI – 2	RSI – 3	ma5	ma10	ma20	上证 50 股指期货主力连续收盘价	中证 500 股指期货主力连续收盘价
Wind 数据	Wind 数据	Wind 数据	Wind 数据	Wind 数据	Wind 数据	Wind 数据	Wind 数据	Wind 数据	Wind 数据	Wind 数据	Choice 数据	Choice 数据
-1097.33	0	0	0	0	0	0	0	0	0	0	0	0
321.29	0	0	0	0	0	0	0	0	0	0	0	0
1466.6	0	0	0	0	0	0	0	0	0	0	0	0
134.13	0	0	0	0	0	0	0	0	0	0	0	0
...	...	...	...	...	...	...	...	...	...	...	...	...
-24254.2	52.2	193.97	190.65	6.64	51.29	62.73	67.29	3413.92	3328.96	3160.32	0	0
-41979.8	-27.26	177.21	187.96	-21.49	44.6	58.31	64.35	3393	3331.9	3185.99	0	0
-24469	22.76	171.8	184.73	-25.85	59.07	64.48	67.68	3371.08	3349.22	3217.3	0	0
-6384.71	97.57	173.74	182.53	-17.58	67.57	68.7	70.12	3367.08	3375.94	3250.15	0	0
-23428.5	109.41	172.61	180.55	-15.87	66.21	67.98	69.67	3382.12	3399	3283.42	0	0
-5180.12	88.07	170.4	178.52	-16.24	66.97	68.32	69.86	3416.04	3414.98	3310.75	0	0
...	...	...	...	...	...	...	...	...	...	...	...	...
-16850.9	-147.69	-42.72	-25.33	-34.79	24.04	32.99	40.2	3047.24	3109.7	3151.93	2303	4195.2
-17291.8	-114.26	-47.15	-29.69	-34.91	22.1	31.81	39.57	3029.88	3092.96	3143.61	2284.6	4189
-17801.3	-93.43	-50.82	-33.92	-33.79	20.69	30.95	39.11	3014.4	3070.26	3136.47	2287.6	4131
-17273.9	-81.93	-53.09	-37.75	-30.68	20.82	30.99	39.13	3010.36	3052.92	3127.87	2286.6	4120.4

续表

5年期国债期货主力连续收盘价	10年期国债期货主力连续收盘价	CBOT-道琼斯期货	CEM-纳斯达克期货	CME-迷你标普期货	COMEX-黄金期货主连	NYME-美原油	香港恒生指数	日本N225	道琼斯工业指数	人民币美元汇率	COMEX-黄金期货6月合约价格（美元/盎司）
Choice数据	Choice数据	GFIS	GFIS	GFIS	GFIS	GFIS	GFIS	GFIS	雅虎网	雅虎网	英为财情网
	0	11046	2013.25	1196	1135.8	83.13	21405.17	10908.77	11092.05	6.83	1135.6
	0	11074	2023.5	1205.25	1139.2	83.85	21623.38	10900.68	11117.06	6.83	1140.5
	0	11054	2024.75	1199.5	1148.8	83.68	21510.93	11090.05	11124.92	6.83	1146.3
	0	11067	2037	1202.25	1142.9	83.7	21454.94	10949.09	11134.29	6.83	1141.45
…	…	…	…	…	…	…	…	…	…	…	…
96.726	0	17976	4278	2079	1178	57.12	23333.69	17635.14	18024.17	6.12	1175.68
96.876	0	17988	4282.5	2078.75	1173.5	55.84	23349.34	17854.23	18030.21	6.12	1173.8
96.68	0	17988	4282.5	2078.75	1173.5	55.84	23349.34	17808.75	18030.21	6.12	1195.4
96.878	0	18012	4310.25	2084.25	1195.3	54.73	23349.34	17818.96	18053.71	6.12	1195.4
96.838	0	17982	4311	2085.75	1181.9	53.61	23773.18	17729.84	18038.23	6.12	1183.1
96.472	0	17941	4282.75	2076.75	1200.4	54.12	23501.1	17450.77	17983.07	6.12	1200.24
…	…	…	…	…	…	…	…	…	…	…	…
99.03	97.045	21697	5894	2342.25	1272.5	42.68	25651.38	19155.74	21792.2	6.86	1269.13
99.16	97.295	22872	6276.75	2468	126?.8	46.61	25651.38	19327.06	22878.45	6.86	1266.98
99.145	97.31	23100	6308.75	2489.25	1278.1	45.4	25478.88	20077.62	23138.82	6.86	1275.22
99.4	97.735	23047	6296.25	2488	1283.4	45.12	25504.2	20014.77	23062.4	6.86	1280.75

续表

WTI 原油期货价格 （美元）	偶发事件	上证综指收盘价	深证成指收盘价	消费者信心指数	消费者满意指数	消费者预期指数
英为财情网	雅虎	雅虎				
81.45	1	2980.30	11644.58	107.16	106.76	107.4
83.45	0	2979.53	11538.98	107.1	106.7	107.33
83.68	0	3033.28	11766.82	107.03	106.63	107.27
83.7	0	2999.48	11703.96	106.97	106.57	107.2
…	…	…	…	…	…	…
57.12	0	3032.61	10570.79	105.72	100.74	109.07
55.84	0	2972.53	10292.52	105.73	100.77	109.08
55.92	0	3072.54	10493.78	105.75	100.8	109.08
54.73	0	3157.60	10802.64	105.76	100.82	109.09
53.61	0	3168.02	10780.40	105.77	100.85	109.09
54.12	0	3165.82	10722.26	105.79	100.87	109.1
…	…	…	…	…	…	…
43.16	0	2504.82	7332.35	122.87	118.07	126.15
46.22	0	2498.29	7289.55	122.91	118.11	126.2
44.61	0	2483.09	7215.34	122.96	118.16	126.25
45.33	0	2493.90	7239.79	123	118.2	126.3

附录 7 沪深 300 股指期货波动性预测样本高频率原始数据表

高频率原始数据表

时间	收盘价 Wind 数据	open Wind 数据	high Wind 数据	low Wind 数据	volume Wind 数据	money Wind 数据	open_interest Wind 数据	KDJ - K Wind 数据	KDJ - D Wind 数据	KDJ - J Wind 数据	obv Wind 数据
2019 年 1 月 2 日 9：35	3003.60	3012.40	3013.20	3003.20	2767.00	24975211.80	48235.00	24.47	19.07	35.28	(1495070386.00)
2019 年 1 月 2 日 9：40	2999.60	3003.20	3005.00	2998.00	1285.00	11572562.40	47547.00	26.45	21.53	36.28	(1506642948.00)
2019 年 1 月 2 日 9：45	2990.20	2998.80	2998.80	2990.20	1762.00	15830460.00	46860.00	17.63	20.23	12.43	(1522473408.00)
2019 年 1 月 2 日 9：50	2990.60	2990.00	2991.80	2982.20	2329.00	20862548.40	46153.00	20.61	20.36	21.13	(1501610860.00)
2019 年 1 月 2 日 9：55	2975.00	2990.40	2990.40	2974.80	1518.00	13590424.20	45824.00	13.92	18.21	5.33	(1515201284.00)
……	……	……	……	……	……	……	……	……	……	……	……
2019 年 6 月 11 日 13：55	3691.60	3696.60	3698.00	3690.20	2200.00	24386780.40	79559.00	74.30	68.68	85.54	(2055405312.00)
2019 年 6 月 11 日 14：00	3694.40	3691.60	3697.60	3691.20	1165.00	12912780.60	79923.00	77.74	71.70	89.82	(2042492531.00)

续表

时间	收盘价 Wind 数据	open Wind 数据	high Wind 数据	low Wind 数据	volume Wind 数据	money Wind 数据	open_interest Wind 数据	KDJ - K Wind 数据	KDJ - D Wind 数据	KDJ - J Wind 数据	obv Wind 数据
2019 年 6 月 11 日 14：05	3699.00	3695.00	3701.80	3690.60	2965.00	32879789.40	80526.00	81.73	75.04	95.10	(2009612742.00)
2019 年 6 月 11 日 14：10	3710.00	3699.00	3710.20	3698.00	2638.00	29315814.60	81235.00	87.63	79.24	104.42	(1980296927.00)
2019 年 6 月 11 日 14：15	3711.20	3710.00	3716.20	3709.20	2753.00	30663699.60	82111.00	87.75	82.08	99.09	(1949633228.00)
2019 年 6 月 11 日 14：20	3705.00	3711.40	3714.40	3704.00	2085.00	23196123.60	82886.00	81.80	81.98	81.42	(1972829351.00)
⋯	⋯	⋯	⋯	⋯	⋯	⋯	⋯	⋯	⋯	⋯	⋯
2019 年 12 月 31 日 14：40	4109.40	4108.00	4112.40	4107.80	1095.00	13501702.80	70543.00	78.29	80.92	73.01	(3390371545.00)
2019 年 12 月 31 日 14：45	4109.00	4109.00	4111.20	4101.80	1733.00	21348453.00	71202.00	76.38	79.41	70.33	(3411719998.00)
2019 年 12 月 31 日 14：50	4109.40	4109.00	4110.00	4105.40	950.00	11707117.20	71558.00	75.37	78.06	69.98	(3400012880.00)
2019 年 12 月 31 日 14：55	4108.80	4109.60	4109.80	4106.00	1125.00	13864593.60	71925.00	70.47	75.53	60.35	(3413877474.00)
2019 年 12 月 31 日 15：00	4109.40	4108.60	4111.80	4106.00	2828.00	34858962.60	73026.00	68.05	73.04	58.08	(3379018511.00)

续表

CCI	MACD - dif	MACD - dea	MACD - macd	RSI - 1	RSI - 2	RSI - 3	ma5	ma10	ma20
Wind 数据	Wind 数据	Wind 数据	Wind 数据	Wind 数据	Wind 数据	Wind 数据	Wind 数据	Wind 数据	Wind 数据
12.13	(3.74)	(2.64)	(2.19)	52.38	46.31	46.76	2998.28	3002.74	3008.31
(59.94)	(3.75)	(2.87)	(1.77)	42.61	41.88	44.61	2998.20	3001.90	3007.52
(146.26)	(4.46)	(3.18)	(2.56)	27.92	33.63	40.08	2997.12	2999.94	3005.98
(169.59)	(4.94)	(3.54)	(2.81)	29.17	34.24	40.35	2996.00	2998.48	3004.60
(196.18)	(6.50)	(4.13)	(4.75)	16.12	24.71	34.12	2991.80	2995.16	3002.59
⋮	⋮	⋮	⋮	⋮	⋮	⋮	⋮	⋮	⋮
194.90	11.81	13.33	(3.06)	63.39	65.60	67.32	3687.08	3685.28	3682.54
165.42	11.72	13.01	(2.57)	67.17	67.36	68.16	3690.16	3686.42	3683.81
155.98	11.90	12.79	(1.79)	72.72	70.10	69.50	3693.32	3687.92	3684.70
189.97	12.77	12.78	(0.03)	81.63	75.48	72.40	3698.32	3690.14	3685.86
183.91	13.41	12.91	1.00	82.38	75.99	72.69	3701.24	3692.82	3687.50
121.78	13.26	12.98	0.56	65.68	67.97	68.73	3703.92	3695.50	3689.13
⋮	⋮	⋮	⋮	⋮	⋮	⋮	⋮	⋮	⋮
119.97	5.23	3.03	4.39	69.42	67.18	61.89	4106.84	4101.04	4093.52
82.39	5.48	3.52	3.91	68.06	66.47	61.56	4108.36	4102.76	4094.62
80.89	5.65	3.95	3.40	68.80	66.85	61.77	4110.08	4104.32	4095.89
69.27	5.66	4.29	2.75	66.06	65.63	61.25	4108.92	4106.08	4097.15
68.77	5.66	4.57	2.19	67.61	66.30	61.59	4109.20	4107.16	4098.55

续表

WTI原油期货 GFIS	美黄金期货 GFIS	标普指数期货 GFIS	道琼斯指数期货 GFIS	纳斯达克指数期货 GFIS
45.73	1282.30	2508.75	23283.00	6364.75
45.72	1281.70	2507.50	23272.00	6372.00
45.66	1282.30	2504.75	23268.00	6363.50
45.60	1282.30	2504.00	23267.00	6353.25
45.48	1282.10	2501.50	23247.00	6338.25
...	...	...	...	...
54.04	1345.50	2876.00	26018.00	7422.50
54.10	1345.20	2875.25	26009.00	7419.75
54.04	1345.20	2876.75	26019.00	7423.50
54.03	1345.50	2876.50	26016.00	7423.50
54.06	1346.00	2878.00	26030.00	7426.75
54.04	1345.20	2877.00	26021.00	7423.75
...	...	...	...	...
61.62	1518.10	3223.00	28448.00	8733.00
61.64	1518.20	3223.75	28456.00	8734.50
61.59	1518.30	3224.25	28458.00	8735.25
61.58	1518.50	3223.50	28454.00	8733.50
61.57	1518.70	3222.75	28452.00	8732.75

附录8　沪深300股指期货波动性预测样本2010～2018年偶发事件汇总

2010～2018年偶发事件及影响分析

时间	事件名称	影　响
2010年4月16日	股指期货正式上市	改变了证券市场的"单边"格局，改善其交易机制；增强了现货市场工具；增强了现货市场的波动性；加剧了证券市场行为和市场定价机制，为投资者提供了风险管理工具；改变了投资者的投资理念，投资格局，为投资者提供了风险管理工具；有助于商业银行提升风险管理能力，提高资产管理水平，丰富财富管理渠道，实施经营战略转型，加快产品创新；推动了金融业和金融市场的发展，增大了金融监管创新；有利于实现储蓄分流，增强中央银行宏观调控力度和弹性
2010年7月15日	农行上市	吸收充实的资本金，促使商业银行实现股权的多元化，增强风险抵抗能力；改善商业银行资本结构，在短期内提高商业银行的资本充足率，促进主营业务发展，增强整体的竞争力；对商业银行的财务绩效有短期的不利影响；使商业银行实际税率上升，增加了社会责任
2011年6月8日	首只新股发行失败	破灭了中国证券市场发行失败的神话，保护了投资者的利益，一定程度上"惩罚"了长期扭曲的定价机制；进一步推进改革朝着市场化方向前进，成为新股市场化改革的重要里程碑，维护了整个市场的健康发展，一定程度上制止了市场出现"劣币驱良币"的现象
2011年10月29日	银监会、证监会、保监会三大金融监管机构同时换帅	有助于金融监管的综合性、协同性的提升；金融监管将更注重促发展、兴改革，金融监管将更注重系接性、延续性
2011年12月	重庆啤酒事件	大成基金遭遇重大损失，当期买入重庆啤酒股票的股民被套牢，影响了持有者的利益；对未来的企业产业所投资方向有所警示；引发重仓基金巨额赎回，基金净值全面下挫，提醒市场要严格把握基金投资的方向，警觉严重偏离公募基金基本方向的操作策略

续表

时间	事件名称	影　响
2012年6月6日	中国证券投资基金业协会成立	提供行业服务，促进了行业的交流与创新，加强行业与政府直接的联系，维护行业的正当管理，维持行业的正当经营秩序，健康发展；提升行业执业人员素质，提升行业的合法权益；促进了公众对行业的理解，提升了行业声誉；促进会员忠实履行受托义务和社会责任，推动行业持续稳定地健康发展
2012年10月18日	中国证券业协会发布《证券公司资产管理法规出台》	规范证券公司的客户资产管理活动，证券公司建立健全风险控制制度和合规管理制度，创新活动规范、有序进行；保护了投资者的合法权益，有利于对证券市场秩序的维护；有利于证券公司建立健全风险管理和合规管理制度，防范内幕交易利益冲突；促进了证券公司资产管理的有序进行
2012年10月29日	中国证监会公布《证券投资基金管理公司子公司管理暂行规定》	有效规范证券投资基金管理公司子公司的行为，提高竞争能力，提升了公司治理结构、精简、高效的原则持续规范发展；维护基金份额持有人及相关当事人的合法权益，精简、高效的原则持续规范发展；有助于子公司健全治理结构、提高竞争能力，提升了公司的竞争效率
2012年11月19日	白酒塑化剂风波	损害了消费者权益；引起投资者对白酒板块的强烈担忧，增强了股价的波动性；为整个白酒行业带来重大危机，啤酒和葡萄酒行业也被波及，传染效应大于竞争效应；导致食品安全问题备受关注，政府以及各类监管主体的声誉严重受损
2013年4月	债市扫黑	曝光了丙类户债券代持的灰色利益链条，揭开了一级半市场的灰色寻租行为，债市很大程度上此由正本清源；促进了更严格的市场监管机制和各类投资主体的内控机制的建立，积极规避地方融资平台的债务风险，促进了债市的健康发展
2013年6月	余额宝上线	降低了理财门槛，提高了用户理财的参与度，满足了人们日益增长的理财需求，促进储蓄更多转化为投资，扩大了基金管理公司管理金融资产的规模，提升了金融产品和融资渠道的创新能力；促进了一批具备专业素养的理财顾问的出现，提升了资金效率，一定程度上改变了国内储户的金融习惯和账户理财意识；长期来看，增加了支付宝客户黏性，促进了阿里巴巴集团整体金融战略的新方面的影响力，降低了支付宝备用金的比例，吸引了更多闲散资金涌向支付宝；客观上促进了利率市场化的新进式改革；强烈冲击了商业银行代销行的垄断地位，分流了商业银行和中间业务收入，加速了商业银行的改革创新进程

续表

时间	事件名称	影　响
2013年6月20日	"钱荒"事件	冲击了票据贴现市场和理财产品市场，提升了引爆部分融资平台的风险的可能性；形成了对中央银行的"绑架"，银行之间商业行为所造成的危机需要由国家信用出面加以平息，削弱了央行的独立性及货币政策的确定性；再次引来了社会与学界对于货币空转问题的关注
2013年8月16日	光大"乌龙指"事件	加剧了投资者风险，打击了中小投资者的参与信心，违背了资本市场"公平、公正、公开"的基本原则；凸显了投资者信息披露性以反严重的滞后信息披露制度以及证券交易机制的完善以及完善交易机制风险控制风险的熔断性；促进了证券交易机制的完善以及完善披露制度的建立机制的建立
2013年9月6日	国债期货重启	调动了全社会投资债券的积极性，有利于推动直接融资的发展，资源配置效率更高；推动基础金融产品的规范化、标准化，提高了金融信息的透明度，降低了信息不对称性的风险；有利于利率市场化的发展和货币政策效果的实现，增强了金融系统的稳定性；有利于宏观经济和金融市场的稳健运行，降低了系统性风险险发生的可能性；促进国债发行功能，有利于推动人民币国际化进程
2013年11月14日	新三板全面扩容	改善市场结构，分流资金，推动转变经济发展方向和调整经济结构；激活企业的发展，增加融资需求，同时减小主板市场的供给压力，激活了民间活力；支持了中小微企业的融资需求，适应了不同层次企业的融资结构，扩大了资本市场资金的覆盖面，提升了资本市场对实体经济服务的广度与深度；完善转板机制，完善我国各层次资本市场的良性互动，有利于维护市场的平稳运行
2014年9月20日	阿里巴巴在美国上市	促进中国的资本市场改革，帮助国外品牌进入中国销售，有利于了解决我国品牌版和知识产权的问题，对股市有一定冲击；帮助很多中小企业寻到成长新路径，其可以通过专业化和细分权的问题，对美国电商市场产生一定冲击；帮助很多中小企业寻找新领域的创新，与电子商务进行结合实现发展，传统消费者和传统行业更加关注电子商务，加速行业的电商化进程；加剧了其与百度、腾讯等企业的竞争力度
2014年11月17日	沪港通启动	吸引国外公司来到中国股市上市，对股市有一个资金流的影响，让相对封闭的中国股市走向开放，为股市带来了一些活力；增加了境外人民币的投入渠道，便利人民币在两地的有序流动，进一步发挥香港作为离岸人民币交易中心的功能；为内地投资者提供了一个跨境投资市场契机，有助于优化内地的投资理念；回归证券市场的长期投资属性，推动A股估值与国际市场接轨，高估值的垃圾股将逐步失去市场炒作热情；提高了我国金融市场对国际投资者的吸引力并提升了上海和香港国际金融中心的竞争力，扩大了我国金融市场的国际影响力

续表

时间	事件名称	影响
2014年11月21日	央行意外降息	扩大存款利率上浮区间，简并基准利率期限档次，有序推动了利率市场化改革进程；明确引导了企业、个人预期，提高信贷需求；降低了企业存量债务的财务费用，激励企业寻求融资，有助于缓冲房地产市场下行风险；降低了融资成本和金融风险
2015年2月9日	50ETF期权上市	推进建设我国多层次资本市场体系，促进了我国资本市场的全面健康发展，提高了我国资本市场服务实体经济的能力；有助于丰富投资者的交易策略和风险管理手段；有助于提升市场效率和完善市场的价格发现机制，提升现货市场质量；有助于推进证券期货经营机构的创新发展
2015年6月11日	国务院印发《关于大力推进大众创业万众创新若干政策措施的意见》	有利于相关体制机制的改革与完善，有利于构建普惠性政策扶持体系；有利于推动资金链引导创业链、创业链支持产业链、产业链带动就业链，从要素驱动、投资驱动转向创新驱动；促进经济发展进入新常态，转变政府职能，营造公平创新的创业环境；进一步消除阻碍创业创新发展的不利因素，促进收入分配结构调整，使创业创新成为全社会共同的价值追求，增强了大众创业创新意识；使创业创新成为全社会共同的价值追求和行为习惯
2015年6月	股市暴跌	上证指数在53个交易日里下跌超45%，整个A股市场的上市公司总值由62.75万亿元减少到41.95万亿元，直接蒸发了20.79万亿元，给个体投资者和金融市场造成了灾难性影响；到2016年初，整个A股市场依旧处在低迷状态，缺乏交易活力；促进了我国股票市场熔断机制的出台；凸显出我国资本市场结构、政策实施和制度设置上存在许多问题
2015年6月~2015年10月	救市政策集中出炉	减缓了暴跌的速度，创造了数个相对稳定的平台期；一定程度平稳了市场情绪，对股指企稳回升意义重大；对持续下跌的股市只起到了暂时的缓冲作用，基本没有改变有下跌的结果，股市交易量不断下降；减低了投资者的参与欲望
2015年8月11日	811汇改	明显增强了双向浮动弹性，不再单边升值，不再紧盯美元，摆脱了受单一美元汇率的影响，逐步转向参考一篮子货币，由"单锚"机制转向"双锚"机制；避免因人民币中间价偏离市场预期而出现大幅波动，显著提升了中间价的规则性、透明度、市场化程度，逐步开放中国跨境资金流出压力，市场情绪向理性，减弱了人民币汇率贬值预期

续表

时间	事件名称	影　响
2015年8月17日	养老金入市	有利于获取稳健收益，摆脱养老金收益跑不赢通胀的现状；推进和加速监管部门股市改革进程，促进股市的成熟与发展；一定程度上促进了蓝筹股价值重估，改善股市以投机为主的现状，有利于股票市场回归理性，完善股市功能；面临了较大市场风险，促进市场监管水平的提升
2015年9月~2015年11月	股市暴跌"内鬼"被查	对未来A股市场产生了积极良好的影响，有利于一个健康平稳的资本市场的建立
2015年11月	徐×被捕	徐×重仓股集体大幅跳水，其调研过的股票都受到严重影响；对于A股市场的负面影响较小，一定程度上遏制了高杠杆入市，有利于股市回归正常
2016年1月4日	触发首次熔断	稳定A股市场，抑制股票的暴涨暴跌，促进投资者情绪的效果。达到了稳定了投资者情绪的效果，提高价格的有效性，促进期指和股票现货之间更加公平交易的规则尽快制定执行；为交易所阐查并控制风险提供了监管，有利于加强对风险的监管；为交易所阐查并控制风险提供了当日交易量和成交额，限制了股市资金的流动，导致技术面分析的严重失真
2016年1月8日	叫停熔断机制	及时纠错，完善了相关机制，维护了市场稳定
2016年7月18日	证监会发布的《证券期货经营机构私募资产管理业务运作管理暂行规定》实施	在一定程度上规范了证券期货经营机构私募资产管理业务，提高了法律层级，对证券期货经营机构增加了刚性的约束力；严密界定了"资金池"性质或发挥"资金池"作用的产品，加强防范类似"庞氏骗局"的"资金池"产品；引导私募机构提升了管理能力，主动发行契约型私募，在证监会监管范围内，有利于私募资产管理业务统一监管标准，避免监管套利，保证了投资者的合法权益和市场的平稳运行
2016年11月9日	特朗普当选美国总统	促进了美国出口，适当减少进口，改善了美国的贸易平衡；在某个时期，针对某个国家采取反倾销、反补贴，甚至关税保护，加剧了和主要贸易伙伴之间的贸易摩擦；通过双边谈判，和主要贸易伙伴投资自由化，减弱了引领全球贸易规则和投资规则制定的动力；大力倡导和推动投资和贸易自由化，减弱了引领全球贸易规则和投资规则制定的动力；进行了国内改革，创造了更好的条件留住美国的企业和产业

续表

时间	事件名称	影　响
2016年12月5日	深港通开通	进一步扩大了港股中小市值公司的投资标的，纳入了更多代表新力量创新力量的优质中小型企业；有利于促进内地资本市场的开放与改革，促进地学习借鉴香港成熟的发展经验，吸引境外长期资金进入A股市场，改善了A股市场投资者的结构，促进经济转型升级，扩大了内地资本市场的竞争力；深化了内地与香港的交易所合作，共同提高服务水平；有利于巩固和提升香港作为国际金融中心的地位，有利于推动人民币国际化；有利于增强证券公司对经纪业务的吸引力，促进了公司经纪业务的发展，增加收入来源，提升公司内地的市场竞争力；有利于内地与香港的紧密联系，提升了我国金融业的国际竞争力，丰富内地投资者财富管理渠道；加深了内地与香港的紧密联系，提升了我国金融业实体经济的能力和服务实体经济的能力
2016年12月14日	债市"萝卜章"事件	导致国海证券净利润急剧下滑直至为负；凸显了我国海证券风险管理能力和内部整制能力存在明显缺陷，有利于规范证券等金融同业交易行为；造成了整个资本市场的系统性风险，导致国海证券所有交易对手都面临信用风险；有利于促进小型银行风险合规行业的提升，提升对债券业务风险的认识；有利于加强债券市场行业间监管
2017年4月1日	千年大计雄安新区问世	带动了雄安房地产业、旅游业的发展，促进网络信息行业的快速发展，为当地人民享受互联网便利带来了优惠条件；缩小贫富差距，有助于了解北京"大城市病"，带动了周边城市的非首都功能，疏解北京城市压力，有利于提升河北经济社会发展水平，有利于在北方培育新的经济区域增长极；有利于缓解年轻人就业压力，引进外来人口和高端人才，吸引北京高校、研究院、中央企业和金融组织等单位，加快实现科技成果的快速转化有利于推进京津冀协调发展，打造世界级城市群，有利于中国经济长远发展，解决内部矛盾
2017年7月4日	乐视事件	加速了乐视7大生态崩塌，乐视网迎来10个一字跌停，乐视资金链断掉，乐视网和乐视上市非上市体系大规模裁员，核心高管离职，业务急剧收缩，乐视影业归入融创
2018年3月23日	中美贸易摩擦	短期内对我国经济造成一定损失，使美国利益单边增长，长期来看，对美国经济造成严重损失；引发了全球投资者担忧，导致美国内部分裂，其国务卿、首席经济顾问离职，给美国民众带来生活压力，以"一带一路"，不利于全球经济复苏；有利于提升中国的地缘政治影响力，刺激了我国政府与国家合作交流，确立海外贸易的主导位置；中国外贸企业更加侧重于质量方面的研究，不会再频繁出现受制于人的局面；倒逼我国政府扩张内需，扩大市场需求，促使中国政府切实强化自身实力

续表

时间	事件名称	影响
2018年4月16日	美国制裁中兴通讯事件	凸显出一系列中兴通讯董事会治理和机构设置的问题，警醒中国企业持续构建良好的董事会治理和公司治理机制；"中兴通讯"复牌断崖式下跌，使美国丧失就业机会，影响成百上千美国关联企业，动摇了国际社会对美国投资和营商环境的信心
2018年4月19日	首提科创板	完善板块之间资源配置，使融资市场更加健康地发展，为科技创新企业提供了更为坚实的资本基础，增加了更多的融资方式，大大提升企业的融资能力；有利于引导我国的有效资本投入到科技创新型发展向好的企业，使实体市场更好地维护与支持本土科技创新型企业的发展融合起来，使资本市场高效率地完成IPO程序，提升企业公众形象和影响力，有利于企业推广产品及服务；得到了各地方政府的关注与支持；有助于提高公司治理和规范运作水平，企业可能面临优胜劣汰，股价波动增强，甚至有退市风险；促进科技公司的市场估值降低到一个合理水平
2018年6月	A股纳入MSCI	为A股市场引入国际机构投资者的长期股票配置资金，提升A股在新兴市场中的占比；促使提升国际机构投资者持有本地股票的比例，增强与当地货币相关外汇工具的使用率和流动性；均衡市场风险结构和偏好，使价格发现更趋理性化，促进市场风险管理工具和金融衍生品的开发和运用；倒逼公司治理的透明化和国际化，提升本地企业向国际投资者的融资能力
2018年7月15日	长春长生生物疫苗事件	对公司经营产生了较大影响，营业收入下降，导致整个疫苗行业股票暴跌；反映出疫苗生产流通使用等方面存在严重的制度缺陷，刺激了监管部门制度和体系建设力度的加强，有利于未来防止企业违规行为的发生，暴露了监管不严等诸多漏洞
2018年12月1日	华为孟晚舟事件	华为概念股出现了全线下跌的情况，华为供应商股价集体受挫，通信产业出现较大幅度地回撤；华为遭到了美国为首等多个国家的抵制，不足以影响华为的业绩运营，较大程度上影响了市场信心

附录 9 沪市黄金期货的部分原始数据

时间	收益率	标签	开盘价	最高价	最低价	成交量	成交额	持仓量	KDJ – K	KDJ – D	KDJ – J
2019 年 1 月 2 日 9：01	-0.173852617	0	287.55	287.55	287.3	3148	904807700	251358	62.981	79.457	30.029
2019 年 1 月 2 日 9：02	0.017398869	1	287.35	287.45	287.3	958	275300900	251392	47.543	68.819	4.991
2019 年 1 月 2 日 9：03	-0.052205692	0	287.4	287.45	287.25	1386	398282300	251170	31.695	56.444	-17.803
2019 年 1 月 2 日 9：04	0.052205692	1	287.3	287.4	287.25	1112	319536300	251182	28.822	47.237	-8.007
2019 年 1 月 2 日 9：05	0.017395842	1	287.35	287.45	287.35	646	185672700	251292	29.471	41.315	5.784
2019 年 1 月 2 日 9：06	0.034782609	1	287.5	287.55	287.45	628	180544400	251148	35.032	39.221	26.655
2019 年 1 月 2 日 9：07	-0.017389792	0	287.55	287.6	287.5	458	131698800	251170	36.175	38.206	32.115
⋮	⋮	⋮	⋮	⋮	⋮	⋮	⋮	⋮	⋮	⋮	⋮
2020 年 1 月 2 日 9：01	-0.426833433	0	346	346.14	345.68	1792	619921260	127689	54.02	61.589	38.884

续表

时间	收益率	标签	开盘价	最高价	最低价	成交量	成交额	持仓量	KDJ－K	KDJ－D	KDJ－J
2020年1月2日 9:02	0.023118715	1	346	346.08	345.98	636	220073520	127584	43.26	55.479	18.822
2020年1月2日 9:03	-0.075155373	0	346.06	346.1	345.72	678	234537620	127405	31.376	47.445	-0.761
2020年1月2日 9:04	-0.023136098	0	345.82	345.88	345.72	674	233059740	127390	22.004	38.965	-11.916
2020年1月2日 9:05	-0.028927652	0	345.76	345.76	345.58	685	236789880	127216	15.701	31.21	-15.318
2020年1月2日 9:06	-0.034724232	0	345.62	345.62	345.46	777	268481060	127028	11.438	24.619	-14.925
2020年1月2日 9:07	0.023150828	1	345.52	345.66	345.52	294	101597880	126975	9.891	19.71	-9.748
...	...	...	...	...	...	...	...	...	...	...	...
2020年12月31日 14:56	-0.020119712	0	397.66	397.66	397.58	95	37774180	88785	54.144	38.866	84.698
2020年12月31日 14:57	0.030178051	1	397.62	397.72	397.6	77	30618840	88734	67.468	48.4	105.604
2020年12月31日 14:58	0.00502879	1	397.7	397.78	397.66	147	58465860	88626	73.312	56.704	106.528
2020年12月31日 14:59	0	1	397.7	397.76	397.66	117	46531240	88569	77.208	63.539	104.547
2020年12月31日 15:00	-0.030176533	0	397.72	397.74	397.52	134	53283200	88524	68.139	65.072	74.272

续表

OBV	CCI	MACD-dif	MACD-dea	MACD-macd	RSI-1	RSI-2	RSI-3	MA5	MA10	MA20
-294400	-77.98	0.124	0.132	-0.016	27.007	40.04	48.262	287.75	287.735	287.55
-293442	-85.481	0.094	0.124	-0.06	31.978	42.803	49.863	287.66	287.73	287.5525
-294828	-104.192	0.058	0.111	-0.106	25.681	37.193	45.459	287.55	287.685	287.5475
-293716	-90.196	0.041	0.097	-0.112	39.886	45.05	50.062	287.45	287.645	287.55
-293070	-67.446	0.031	0.084	-0.105	44.155	47.44	51.486	287.37	287.605	287.555
-292442	-37.126	0.031	0.073	-0.084	52.288	51.997	54.21	287.41	287.58	287.565
-292900	-28.682	0.027	0.064	-0.075	48.086	49.649	52.667	287.43	287.545	287.575
...	...	...	...	...	...	...	...	...	...	...
-229378	-466.667	-0.158	-0.079	-0.157	4.896	9.727	16.034	347.192	347.32	347.389
-228742	-223.366	-0.239	-0.111	-0.256	10.175	13.749	18.962	346.912	347.182	347.316
-229420	-165.567	-0.321	-0.153	-0.336	8.364	11.873	16.957	346.572	347.022	347.231
-230094	-130.61	-0.388	-0.2	-0.376	7.849	11.353	16.4	346.224	346.85	347.147
-230779	-111.618	-0.444	-0.249	-0.39	7.184	10.714	15.727	345.856	346.668	347.059
-231556	-100.235	-0.492	-0.298	-0.389	6.404	9.978	14.957	345.76	346.476	346.959
-231262	-81.081	-0.518	-0.342	-0.353	13.889	14.261	17.756	345.664	346.288	346.864
...	...	...	...	...	...	...	...	...	...	...
-342385	-7.223	-0.112	-0.115	0.005	46.578	42.617	43.91	397.568	397.546	397.701
-342308	52.747	-0.097	-0.111	0.028	59.91	49.711	47.431	397.616	397.552	397.686
-342161	106.748	-0.082	-0.105	0.046	61.815	50.817	47.998	397.648	397.572	397.674
-342161	113.158	-0.07	-0.098	0.057	61.815	50.817	47.998	397.676	397.586	397.662
-342295	31.724	-0.069	-0.092	0.047	43.818	43.922	44.836	397.664	397.602	397.65

附录 10　沪深黄金期货波动性预测的 Python 程序

```
# coding: utf -8

# In[1]:
from tensorflow import keras
from tensorflow.python.keras import layers
import pandas as pd
import numpy as np
import matplotlib.pyplot as plt

#reduce_lr = ReduceLROnPlateau(monitor ='loss', patience =5, mode =
'auto')
#修改表格路径
datafile ='./frequency/source_60.xlsx'
#分频数
Fnum =60

data =pd.read_excel(datafile)
# data =data.set_index('时间')
data =data.drop(['时间', '标签'], 1)

# In[4]:

data =data.astype('float64')
data =data.fillna(method ='ffill')

# rate =data.iloc[:, 0] *100
# data.insert(0, 'rate', rate)
# data =data.drop('收益率', 1)

max =data.max(axis =0)
```

```
min = data.min( axis = 0 )

# In[7]:
data = ( data - min ) /( max - min )

# mean = data.mean( axis = 0 )
# std = data.std( axis = 0 )
# data = ( data - mean ) /std

# In[8]:
# data.insert(0, 'rate', rate)
# data = data.drop('收益率', 1)

# In[9]:
#可试试 64, 32
batch_size = 128

# In[10]:

#1, 3, 5, 10, 15, 20, 40, 60,
#步长数
seq_length = 15
delay = 1

data_ = []
for i in range( len( data ) - seq_length ):
    data_.append( data.iloc[ i: i + seq_length + delay ] )

data_ = np.array([ df.values for df in data ])
np.random.seed(1)
np.random.shuffle(data_)

x = data_[ :,: -1, 1:]
y = data_[ :, -1, 0]
```

```
train_x = x[: int(x.shape[0] * 0.8)]
train_y = y[: int(x.shape[0] * 0.8)]
validation_x = x[int(x.shape[0] * 0.8):int(x.shape[0] * 0.90)]
validation_y = y[int(x.shape[0] * 0.8):int(x.shape[0] * 0.90)]
test_x = x[int(x.shape[0] * 0.90):]
test_y = y[int(y.shape[0] * 0.90):]


print(train_x.shape, train_y.shape, test_x.shape, test_y.shape)
# In[14]:
model = keras.Sequential()
#修改 lSTM 单元数
model.add(layers.LSTM(64, input_shape = (train_x.shape[1], train_
x.shape[2])))
model.add(layers.Dense(32))
model.add(layers.Dense(1))


# In[15]:
adam = keras.optimizers.Adam(lr = 0.000001, beta_1 = 0.9, beta_2 =
0.999, epsilon = None, decay = 0.0, amsgrad = False)


model.compile(optimizer = adam, loss ='mae', metrics =['mape', 'mae'])


# In[16]:
history = model.fit (train_x, train_y,
                batch_size = batch_size,
                epochs = 5000,  #修改训练周期数
                validation_data = (validation_x, validation_y),
                )
# In[19]:
plt.plot(history.epoch, history.history.get('loss'), label ='loss')
plt.plot(history.epoch, history.history.get('val_loss'), label =
'val_loss')
plt.legend()
#1, 3, 5, 10, 15, 20, 40, 60,
```

```
    time 分频数_步长数
plt.savefig('time{}_{}.png'.format(Fnum, str(seq_length)))


# In[20]:
pre = model.predict(test_x)
new = []
for i in range(pre.shape[0]):
    new.append(pre[i, 0])
print(new)
data_0 = pd.DataFrame([test_y, new])
# writer = pd.ExcelWriter('output.xlsx')  # 写入 Excel 文件
# data_0.to_excel(writer, 'sheet1', float_format = '% .5f')  # 'page_1'
是写入 excel 的 sheet 名
# writer.save()
data_0.to_csv('output{}_{}.csv'.format(Fnum, str(seq_length)),
index = False, header = False)
```

后　　记

　　本书是笔者作为负责人承担的国家社科基金重点项目"基于大数据＋深度学习的中国金融市场波动性及预警机制研究"（项目编号：17AJY028）结项成果经修改后形成的。

　　笔者在完成国家社科基金项目"基于马尔科夫链抽样方法（MCMC）的金融市场随机波动联动性及预警机制研究"（项目编号：10BJL020）的基础上，仍然以中国金融市场波动性及预警机制为研究对象，持续进行深入专业的研究，并结合时代背景，加入影响中国金融市场波动的大数据，采用最前沿的研究方法——人工智能中的深度学习算法，最后以《基于大数据＋深度学习的中国金融市场波动性及预警机制研究》为题申报 2017 年国家社科基金理论经济学学科的重点项目，承蒙评审专家和全国哲学社会科学工作办公室的青睐，获准立项。从 2017 年获准立项到 2022 年项目以良好等次结项，其耗时超过预期，过程比较曲折，主要是在 2017 年前后深度学习方法本身处于最前沿，刚刚引入到经济金融的分析计算和预测预警中，课题组虽然初步掌握了深度学习的多种具体的算法与模型，但要不断的追踪学习、迭代更新，加之收集整理的影响中国金融市场波动性的大数据的维度、频率和量化等也处于时变之中，导致核心内容完成后仍然需要不断的升级迭代。同时，大数据对算力的要求也超过了预先的设想，每一次调参都比较耗时，大大降低了效率。虽然笔者在项目研究期间，就取得的阶段性成果去多所高校和学术会议做过主旨发言，得到研究同行的首肯和赞许，但是现在回过头来看，此次国家社科基金重点项目的选题、申报、研究、结项、建议等每一个环节都有相当大的难度，都是一个不断学习提升的过程，都是一个促使项目团队克服重重困难的过程，可以说是跌跌撞撞走到金融波动性领域研究的理论前沿。此外，攻坚克难的研究过程锻造了一个更有凝聚力和战斗力的研究团队，培养了多届多名研究生顺利毕业，促进了学校的实验设施设备更新换代，探索了"AI＋金融"的新文科交叉融合研究。正是因为过程的曲折，笔者在项目结项后，就有了出版以记录这些研究成果的想法。

　　把研究报告整理成书时，为保持研究的原汁原味，笔者没有做过多的修订，只是按照书籍出版要求做了必要的微调。由于书中部分章节的内容先后文形式发表在学术期刊上（本书出版时部分尚未见刊），学术期刊有字数和版面要求，这使得可以检索到的已发表论文与本书对应的章节上有形式上的出入和表述上的差异。

研究及书稿的形成过程中，特别感谢全国哲学社会科学工作办公室、重庆市社科联对项目的立项支持，没有项目立项的激励与约束，估计关于大数据、人工智能时代的中国金融市场波动性的一些想法、思考和观点就仅仅是个想法而已，而不会变成呈现在读者面前的这本书。

特别感谢黄文峰博士联络笔者去日本早稻田大学就大数据+深度学习的金融波动性及预警机制研究进行专题访问学习。特别感谢苏理云教授、刘智副教授就深度学习、LSTM模型、Python程序实现等方面的无私帮助和贡献。特别感谢笔者指导的研究生赵盼、彭青青、赵行键、丁玲、蓝宇等同学收集数据、整理资料、撰写代码等具体工作。感谢项目团队每一位成员的贡献，感谢国家社科基金项目匿名评审专家的肯定和建议，感谢对以本书部分章节主要内容形成系列论文的评审专家，感谢同事们、朋友们提供的各方面便利。研究中参考了大量同行研究成果，得到相关专家、学者及业界人士的意见与建议、指导和帮助，谢谢你们！

感谢笔者所在的单位——重庆理工大学提供的出版资金资助。

如果本书能给研究同行、业界人士带去启发和思考，给关注中国金融市场波动性的各方人士有一些参考借鉴作用，那笔者和研究团队这几年的努力就没有白费，也有一丝欣慰。当然，由于笔者的经济、金融理论水平有限，对中国股票、期货、外汇、期权、黄金等金融市场的实际参与程度不够，对金融科技、金融监管等没有直接的经验，加之大数据、人工智能技术本身处于迭代升级的过程中，而且其在我国金融市场的具体应用场景也随时间和形势的推移而不断的动态演化，书中难免有不准确、不满意，甚至与金融市场波动性有差距的地方，真诚希望读者不吝赐教。读者的意见和建议，中国金融市场在大数据人工智能时代中呈现出的波动新特征、新规律将是笔者后续研究的方向。从这个意义上讲，本书的出版既是对笔者前期研究成果的记录，更是期盼能引起更多读者和同行持续关注，共同丰富金融市场波动性研究，丰富人工智能在金融中应用场景研究，进而服务实践以推动中国金融市场的健康平稳可持续发展。

邱冬阳

2023年7月于重庆